언니네 미술관

KB191670

다정한 철학자가 들려주는 그림과 인생 이야기

언니네 미술관

이진민 지음

한 일간지 신춘문예 당선작이었던 시를 나누면서 요하네스 페르메이르의 〈우유 따르는 여인〉을 보내준 지인이 있었습니다. 제가 정말 좋아하는 그림인데 시를 읽으니 떠올랐어요, 하면서. 이 책의 구체적인 시작은 아마 거기에 있었을 것입니다. 실제로 페르메이르의 그림을 언급한 3장 〈사소함, 익숙함, 하찮음〉은 이 책을 쓰기로 마음먹고 가장 먼저 쓴 부분입니다. 그림 안에서 졸졸 흐르는 우유를 보고 있으니 쓰고 싶은 이야기가 졸졸 흘러나왔습니다. 빵 냄새와 아침 햇빛과 차가운 공기, 우유를 따르는 손과 거기에서 흘러내리는 우유에 관해 쓰고 싶었습니다. 밝은 곳에서든 어두운 곳에서든 늘 우유를 따르는 단단한 손에 관해, 그리고 하염없이 흘러나와 무언가를 적시는 우유에 관해.

꽤 오래전부터 이 세상을 함께 살아가는 딸들에게 보여주고 싶은 그림을 하나둘씩 모으고 있었는데, 그림을 보면서 깨달았습니다. 내가 밑줄을 가장 진하게 그어가며 이야기하고 싶은 것은 이런 것이구나, 그간 모은 그림들은 모두 이 우유에 적셔져야 하겠구나, 하고요. 딱딱하게 굳은 빵에 우유를 적셔 부드러운 죽이나 브레드 푸딩을 만들려는 저 손처럼, 이 세상의 차갑고 딱딱하고 갈라진 것들을 조금씩 적시는 글을 쓰고 싶다고요. 그렇게 소박하지만 든든하고 따뜻한 아침 식사를 닮은 책을 만들고 싶다고요. 정작 글을 쓰면서 우유보다는 맥주와 와인에 저를 적셨던 것은 비밀로 하고 싶습니다.

《언니네 미술관》은 동료 여성들, 즉 세상의 딸들에게 건네고 싶은 말을 담은 책입니다. 여성에게 전하고 싶은 이야기라는 것은 그대로 남성에게도 전하고 싶은 이야기가 됩니다. 우리는 이 세상의 약 절반씩을 차지하며 함께 걷고 있으니까요. 원래 이 책의 가제는 '세상의 딸들을 위한 미술관'이었습니다. 그래서 책 안에는 딸들이라는 말이 제법 등장합니다. 어린아이라기보다 그냥 세상의 모든 여성을 지칭하는 말로 읽어주시면 좋겠습니다. 여성, 여인, 여자보다는 관계성을 내포하는 '딸들'이라는 말의 어감이 더 따뜻하고 좋아서 책 안에 자주 사용했습니다. '미술관'이 붙는 이유는 그림을 함께 보며 이야기를 풀어내는 형식의 책이기 때문입니다. 제 전작인 《다정한 철학자의 미술관 이용법》이 미술을 매개로 한 철학 이야기였다면, 이 책은 미술을 매개로 한 여성들의 이야기라고 생각해주시면 좋 겠습니다.

이 책을 꽤 오래전부터 구상해왔지만, 미술과 여성을 묶은 좋은 책들이 워낙 많아 제가 무슨 이야기를 더 새롭게 할 수 있을지 고민하는 시간이 길었습니다. 예상 가능한 그 림들로 예상 가능한 이야기를 반복하고 싶지는 않았거든 요. 제 고민이 좀 뾰족해졌다고 생각한 지점은 '단어'입니 다. 함께 살펴보고 싶은 단어를 골라서 거기에서 이야기를 시작하는 것. 모든 단어에는 이야기가 있습니다. 조그만 단 어 안에 얼마나 커다란 이야기가 들어 있는지, 그 안에 인 간 희로애락의 퇴적층이 수세기에 걸쳐 얼마나 두껍게 쌓 여 있는지 생각하면 새삼 놀랄 때가 있지요. 그렇게 단어가 담는 수많은 이야기 중에서 세상의 딸들이 함께 나누면 좋 을 이야기들을 골랐습니다. 아들들이 되돌아봐 주었으면 하는 단어와 그 안의 이야기도 담았습니다. 우리 앞에서 걸었던 수많은 여성들이 쌓아둔 희로애락의 퇴적층을 선명히 볼 수 있는 단어들도 함께 나누고 싶었습니다. 단어에 든 이야기가 그림에서 솟아나는 이야기를 만나면 훨씬 다채롭고 풍부한 이야기가 태어나리라는 믿음으로, 단어와 그림을 서로의 곁에 놓았습니다.

단어의 목록이 길었는데 결국 아홉 개로 추려졌습니다. 인간의 가장 본질적이고 무해한 감정인 '슬픔', 인간을 가장 인간답게 만드는 것이라고 믿는 '서투름', 가장 중요하게 이야기하고 싶었던 '사소함, 익숙함, 하찮음'은 '크게 바라볼 것들'이라는 이름을 붙여 책의 중앙에 넣었습니다. 이 셋은 모두 힘에 관한 단어들입니다. 슬픔의 힘, 서투름의 힘, 사소함과 익숙함과 하찮음의 힘. 세상의 모든 이들이 부디 이 힘을 깨닫고 '작지 않은 것, 소중하고 귀한 것'으로 곁에 두기를 바라는 마음을 담습니다. 쉥크의 어미양과 함께 슬퍼해주기를, 야코비데스의 아이들 앞에서 함께 미소를 지어주기를, 페르메이르의 우유 따르는 여인과 그녀의 앞치마를 오래 바라봐주기를 바랍니다.

그 앞에는 '다시 바라볼 것들'이라는 이름으로 그간 여성 희로애락의 퇴적층이 뚜렷한 무늬를 새겨온 세 가지 단어, '근육, 마녀, 거울'을 골랐습니다. 그러므로 책의 구성은 과거에서 현재, 미래 쪽으로 어렴풋하게 선을 긋는 방향입니다. 과거에서 현재로 이어지는 가장 첫 부분을 담당하는 '다시 바라볼 것들'은 신나는 작업이기도 했지만 단연 가장 무겁고 어려운 부분이기도 했습니다. 여자인 저는 고유명사고 여성은 일반명사이기에, 사실 여성인 저도 여성의 이야기를 쓴다는 게 벅찼습니다. 하지만 이 단어들을 되돌아봐주기를 바라는 마음을 눌러 담아 다소 무거운 마음으로 가르바티와 코튼의 작품을 골랐고, 조금은 밝아지는 마음으로 보티첼리와 워터하우스의 연작을 담았습니다.

마지막으로는 '함께 바라볼 것들'로 '직선과 곡선' '앞과 뒤' '너와 나'를 각각 둘씩 손을 잡은 모양새로 하나씩 앉혔습니다. 쉽게 나누지 않는 마음과 보이지 않는 것을 살피는 마음, 홀로 있음으로 해서 더 아름답게 함께 있을 수 있다는 믿음에 관해 썼습니다. 마치 이 부분을 쓰라고 그려준 듯한 마케와 마그리트의 그림들을 담았고, 김환기와 김홍도, 그리고 삼국시대와 고려시대의 손이 만들어낸 작품들 앞에서 저도 오래 서 있었습니다. 책의 가장 앞에서 혼자 생각에 잠겼던 로댕의 생각하는 사람이 브랑쿠시의 껴안은 연인들로 마무리되는 느낌이면 좋겠다고 생각합니다. 앞서 언급한 '크게' 바라볼 것들과 '다시' 바라볼 것들이 '함께' 바라볼 것에서 다시 합쳐지는 느낌을 받으신다면 더할 나위 없겠습니다.

처음에 단어 목록을 만들면서 우리 일상에서 너무 대놓고 여성과 연결되어 있지 않은 단어들이면 좋겠다고 생각했는데, 그런 단어를 고르더라도 쓰다 보니 글이 슬쩍 그리로 기울어지는 건 어쩔 수가 없었습니다. 다만 이런 주제를 처음 접하는 분들을 상정하고 썼습니다. 누구에게는 글이 너무 순한 맛이고, 누구에게는 너무 매운맛이겠지요. 그래도 맛있기를, 소화가 잘 되기를 바라는 마음입니다. 미술관이라는 제목을 붙였기에 '바라볼 것'들을 나열해놓았지만, 그저 바라보는 데서만 그치지 않기를 바라는 마음도 슬그머니 담아봅니다.

어찌 보면 아홉 개의 단어로 같은 이야기를 반복하고 있는지도 모르겠습니다. 써놓고 보니 이야기들이 비슷한 곳을 바라보며 하나로 모여 있다는 사실을 깨닫게 되었습니다. 그만큼 반복해서 말하고 싶었던 지점을 함께 바라봐주신다면 기쁘겠습니다. 무엇보다 원고를 쓰면서 많은 미술 작품들 앞에 가만히 서서, 저 자신도 자주 위로를 받았습니다. 부족한 제 글이 여러분에게 위로가 되지 못하더라도, 부디 이 안에 골라 담은 작품들이 세상의 딸들과 아들들에게 힘과 위로를 주기 바라는 마음입니다.

초기의 글들을 보고 더할 나위 없이 좋다며 이대로만 쓰라고 다정한 말로 안심시켜준 이윤주 작가님 (당시에는 이 책의 편집자님) 덕분에 계속 이어서 쓸 수 있었고, 시원스럽게 이끌어주시고 늘 놀라운 작업 속도로 저를 감탄시킨 (때로는 좋은 의미로 기겁하게 만든) 김진주 편집자님 덕분에 이렇게 책으로 낼 수 있었습니다. 삐걱거리며 추천사를 부탁드렸을 때 '저 너무 좋은걸요'라는 일곱 글자로 저를 극락에 직배송시켜주신 김소연 시인께는 시인의 《마음사전》에서 배운 흠모의 뜻을 그대로 전합니다.

조카딸이 넷 있습니다. 지구 곳곳에 흩어져 살고 있는 성원이, 재연이, 은재와 래아에게 미안하고 애틋한 마음 전하고 싶습니다.

이진민

차례

PART 02   크게 바라볼 것들

PART 01

◖

다시 바라볼 것들

· 근육 · 마녀 · 거울

01

근육

명사가 아닌 동사로 살아가기 위해

근육과의 거리두기

〈생각하는 사람〉이라는 이름의 조각이 있다. 널리 알려진 대로 바위 위에 앉아 턱을 괴고 생각에 잠긴 이를 조각한 로댕의 작품. 단테의 《신곡》 지옥편에서 영감을 받아 제작한 〈지옥문〉의 일부인데, 너무 유명해진 나머지 이 부분만 따로 실물 크기의 조각작품으로 28개나 제작되어 세상 여기저기서 턱을 괴고 생각하고 있다. 원제는 〈생각하는 사람〉이 아니라 〈시인〉이었다. 단테의 작품을 형상화한 것이니, 입 맞추고 추락하고 웅크린 채 엉켜 있는 그 수많은 육체 위에 고뇌하는 시인 단테를 올려둔 걸로 추정된다.

그런데 이 설에 반대하는 입장에서는 'effete(이휘잇-트

오귀스트 로댕, 〈생각하는 사람〉, 1904년

오귀스트 로댕, 〈지옥문〉, 1880~1917년

라고 읽는다)'한 단테의 육체가 이렇게 영웅적으로 근사하게 표현될 리 없다고 반론했다고 한다. 'effete'라는 단어를 어떻게 설명해야 할지 모르겠는데, 남성에 사용될 때는 '정력적'이라는 형용사의 반대 개념 정도로 생각하면 좋을 듯하다. 단테 입장에서는 정력적으로 싫어할 반론이다. 인스타그램이 없던 시절의 단테는 바디 프로필을 올릴 기회가 없었고 우리는 긴 망토에 가려진 그의 몸이 실제로 어떻게 생겼는지 알지 못한다. 〈시인〉이라는 제목이 〈생각하는 사람〉으로 바뀌고도 사람들은 생각하는 사람이 너무 육체파가 아니냐는 부적절한 질문을 농담처럼 던져왔다. 글 쓰고 생각하는, 이를테면 철학자 같은 사람들은 몸이 연두부 재질이라고 생각하는 것이다. 모름지기 연두부처럼 말랑한 사고는 연두부처럼 말랑말랑한 몸에서 나온다고들 믿는 것 같다. 그런데 생각하는 사람이 근육질이면 안 되는 걸까?

　석공 출신의 단단한 몸에 비범한 풍채의 소유자였다고 전해지는 소크라테스, 페르시아 원정을 지휘했던 장군이었던 크세노폰, 펜싱에 대한 논문을 쓸 만큼 펜싱 실력이 상당했다는 데카르트, 걷기를 좋아했다는 루소나 소로나 칸트, 모두 적어도 연두부 같은 몸은 아니었을 것이다. 애초에 지성과 체력을 고루 중시했던 고대 그리스에서는 올림픽이란 것을 만들어 후대 인류에게 4년 주기로 애국심이 솟아나게 했고, 유교적 교육론에도 육예六藝라는 것이 있어 자라나는 선비들에게 사射와 어御, 즉 활쏘기와 말타기(혹은 마차 몰기)를 강조했다. 플라톤도 상당한 육체파였을 것으로 짐작된다. 그리스어로 플라톤은 '(어깨가) 넓은'이라는 뜻이라고 한다. 본명이 아리스토클레스였던 그는 젊은 시절에 재능 있는 레슬러였는데, 명문가의 젊은이가 조부로부터 물려받은 이 유서 깊은 이름을 제쳐두고 레슬링 코치가 그를 플라톤, 즉 '넓은 놈'이라고 불렀다는 유력한 설이 있다. 넓디넓은 어깨를 위시한 그의 피지컬이 엄청났음을 짐작할 수 있는 얘기다. 도대체 얼마나 넓었으면 넓은 놈이었을까.

사람들은 대체로 '먹물'이라 불리는 식자들의 외양을 허여멀건하고 부드러울 것으로 생각하지만, 진정한 먹물들은 그랬을 리 없다는 걸 나는 플라톤의 《국가》 같은 책을 보면서 느낀다. 이렇게 벽돌처럼 두꺼운 책을 쓰려면 웬만한 체력으로는 어려웠을 거라고. 홉스가 아무리 근대성에 관한 놀라운 통찰을 해냈어도, 보부아르가 아무리 인간 존재와 여성에 관한 날카로운 영감을 건져 올렸어도, 엉덩이 붙이고 앉아 글로 쓰지 않았다면 우리는 그들을 철학자로 기억하지 못했을 것이다. 철학도 결국 몸으로 하는 일이다.

앉아서 오랜 시간 생각만 하는 것 같은 사람도 그 생각을 진득하게 하려면 우선 그 고민을 견뎌낼 몸이 필요하다. 만화가 윤태호의 〈미생〉을 원작으로 한 동명의 드라마에서 장그래의 사부가 바둑판을 앞에 둔 어린 장그래에게 조언하는 장면이 나온다. 이기고 싶다면 네 고민을 충분히 견뎌줄 몸을 먼저 만들라고, 정신력은 체력의 보호 없이는 구호밖에 안 된다고. 몇 시간이고 앉아 생각에 잠기는 것이 일인 바둑 기사들도 결국 직업의 기본은 체력이란 얘기다. 그러므로 생각하는 사람의 몸이 연두부 재질이어야 한다는 것은 편견이다. 몸은 생각을 담는 그릇이며, 그릇이 튼튼하지 못하면 그 안에 담긴 것 역시 영향을 받을 확률이 높기 때문이다.[1] 작가 무라카미 하루키도 산문집 《달리기를 말할 때 내가 하고 싶은 이야기》에서 참으로 불건전한 것을 다루

---

[1] 이 문장이, 그리고 근육에 관한 이 글 전체가, 신체에 어려움이 있어 힘든 싸움을 하시는 분들께 부디 상처가 되지 않기를 바란다. 근육이라는 주제도 스펙트럼이 넓기 때문에 어떤 부분에 대한 목소리는 아직 더 필요하다고 생각하기에 이 주제를 골랐다. 지덕체의 중요도는 역순이라고 생각한다. 그렇다고 좀 무력하거나 불편한 몸에 건강하지 못한 정신이 깃든다는 말은 결코 아니다. 몸이 아프면 정신도 다소 고달파질 확률이 높다는 얘기다. 다시 말해, 정신이 명랑하게 뛰어놀 수 있는 환경을 이야기하고 싶었다. 그러므로 고달픈 몸으로도 깊고 맑은 정신을 유지하는 이들은 얼마나 놀라운 존재들인가. 몸과 정신은 어느 쪽이 더 중요하다기보다 대체로 함께 간다.

기 위해 사람들은 되도록 건강해야 한다고 했다.

　대체로 근육과 친밀한 관계를 갖지 못했던 또 다른 집단이 있다. 여성들이다. 예로부터 이상적인 여성의 몸은 매끈하고 부드러워야 했다. 늘씬하든 포동포동하든 그것은 시대의 취향이었으나 적어도 '울퉁불퉁'은 아니었다. 어른들은 여자아이들에게 자고로 여자란 보호본능을 일으킬만한 존재여야 한다고 가르쳤다. 여중과 여고를 나온 나의 학창 시절을 돌아보면 체육은 그다지 환영받는 과목이 아니었다. 아이들은 우선 얼굴이 타는 걸 싫어했고, 우락부락한 근육이 생기는 걸 극도로 경계했다. 우리들 자신은 물론 부모님도, 실은 선생님들도, 여학생과 운동이란 마치 초콜릿 아이스크림에 브로콜리를 토핑으로 얹듯 별로 어울리지 않는 조합이라 여겼던 것 같다. 체육은 즐겁기보단 대체로 실기 점수를 받기 위해 억지로 꾸역꾸역 하는 행위였고, 우리는 어떻게 하면 병약한 모습을 어필해 한 번이라도 이 시간을 넘겨볼까 머리를 굴렸다. 체육대회나 체력장 때문에 어쩌다 종아리에 알통이 생기면 친구들은 비명을 질렀다. 음료수 병을 문질러가며 이 보기 흉한 것이 어서 내 몸에서 사라지기를 바랐다. 나는 아직도 오래달리기 후에 땅바닥에 앉아 있으면 엉덩이가 퍼진다는 미신 때문에, 힘들어 죽겠는데도 숨을 몰아쉬며 호모 에렉투스의 긍지를 지키던 친구들의 모습을 아련하게 기억한다.

나도 체육시간을 좋아하지 않았다. 사실 나는 어릴 때부터 굉장히 정적인 아이였다. 몸에서 빨리 움직이는 거라고는 책에 파묻은 눈알 정도였달까. 돌아보면 내 어린 시절에는 격한 움직임이라는 것이 전혀 없었다. '여자애는 사부작사부작 얌전히 놀아야 한다'는 어른들 말씀에 따라 소위 '천생 여자'로 자라났다. 다리를 쫙 벌리는 게 너무 이상해서 국민체조의 마지막 부분을 따라 하기 부끄러웠고, 뜀틀이란 건 아예 넘을 생각을 안 했다. 그냥, 몸을 쓰는 일이 낯설었다. 좁은 공간에 틀어박혀 조용히 책 읽고 작은 것들을 조물조물 만들며 시간을 보내는 나를 어른들은 얌전하다며 칭찬했다. 내 옆구리살은 그런 달콤한 칭찬을 먹고 몽글몽글 불어났다. 팽창하는 옆구리와는 반대로 나의 세계는 작게 쪼그라들고 있다는 사실을 그때는 잘 몰랐다. 몸을 움츠리고 어딘가에 가만히 놓인 여자아이들이 얌전하다며 칭찬을 받는 동안, 남자아이들은 넓은 운동장이든 좁은 골목길이든 공간을 점거할 권리를 누렸고 거기서 몸과 마음을 한껏 뻗어보고 있다는 사실도. 그걸 보고 '쟤네들은 공부 안 하고 놀기만 하네'라고 생각했던 어린 나의 순진함이 안쓰럽다. 뛰어놀지 않는 딸을 걱정하는 집은 없었지만 뛰어놀지 않는 아들은 온 동네가 걱정했다. 그런 아들들은 하다 못해 태권도장에라도 끌려갔지만, 태권도장에 억지로 끌려온 딸들은 없었다. 그런데도 그게 이상하다고 생각하지 않았다. 물고기는 물에서 놀고 토끼는 산에서 놀듯, 세상은 원래 그런 건 줄 알았다.

플라톤의 동굴[2] 밖으로 나온 죄수

그러다 세기가 바뀔 무렵이었나, 다이어트 비디오가 대세로 자리 잡고 요가 열풍이 불기 시작했다. 드디어 여성들도 전국적으로 운동을 하기 시작했다. 하지만 체력을 기르기보다는 몸을 날씬하고 예쁘게 만드는 것이 목적이었다. 운동은 나를 강하게 만들고 자신감을 불어넣는 행위라기보다 대체로 다이어트와 미의 수단일 뿐이었다. 몸이란 건 어디까지나 나보다는 타인의 시선을 전제로 하는 것이었기 때문에. 부드럽고 날씬한 몸에 대한 환상은 나에게도 꽤 견고하게 자리 잡고 있었다. 그렇게 꼭 플라톤이 말한 동굴의 우화 속 죄수들처럼, 나는 내 앞에 펼쳐지는 하얗고 늘

씬한 이미지들을 의심 없이 믿으며 스물일곱 해를 살았다.

그러다 유학을 갔다. 그런데 어라, 그곳의 여자아이들은 좀 달랐다. 태양을 두려워하지 않고 근육이 생기는 것도 개의치 않으며 망아지처럼 뛰어다녔다. 처음에는 이상하다고 생각했다. 저렇게 까맣게 타고 남자같이 떡 벌어진 몸이 되는 게 좋다고? 치어리딩 팀도 물론 인기가 많았지만, 그곳의 아이들은 어렸을 때부터 스스로 플레이어가 되어 축구와 농구를 하고 라크로스며 크로스 컨트리 같은 것을 했다. 구경을 가면 굉장히 신나 보였다. 크게 소리 지르며 생의 에너지를, 젊음의 바이브를 발산했고, 환하게 웃으며 동료 여자애들을 껴안았다.

당시의 나는 큰 소리를 지르기는커녕, 목소리도 작은데 제발 말할 때 손으로 입을 가리지 말라고 교수님들로부터 부탁을 가장한 주의를 듣고 있는 상황이었다. 가능한 한

---

2 플라톤의 《국가》에 있는 유명한 우화. 어딘가에 갇힌 채 누군가 보여주는 것을 의심 없이 믿으며 살아가는 이들에 관한 우화다. 소크라테스는 태어나서부터 줄곧 사슬에 묶여 벽 쪽만 바라보게 된 자들이 살고 있는 어떤 지하 동굴을 가정해보자고 제안한다. 누군가 그들 뒤에서 그림자극을 하듯 벽에다 이미지를 만들어내고 소리도 내는데, 동굴 속 죄수들은 사슬로 묶여 있기 때문에 뒤에서 무슨 일이 일어나는지 알지 못하고 그저 벽에 나타나는 그림자를 볼 뿐이다. 이들은 이 가상의 이미지, 즉 그림자라는 허상을 진짜인 줄 알고 평생을 살아간다.

몸을 움츠려 작게 만들고 조용히 있는 것이 여자다운 거라고 배워온 나는, 사실 그때 '여자다운 몸'과 '기능적인 몸' 사이에서 고민을 시작하고 있었다. 소위 이런 '여자다운' 습성으로는 내가 수행해야 할 기능, 즉 대학원생으로서 학부생들에게 강의하는 데 어려움을 겪어야 했기 때문이다. 마이크를 써도 강의 도중 늘 목소리를 조금만 더 키워달라는 주문을 받곤 했는데 그건 나한테 지금 그 눈이 최선이냐며 눈을 좀 더 크게 떠보라는 말과 다름 없는, 거의 불가능한 주문이었다. 하도 조용히 말하는 것이 습관이 되어 그런지 나는 조금만 소리를 키우면 목에 바로 무리가 왔다. 그런 나와는 다르게 운동장이 쩌렁쩌렁 울리게 소리를 질러대며 웃는 아이들. 나는 슬슬 그들이 부러워지기 시작했다.

우리는 왜 저렇게 크지 못했을까. 어른들은 왜 딸들에게 운동장에서 소리 지르고 뛰어다니며 웃고 껴안을 기회를 주지 않았던 걸까. 우리 스스로도 왜 그런 것들을 코웃음 치며 거부했을까. 여기에 이르니 생각이 복잡해졌다. 왜 그렇게 손발에 족쇄라도 채워진 것처럼 나를 쪼그라뜨리고 자발적으로 불편하게 살았던 거지? 꼭 스포츠를 하지 않더라도 그 사회에선 몸을 쓰는 일이 한결 자유롭고 편안해 보였다. 사람들은 거리낌 없이 춤추고, 거리낌 없이 햇살 아래에 눕고, 거리낌 없이 사랑했다. 풀밭을 데굴데굴 구르고 겨울 호수에도 냅다 옷을 벗고 들어갔으며, 나무 위에 올라가 다람쥐 같은 모습으로 책을 읽었다.

푸코의 《성의 역사》나 《감시와 처벌》 같은 책으로 우리 몸 안에 켜켜이 쌓여 있는 규율과 담론을 공부했지만, 그동안 내 몸이 어떤 감옥에 들어앉아 있었는지는 그제야 제대로 보이기 시작했다. 여성의 몸이 꼭 가녀리고 부드러울 필요는 없는 거잖아. 여자도 관중(혹은 관종…)이 아니라 플레이어가 될 수 있는 거였어. 어디 나갈 때 꼭 화장을 안 해도 되는 거네. 흙바닥에 털썩 주저앉는 게 이렇게 자유로운 일일 줄이야. 내 사지육신이 그렇게 몹쓸 것이 아니었다는 사실도 그때 뒤늦게 깨달았다. 잘 몰랐는데 나는 몸을 움직이는 걸 꽤 좋아하는 사람이었다. 보티첼리의 〈비너스의 탄생〉이 다르게 보인 것도 그때였다.

보티첼리의 비너스에게도 복근이 있다

보티첼리가 1485년경에 그린 〈비너스의 탄생〉은 아름다운 여인의 전형으로 교과서처럼 등장하는 그림이다. 당시 피렌체의 막강한 권력자이자 르네상스 예술의 열렬한 후원자였던 로렌초 데 메디치가 자신의 결혼을 기념하기 위해 주문했다는 설이 유력하나, 확인된 바는 없다.

그림 중앙에 아무것도 걸치지 않고 고운 피부를 드러내며 시선을 끄는 자태로 비너스가 서 있다. 미와 사랑과 생명을 관장할 여신, 세상에서 가장 아름다운 존재가 방금 태어났다. 왼쪽에는 날개를 단 서풍 제피로스와 미풍 아우라(혹은 제피로스의 짝인 클로리스라고도 한다)가 보인다. 그들은 비너스가 탄 커다란 조가비가 뭍에 도착할 수 있도록 입으로 바람을 불고 있다. 오른쪽에서 여신의 벗은 몸을 가려줄 망토를 들고 기다리는 것은 봄의 여신이다. 비너스를 위해 마련된, 붉고 고운 색감에 꽃무늬를 가득 담은 망토가 눈길을 끈다. 사실 비너스가 뭘 입고 있는 그림을 거의 본 적이 없는지라 '비너스는 저런 옷을 입는구나' 하고 낯설게 바라보았다. 아름다움을 담당하는 바람에 늘 제대로 옷을 못 챙겨 입는 안타까운 여신이다.

이 그림을 처음 봤을 때는 비너스의 얼굴이 좋았다. 좌우에서 자신을 돕느라 부산스러운 이 모든 상황에 아무 관심이 없는 듯 초연한 시선, 그리고 약간 슬픈 듯한 미소가 매력적이다. 부게로나 카바넬이 그린 비너스처럼 관능적으

산드로 보티첼리, 〈비너스의 탄생〉, 1485년경

로 사람을 홀리는 비너스는 겉모습에 사로잡히느라 상대의 정신에 닿는 느낌이 부족한데, 이 비너스와는 이야기를 나눠보고 싶은 마음이 들었다. 하늘거리며 떨어지는 꽃송이들과 귀여운 물결의 모양, 펄럭이는 망토와 드레스에 빼곡히 박힌 꽃무늬의 아름다움을 보는 것도 좋았다.

하지만 딱히 좋아하는 그림은 아니었다. 직접 보면 여기저기 반짝이는 금빛 광채가 찬란하다고 하니 느낌이 달라질지도 모르겠지만, 화사한 첫인상과는 달리 볼수록 시빗거리가 생기는 그림이었다. 태어난 지 얼마 안 되어 머리하러 갈 시간이 없었을 텐데 히메 컷으로 추정되는 헤어스타일을 한 건 화가 재량의 영역으로 둔다고 해도, 목과 팔다리 길이는 이게 대체 무슨 일인가 싶게 비율이 부자연스러웠다. 인간이 아니라 신이니까 10등신쯤은 가능할 수도 있다고, 나의 등신 같은 편견을 없애 보았다. 하지만 팔이 저렇게 달려 있을 수 있나 싶게 마치 탈골된 것처럼 보이는 어깨는 볼수록 징그러웠다. 제피로스에게 안겨 있는 아우라의 어깨는 심지어 기괴해 보일 정도다. 양볼이 터지도록 입바람을 부느라 애쓰고 있는 제피로스가 너무 세게 불었는지, 한쪽으로 기우뚱해진 비너스의 다리 모양도 왠지 어색하다. 저 자세로 편안히 서는 게 가능한가 싶어 따라해보다가 그만뒀다. 비너스의 가슴이 부자연스러워 보이는 건 그냥 자연스럽게 못난 내 가슴을 내려다보며 입을 다물기로 했다. 비율이 맞지 않고 해부학적으로도 어색하다는 학계의 반론은 실제로 많다고 한다. 당시 피렌체 최고의 미인이자 보티첼리 자신도 평생 마음에 두었다는 시모네타 베스푸치Simonetta Vespucci를 모델로 그렸다는데, 한 번도 보지 못했던 나신을 이상화하느라 상상으로 여인의 몸을 그린 탓이라고들 이해하는 모양이다.

관념 속에서 이상화된 여인. 만져보고 싶을 만큼 희고 보드라운 피부에다 흉터 하나 없이 매끈한 육체를 가진 비너스. 조개 속에서 빛나는 진주 같다. 바람에 나부끼는 금빛 머리칼도 풍성하다. 이 시기에도 사람들은 금발에 흰 피부가 아름답다고 여겼던 걸까. 무엇보다 전체적으로 선이 곱다. 사실 탈골이 의심되는 어깨며 긴 목선 같은 것은 전체적으로 둥글고 부드러운 이미지, 소위 여성스러운 선을 강조하기 위한 보티첼리의 의도인지도 모른다. 관념 속에서 이상화된 이 여인은 결정적으로 베누스 푸디카venus pudica, 즉 양손으로 가릴 곳을 가리는 음전한 자세를 취하고 있는데, 순결이나 정숙 같은 당대의 도덕률을 알고 있는 모양새다. 갓 태어난 존재가 사회적으로 이미 '여자'로 만들어진 것이 신기하다. 움츠리고, 가리고, 수줍어하는 것이 아름다운 모습이었던 것이다. 인류는 오랫동안 딸들에게 자기의 신체에 수치심과 죄의식을 가지도록 가르쳐왔다.[3] 아들들에게는 별 말이 없었던 것 같다. 동시대 미술 작품 속에서 남성들은 거리낌 없이 성기를 드러내며 어깨를 쫙 펴고 있기 때문이다. 비너스 상은 수줍고 다비드 상은 당당하다.

사실 상관없다. 그리스 로마 신화에서 남성신 최고의 난봉꾼이 제우스[4]라면 여성신 최고의 난봉꾼이자 스캔들 메이커는 비너스이기 때문이다. 이 언니는 정말 정숙과는 거리가 먼 행실과, 활 잘 쏘는 아들놈을 앞세운 남의 집 족보 꼬기로 우리를 실소하게 만든다. 오죽하면 성병이라는

---

3   '아이스케키'라 불리는 희한한 풍속 역시, 비록 장난 또는 놀이라는 가면을 쓰고는 있지만 실상은 어린 딸들에게 '성적 수치심(우리가 느꼈던 것은 '성적 불쾌감'이었으나 그것은 불쾌감이 아니라 수치심이어야 한다고 가르쳐왔던 것이다)'을 심어주기 위한 고약한 괴롭힘이다. 인류가 남의 속옷을 보는 일에 지극한 기쁨을 느꼈다면 아들들의 바지 역시 그만큼 수난을 겪었어야 했다. 하지만 인류는 유독 여성들의 속옷만 궁금해했다. 아는 것이 힘이라고 했지만 여성의 팬티 색깔을 아는 것은 대체 어떤 힘이 되는지, 그것이 어떤 인류를 널리 이롭게 하는지 나는 아직도 궁금하다. 왜 남성의 팬티 색은 흠모와 열광의 대상이 되지 못하는지도.

4   아프로디테가 아닌 비너스(베누스)라는 이름을 썼기에 제우스도 로마 신화 속 이름인 유피테르로 통일하는 것이 좋겠지만, 이해를 돕기 위해 우리에게 더 친숙한 이름을 사용했음을 밝힌다.

뜻의 영단어 '버니리얼 디지즈venereal disease'의 어원이 비너스에서 왔을까.[5] 전쟁의 신 마르스와 연인 관계라는 사실도 왠지 의미심장하다. 폭력과 잔인성의 화신인 마르스, 그리고 사랑과 생명의 여신인 비너스가 서로에게 끌린다는 사실이 나는 늘 묘하다. 더 묘한 것은 강간을 일삼는 그리스 로마 신화의 남성신 중 그토록 잔인하고 폭력적이었다는 마르스에게서 오히려 강간이 없다는 사실이다. 신화 속에서는 멀쩡하고 지혜로워 보이는 이들이 그렇게 별일도 아니라는 듯 강간과 납치, 감금을 일삼는다. 사실 현재의 유럽이라는 지명도 그리스 신화의 유명한 납치 감금 사건에 뿌리를 둔다. 페니키아 사람들은 제우스에게 납치당해 크레타에 유폐된 채 아들 삼형제를 낳아야 했던 유로파Europa, 에우로페의 영어 이름 공주가 바다 건너 서쪽에서 잘 지낼 거라고 믿었고 그곳을 '유로파'라고 불렀다고 한다. 어쨌든 보티첼리의 이 그림에서 내게 가장 묘하게 느껴지는 것은, 신화 속

---

5 사실 이런 명칭은 남성중심적으로 철저히 타자화된, 억울한 이름이라고 생각한다. 성스럽고도 음란한 존재로서의 아름다운 여신, 즉 낮에는 정숙하지만 밤이 되면 뜨거워지는 반전 매력의 여성은 현재까지도 굳건히 유지되고 있는 남성 판타지의 핵심이다. 아무리 생각해도 성병의 어원이라는 영광은 동식물을 넘어 세상 만물을 넘나들며 실로 편견 없는 성생활을 즐겼던 제우스 쪽이어야 하지 않았을까.

에서 그토록 거침 없이 욕망을 드러내는 존재가 이렇듯 수줍은 자세를 선보이고 있다는 점이다.

'수줍은 자세의 난봉꾼'이라는 반전과 더불어 내가 주목하는 반전은 비너스의 배에 새겨진 왕王 자다. 거듭 말하지만 제목이 〈비너스의 탄생〉이니, 태어난 지 얼마 안 돼서 헬스장에서 트레이닝 받을 시간도 없었을 텐데 저 복근은 대체 어디서 왔을까. 솔직히 처음에는 보고도 몰랐다. 그림 속 비너스에 복근이 있다는 사실을. 부드럽고 동글동글한 선이 부각된 몸이라 더 그랬던 것 같다. 조용해 보이는 부드러운 여인, 자의로든 타의로든 당대의 정숙 이데올로기까지 장착한 비너스에게 복근이 있다는 사실이 나는 지금도 재밌다. 관념적으로 이상화된 여성의 신체에도 원래부터 단단한 근육이 있었다는 메시지로 해석되면 재미있겠다고 생각했다. 그런 이유로 일부러 이 그림을 골랐다. 비너스의 몸에도 복근이 존재한다고, 여성의 몸에도 근육이 당연한 것으로 인식되면 좋겠다고 말하고 싶어서. 생명에 대한 애정이 깊었던 비너스에게 복근이 있었다면 아무래도 자연에서 짐승들과 뛰놀면서 야생에서 얻은 것일 테니, 여자아이들도 근육이 생길 만큼 자연에서 뛰놀면 좋지 않을까 하는 마음도 슬쩍 곁들여서.

연두부에서 단단한 두부로

스스로를 가뒀던 동굴에서 나왔지만, 그리고 보티첼리의 비너스에서도 드디어 복근이 보이기 시작했지만, 정작 하찮고 물렁한 나의 몸은 쉽게 변하지 않았다. 나는 그냥 그런 기회를 갖지 못한 것이 아쉽다고, 다음 세대들은 그렇게 자라지 않았으면 좋겠다고 조그맣게 생각할 뿐이었다. 식스팩은 맥주를 포장하는 단위일 뿐, 나는 살던 대로 맥주나 마시며 연두부 같은 몸으로 살아야지.

뇌에 든 것은 바뀌었으되 몸은 크게 바뀌지 않던 내게 전환을 가져다준 계기는 아이러니하게도 코로나19였다. 망할 역병이 창궐하면서 사람들이 집 안에 갇혔다. 원래 집에만 있어도 행복한 나는 크게 고달프진 않았지만, 자유가 주어진 상황에서 스스로 틀어박히는 것과 절대 못 나가니 틀어박혀 있으라는 건 차원이 다른 문제였다. 온 지구에 걱정과 근심과 무기력감이 쌓여가자 나는 오히려 강해지고 싶다는 생각이 들었다. 코로나19 때문에 사람들이 운동을 못한다는 얘기를 듣고, 그렇다면 이 시기에 나는 굳이 운동을 해주겠다는 삐딱한 마음을 품었다.

나는 원래 하찮은 걸 좋아한다. 하찮아야 오래 할 수 있기 때문이다. 그래서 기억에도 없이 하나 깔려 있던 운동 앱을 열어, 가볍게 짜인 운동을 하루에 하나씩 따라 했다. 그러므로 운동을 하는 시간은 하루에 10분, 많으면 15분이었다. 아직 어린 두 아이의 엄마가 30분 넘는 운동을 매일 느긋하게 한다는 게 가능할 리가 없으니, 나의 하찮음은 사실 전략이기도 했다. 그런데 정말 작은 것도 꾸준히 쌓이면 뭐가 되는구나 싶은 게, 말랑말랑하던 두부살 안에 딱딱한 게 조금씩 만져지더니 보, 복근이란 것이 생기고 말았다. 아유 처음 뵙겠습니다. 살면서 한 번쯤은 만나고 싶었어요.

몸에 근육이 붙는 건 정말 새롭고 기분 좋은 경험이었다. 처음엔 온몸에서 아우성이었다. 몰래 숨어 있었는데 왜 나를 찾아내고 난리냐며 여기저기서 빽빽 소리를 질러댔다. 하지만 그 아우성은 곧 간지러운 뻐근함으로 바뀌었고, 이내 운동을 하지 않으면 몸이 찌뿌둥한 신묘막측한 경험을 하게 되었다. 시간이 쌓이자 내 몸은 빨라지고 단단해졌다. 도망치는 자식 놈들 잡으러 갈 때 스피드가 생겼다. 20킬로그램짜리 아이들을 한 팔에 하나씩, 두 놈을 한 번에 안고 집 안을 돌아다닐 수도 있게 되었다.

바깥세상도 아직 가본 적 없는 곳 천지지만 내 안에도 그동안 미처 알지 못했던 세상이 들어 있었다. 써본 적 없는 근육이 웅웅거리는 느낌은 내 몸 안에 다른 가능성이 있음을 깨닫는 일이었다. 이런 운동을 하면 일상에서 이런 일을 할 때 도움을 받는구나, 그렇게 조금씩 내 몸을 알아가는 게 즐거웠다. 몸에는 선이라는 게 있다는 것을 새로 알게 되었다. 예쁘게 가꿔야 하는 무슨 라인을 말하는 게 아니라 삶속에서 휘청거리지 않고 단단하게 서 있을 수 있는 중심선. 그런 선이 무너지지 않게 다듬고 정돈하는 것이 운동의 가장 중요한 기능임을 깨달았다.

  무엇보다 한 번도 좋아하지 않았던 내 몸을 좋아하게 되었다는 사실이 가장 큰 소득이었다. 어느 날 허리 부근에 손을 얹고 딴생각을 하며 집 안을 어슬렁거리는데, 저 아래로 느껴지는 탄탄한 근육의 느낌이 너무 좋았고 그 순간 행복감이 느껴졌다. 내 옆구리에 이런 야무진 애들이 있었다니. 그리 못나지 않은 몸이었음에도 그동안 내 몸에 만족하며 살지 못했는데, 조금씩 삐걱거리기 시작하고 주름도 늘어가는 이제야 작은 만족감들이 쌓이기 시작한다. 걸을 때 코어에 힘을 주면 느껴지는 아랫배의 단단함도 좋고, 허리를 숙여 물건을 집을 때 느껴지는 허벅지 근육의 긴장감도 좋다. (물론 허벅지살은 찰랑찰랑 넘치도록 있어서 아이들이 내 다리를 장난감으로 요구할 때가 있지만, 어쨌든 그 안에 근육이 있다는 것이 중요하다.) 불혹을 훌쩍 넘어 오십을 바라보는 나이가 됐지만 나는 지금의 내 몸을 가장 좋아한다. 엄마가 되느라 내려앉고 벌어지고 칼자국마저 난 몸이지만 그 어느 때보다 가볍고 단단하고 스스로 강하다고 믿는 그런 몸.

보이는 몸과 기능하는 몸

내가 플라톤의 동굴에서 나온 후로 어림잡아 15년이 지났다. 이제는 전국적으로 근육 열풍이 불고 있으나 여전히 여성의 몸은 예뻐야 하는 것 같다. 바디 프로필 사진을 찍을 때는 여성스럽고 예쁜 근육을 적절한 만큼만 만드는 데 초점이 주어진다. 여전히 우리는 생각의 감옥에 들어앉아 있는 게 아닐까. 바디 프로필 사진을 찍었던 어느 여성의 고백을 읽은 적이 있다. 보기엔 멋있고 좋아 보일지 몰라도 실은 너무도 건강하지 않은 상태를 남기는 것이라고 했다. 그 사진을 찍기 위해 극단적인 식이요법을 진행하고 몸을 혹사시키는 바람에 부분적으로 탈모가 왔고 생리불순이 생겼다고. 어렵사리 근육의 시대로 왔지만 우리는 여전히 보이는 것에 병적으로 집착하고 있다.

《우아하고 호쾌한 여자축구》라는 실로 우아하고 호쾌한 에세이를 쓴 김혼비 작가가 말했다. '보이는 몸'보다 '기능적인 몸'을 보다 더 욕망했으면 좋겠다고. 그분의 글에서 재미있는 사실을 읽었다. 자신의 몸을 소개해보라는 말에 대부분은 '다리가 가늘고 곧게 뻗은 편이다, 쇄골이 예쁘다' 등 겉모습과 관련한 답이 압도적인 비율을 차지하지만, 운동을 즐기고 꾸준히 해온 사람들은 '팔 굽혀 펴기를 11개까지 한다, 자전거를 시속 20킬로미터로 탈 수 있는 다리다' 같은, 주로 몸의 기능에 집중한 답을 들려준다고. 유레카의 순간이었다. 내 몸을 보이는 것으로 인식하느냐, 기능하는 몸으로 인식하느냐의 차이가 여성들에게 이렇게 원효대사의 해골물 같은 느낌으로 다가간다면 좋겠다. 나는 아직 레벨이 낮아서 내 몸을 '보이는 몸'으로 인식하는 것에서 자유롭지는 못하지만, 슬슬 내 몸이 할 수 있는 기능들을 즐거운 마음으로 꼽아가고 있다.

나는 생각하고 글 쓰는 사람이므로 맑게 생각하고 오래 쓸 수 있는 몸을 만들고 싶다. 뇌와 눈에 안개가 끼지 않는 것도 중요하겠지만, 기본적으로는 진득하게 책을 읽어도 끄떡없는 엉덩이와 오래 글을 써도 튼튼한 허리를 갖고 싶다. 그러므로 하찮은 운동을 계속하고 좋아하는 산책을 거르지 않을 예정이다. 산책은 머리와 다리를 동시에 부지런히 놀릴 수 있어 가장 좋아하는 운동이다. 맑은 공기를 호흡하면서 뇌를 이완시키고 다리를 움직이는 느낌이 좋다. 사실 생각의 근육, 글 쓰는 근육을 키우는 일은 실제로 몸의 근육을 키우는 것과 상당 부분 궤를 같이 한다. 습관처럼 산책하고, 습관처럼 운동하고, 습관처럼 일정 시간 글을 쓰고, 습관처럼 상당 시간 글을 읽고. 난제의 실마리나 글의 영감 같은 것도 무작정 책상 앞에 찐 감자처럼 앉아 있을 때보다 샤워든 산책이든 담백하게 몸을 움직일 때 더 잘 찾아온다.

　　루소의 《고독한 산책자의 몽상》에는 다음과 같은 구절이 있다. "나는 걸어 다녀야만 명상을 할 수 있다. 걷기를 멈추면 생각도 함께 중단된다. 내 정신은 반드시 다리와 함께 움직인다." 니체도 진정 위대한 생각은 전부 걷기에서 나온다고 했다. 세상에는 몸을 편하게 움직일 수 없는 작가와 철학자들도 많기에 니체의 말에 완전히 동의할 수는 없지만, 하이델베르크에 있는 철학자의 길Philosophenweg에 여러 철학자들의 이름이 얽혀 있는 건 그만큼 철학자들도 둘 사이의 시너지를 알았기 때문이 아닐까. 다리가 움직이는 동안 머리에서는 생각의 시냇물이 흐른다.

사실 니체의 말을 가장 잘 뒷받침하는 것은 멍게다. 멍게는 어릴 때 올챙이처럼 생긴 모습으로 바닷속을 유영하고 다니는데, 이때는 뇌와 근육, 신경 같은 고등 기관을 가지고 있다고 한다. 그러나 한 군데 정착해서 뿌리를 내리면 더 이상 복잡한 뇌가 필요 없어져서 뇌를 없애버린다는 것. (어린 시절 '멍게 해삼 말미잘'이라며 친구들을 놀렸던 것은 이토록 깊이 있는 뇌과학적 사고가 깔린 것이었다.) 비록 인간이 멍게와 같지는 않겠지만, 움직이지 않으면 뇌가 없어지는 생물이 있다는 건 왠지 뇌가 뜨끔해지는 사실이다. 적어도 멍게에게는 바닷속을 걷는 근육이 없어지면 생각의 근육도 없어지는 셈이다.

믿음, 소망, 사랑, 그중 제일은 사랑이라는데 사랑은 많은 부분 몸으로 한다. 감사하게도 크게 불편이 없는 몸으로 살고 있기에, 내 몸으로 할 수 있는 사랑을 많이 하며 살고 싶다. 아이들을 더 많이 안아주고 더 자주 업어주고, 가능하다면 목말도 태워주고 싶다. 반려인에게만 무거운 장바구니를 맡기지 말고, 내가 마실 술은 내가 번쩍 들고 계단을 오르고 싶다. 공부라는 건 사랑스러운 것들을 더 잘 사랑하기 위해서 하는 거라고 생각하는데 운동도 마찬가지다. 사랑스러운 내 아이들을 더 잘 사랑하기 위해서, 든든한 버팀목인 반려인을 내 방식대로 더 잘 사랑하기 위해서, 무엇보다 내 삶을 더 잘 사랑하기 위해서. 그렇게 남에게 보이는 몸이 아니라, 내 삶을 충만하게 살기 위해 잘 기능하는 몸으로, 세상을 더 사랑할 수 있는 몸으로 가꾸고 싶다.

우리 모두에게는 근육이 필요하다

보티첼리의 비너스처럼 배에 근육을 만들고 코어의 힘을 기르면 몸에 에너지가 퍼져 있는 감각이 생긴다. 가시적으로 보이지는 않아도 일상에 활력이 안개처럼 스며든다. 활력이 스며 있다는 건 100을 요구하는 일에 80 정도만 힘을 써도 일이 마무리되고 남은 20의 에너지로 밝게 웃고 있을 수 있다는 말이다. 코어에 힘이 생기면 자빠져 있다가도 금방 일어날 수 있다는 점이 나는 특히 마음에 든다. 복근이 생기면 누웠다가 그야말로 발딱 기상이 가능한데, 우리의 정신과 몸이란 것이 대체로 부부처럼 합심할 수 있는 것이므로 나는 복근이 삶의 걸림돌을 만나 자빠져 있는데도 도움이 될 거라고 확신한다. 강인한 코어가 생기면 조금 감당하기 어려운 일이 생겨 비틀거리더라도 중심을 잘 잡고 서 있을 수 있을 거라는 그런 믿음.

산다는 것은 동사다. 어딘가에 가만히 놓여 있는 명사가 아니라, 걷고 달리고 고꾸라져 넘어지고 숨을 고르고 다시 일어서서 발을 내딛는. 그렇다면 이렇게나 무수한 동사로 이루어진 삶을 사는데 어째서 근육이 없어야 한다고 말했던 것일까. 딸들에게 울퉁불퉁한 근육이 없어야 한다는 것은 너희는 가만히 명사로 살아가라는 얘기다. 나는 세상의 딸들이 몸을 쓰고 움직이며, 휘두르고 걷어차며, 내뻗고 달려가며, 삶의 희열을 느끼기 바란다. 한껏 최선을 다해 다양한 동사로 살아보기 바란다.

이왕 숨을 받아 태어났으면 다양한 동사를 사용하고 삶의 모든 감각을 최대한 확장하며 살고 싶다고 생각한다. 보고 듣고 느끼고 냄새를 맡고 맛보고. 비가 오면 일부러 산책을 나가 숲속 나무들이 꿀꺽꿀꺽 물을 마시며 환호하는 소리를 듣고, 향신료 매대에서 이국적인 향신료들이 뿜어대는 강렬한 색감과 냄새를 탐색하고, 가끔씩 따뜻한 가슴에 귀를 대고 사랑하는 이들의 심장 소리를 들으면서. 또 좋아하는 차를 우려내어 찻잔 위에서 소리 없이 펼쳐지는 수증기의 공연을 가만히 지켜보고, 아직 보지 못한 올리브 숲은 정말 보티첼리의 그림에서처럼 금빛으로 빛나는지, 그

숲의 냄새는 어떤지 느껴보고. 그렇게 이 세계가 숨기고 있는 신비를 하나씩 찾아내어 껍질을 벗기고 속살을 드러내는 기쁨을 누릴수록 삶은 풍요롭고 충만해질 것이다. 몸속에서 몰랐던 근육을 찾아내듯 하나씩 새로운 것을 만나는 삶. 익숙함 속에서도 낯선 감각을 깨우는 은은한 도전. 그러므로 우리 모두에게는 최선을 다해 동사로 살아갈 근육이 필요하다.

실은 이렇게 근육이 중요하다고, 같이 근육을 쌓아가는 즐거움을 맛보자고 글을 쓰는 것이 누구의 마음을 다치게 하는 일일 수 있다는 것을 잘 안다. 그러므로 오히려 기회가 주어짐에 마음 깊이 감사하고 그 기회를 잘 껴안는 딸들이면 좋겠다. 나의 근육으로 누군가 다치는 것을 경계하고, 어리고 약한 존재들을 보살피는 근육을 쌓아가는 아들들이면 좋겠다.

산책 중에 허리가 좀 뻐근한 것 같아 걸으면서 뒤쪽 허리에 가만히 손을 대보았다. 노를 젓는 것처럼 이리저리 움직이는 근육이 느껴졌는데, 내 근육의 움직임을 이제껏 이렇게 관찰해본 적이 없어 무척 색다른 느낌이 들었다. 그 신기한 움직임을 한동안 손바닥으로 감각하며 걷자니 마음이 간지러웠다. 열심히 꼬물거리는, 신기하기도 하고 대견하기도 한 내 근육. 삶은 뻐근한 것이지만 나는 지금 동사로 살고 있구나. 왠지 희미한 미소가 떠올랐다.

02

마녀

이 단어에 무엇을 담아왔는가

딸들에게 불친절한 세상

딸로 태어나 살다 보면 의문이 생기는 지점들이 있다. 이 세상이 우리를 바라보는 시선이 유달리 불친절하지 않나 싶은 의혹. 그 시작은 한자를 배울 무렵이었던 것 같다. 망령되고 간사하고 요망한 그 모든 것의 중심에 '계집 녀(女)' 자가 패스워드처럼 들어 있었다. '사내'와는 달리, 애초에 '계집'이라는 말에는 비천함의 풍미가 멸치 육수처럼 진하게 우러났다. '사내'는 발음부터 편안하고 당당한데, 발음도 어려운 '계집'은 일단 혀 뒤뿌리부터 비굴해지는 게 발음할 때마다 입맛이 썼다. 인류의 시작은 여성이었음을 드러내는 '처음 시(始)', 원래는 혈통이 모계 중심으로 이어졌음을 내비치는 '성 성(姓)', 마을의 우두머리인 여성이 무기(戌: 술)를 든 모습인 '위엄 위(威)'[1] 같은 글자를 보면 여성들에게도 좋은 시절이 있었던 것 같다. 하지만 시간이 어떻게 흘렀는지 여성은 무기 대신 빗자루와 행주를 들게 됐고, 성을 물려주고 바꾸는 힘은 남성들에게로 옮겨갔다. 여자는 비천하고 음탕하고 시기와 질투가 가득하다고 말하는 글자들 사이에서, 쓸데없이 한자를 일찍 배운 여자 어린이는 분노하고 슬퍼했다. 세상이 나를 이렇게 대한다고?

초등학교 때는 여자와 남자가 편을 갈라 파이팅 넘치게 싸우는 경우가 많았는데, 남자아이들이 즐겨 사용하던 레퍼토리는 '너희는 우리 갈비뼈에서 나온 것들'이라는 소위 '이브 갈비뼈 발생설'이었다. 현실에 발 붙이고 조곤조곤 논리적으로 따지던 여자아이들은 인류의 기원으로 소급해 들어가는 이 초월적인 매직 신성 펀치를 맞으면 말문

---

1 위엄 위(威)에 관해서는 설이 갈린다. 마을의 우두머리인 여성이 무기를 든 모습으로 풀기도 하고, 부계사회로 넘어오면서는 집의 우두머리인 여성이 위엄을 가진다는 뜻에서 시어머니를 나타내는 말로 쓰이기도 했다고 한다. 반대로는 점령군이 무기를 들어 여성을 위협하는 데서 오는 것이 위엄(네?)이라거나, 예전에 부녀자로서의 도리를 지키지 않은 여성에게 형벌을 줌으로써 얻는 것이 위엄이었다는 뜻으로 글자를 풀이하기도 한다.

이 턱 막히곤 했다. 하느님께서 암만 줄기세포에 조예가 깊으셨어도 뼈에서는 뼈 정도나 만들어지지 사람이 만들어질 수는 없는 노릇이지만, 종교의 위엄이란 이제 열 살도 안 된 어린이들이 감히 어떻게 해볼 수 없는 영역이었다. "너 하느님 믿잖아! 하느님이 그러셨어!" 하고 우기면 착한 크리스천 꿈나무들은 할 말이 없었다. 망할, 여자아이들은 한자를 일찍 배워도, 신앙심을 곱게 키워도 문제였다. 불교 집안에서 자란 나는 '보시를 많이 하고 덕을 쌓으면 남자로 태어난다'라고 말하는 불경이 있다는 것을 이순신 장군의 죽음처럼 절대 적에게 알리지 않았다. 그렇게 종교 운운하는 녀석들의 갈비뼈에 그저 속세의 펀치를 날려주고 싶을 뿐이었다. 뒤늦게 알았다. 신앙심보다 과학이 도움이 되었을 거라는 걸. 과학자인 반려인이 알려주었다. 생물학이나 유전공학 기본 연구에 널리 쓰이는 '예쁜꼬마선충'의 경우, 먹이가 부족하고 환경이 척박해져 위기를 느끼면 모체가 '수컷'으로 태어나는 알을 일부 생산한단다. 유전적으로 다양성을 가진 개체를 만들어 생존 확률을 높이기 위한 것이라고 한다. 그러니까 예쁜꼬마선충들이 특별한 조건에 한해, 필요할 때만 생산하는 게 수컷이다. 남자의 갈비뼈에서 여자가 나온 게 아니라, 여성의 특성을 가진 자웅동체에서 가끔 수

컷을 생산하곤 했다는 것이다. 예쁜꼬마선충을 예쁜 꼬마들이 좀 더 일찍 알았어야 했다.

　세월이 흘러, 바르고 고운 말의 세계에서 뛰놀던 어린이는 맵싸하고 질척거리는 욕의 세계를 만나게 되었다. 그곳은 단순히 도덕을 자물쇠 삼아 딸깍 걸어 잠글 수만은 없는 비릿하고 생기발랄한 또 하나의 우주였는데, 웃으면서도 나는 슬펐다. 남자를 향한 욕은 왜 여자를 향한 욕만큼 풍성하고 정성스럽게 발달되지 못한 것인가 하는 의문이 또다시 앞서 우려낸 멸치 육수 비린내와 함께 피어났다. 우리 선조들은 여성의 성기에 유난히 적대적인 것 같았다. 가만히 있는 어머니들은 왜 또 그렇게 욕보이는 건지 그것도 당최 알 수가 없었다. 남편 잡아먹는 년은 있는데 부인 잡아먹는 놈은 없는 것도 잔잔하게 웃겼다.[2] 아니 우리가 사마귀의 후손도 아닌데 뭘 잡아먹는다고? 사실상 부부 간에 다치고 죽는 일은 높은 확률로 반대 방향으로 일어나는데 말이다. 아니, 부부의 연을 맺기도 전에 이미 데이트 단계에서

2　세상에는 악처(惡妻)에 관한 수많은 이야기들이 있는데, 악부(惡夫)라는 단어는 존재조차 하지 않는다. 혼인하신 우리 남성 조상님들 모두가 그렇게나 사랑꾼인 줄 미처 몰랐다.

목숨을 걸어야 하는 여성들이 얼마나 많은지도 우리는 알고 있다. 물론 그냥 평범한 일상에서도 마찬가지다. 이종격투기 임수정 선수에게 무서워하는 것을 물으니 '늦은 밤거리'라고 하는 걸 듣고 나는 슬펐다.

현실 세계를 벗어난 판타지 세계에서도 부당한 처우는 계속되었다. 남자들은 변신이 '능력'인 경우가 많은데 비해, 여자들은 기이하고 요사스럽게 변하거나 변신이 '형벌'의 의미를 띠는 경우가 많았다. 최근에 아이와 함께 우렁각시 이야기를 다시 읽어보니 맙소사, 아빠한테 밉보인 딸이 우렁이로 변한 거였다. 말을 안 듣는다고 딸을 우렁이로 바꾸다니, 실로 망령된 것은 용왕이라는 고위직에 계신 이 아버님이 아닌가 싶었다.[3] 이야기 속에서 늘 제물로 바쳐지는 것도 여자, 삿된 것들도 대체로 여자였다. 남자의 간을 빼먹는다는 구미호, '귀신' 하면 떠오르는 대표 이미지의 그 지독한 여성성. '마녀'는 있지만 '마남'은 없었다. '마귀'라는 중성

---

3 여러 전승 설화가 있기에 이 부녀관계가 등장하지 않는 경우도 있지만, '묘령의 처녀가 몰래 밥을 해주는 이야기'라는 남성 판타지 자체가 살짝 입맛이 쓰다. 고달프고 반항적인 중년 여성의 눈으로 보자니 우렁각시의 껍질은 '자기만의 방'이었을지도 모르는데, 총각은 그 조그맣고 약한 껍질마저 깨뜨려버리고 자신에게 필요한 속살만 취해갔다.

적 명사에도 사람들은 여지없이 '마귀할멈'이라는 말로 여성성을 강조해두곤 했다. 마술사나 마법사는 대체로 능력 있는 아저씨나 엉뚱한 할아버지들이었지만 마녀는 당장 도망치고 싶은 사악한 아줌마, 무서운 할머니들이었다. 늘 그런 이야기를 읽고 자라야 했던 어린 딸들의 억울함을 아는 어린 아들들이 있었을까.

가르바티, 메두사의 억울함에 답하다

신화 속 인물에게 진실 규명 위원회를 통한 명예회복이 필요하다면 그 첫 번째는 메두사가 아닐까. 메두사는 그리스 로마 신화에서 단연 눈에 띄는 흉측하고 파괴적인 마녀다. 뱀이 득시글거리는 머리를 한 채 자신을 쳐다보는 남자들을 돌로 만들어버리는 무서운 괴물로 알려져 있지만, 본래부터 그런 모습은 아니었다. 변신이 형벌성을 띠는 사례, 그 벌도 별다른 잘못 없이 억울하게 뒤집어쓴 사례, 피해자가 가해자로 둔갑한 사례, 이 고통과 억울의 쓰리콤보가 삼위일체로 모여 메두사 이야기를 구성한다. 애초에 페르세우스라는 영웅에게 주어지는 시련이기 때문에, 신화 자체가 메두사에게는 기울어진 운동장이다.

　　메두사 이야기도 여러 가지 버전이 있지만 가장 억울한 쪽으로 이야기를 풀어주는 것은 로마 시인 오비디우스. 기원후 8년에 그는 그리스 로마 신화를 중심으로 세계의 창조부터 카이사르의 죽음까지를 다룬, 제목부터 흥미진진한 《변신 이야기Metamorphoses》를 남겼다. 이 서사시에 따르면 메두사는 원래 황홀할 만큼 아름다운 여인으로 아테나[4] 여신을 섬기는 신전의 무녀였는데, 바다의 신 포세이돈이 메두사의 아름다움에 취해 그녀를 신전에서 강제로 범한다. 이것이 처녀신인 아테나의 진노를 사지만 아테나로서는 강대한 포세이돈에게 벌을 내릴 수 없었다. 예나 지금이나 추악하고 힘센 권력은 벌도 받지 않는다. 그것부터 답답한데 정작 아테나의 진노는 엉뚱한 곳을 향한다. 자신의 신전에서 그런 행위를 벌였다는 (벌인 게 아니고 당한 거라는 사실을 지혜의 여신이 왜 모르시는 겁니까) 신성모독을 이유로 메두사의 아름다운 머리카락 한 올 한 올을 흉측한 뱀으로 바꾸고, 그녀의 두 눈을 보는 자는 돌이 되는 저주도 함께 내린 것이다.

4　로마 시인의 이야기이므로 원전에는 미네르바라는 로마식 이름을 쓰지만, 이해를 돕기 위해 이후 등장하는 모든 신의 이름을 그리스식으로 표기한다.

다른 이야기로는 아테나가 포세이돈을 사랑했다고도 한다. 하지만 포세이돈은 이미 메두사에게 빠져 있었고, 아테나의 끈질긴 구애를 포기시킬 목적으로 일부러 그녀의 신전에서 메두사를 범한다. (아테나에게는 잔인한 놈이고 메두사에게는 천하에 몹쓸 놈이다.) 사실 아테나 신을 섬기며 독신 서약을 했던 메두사는 자신에게 관심을 보이는 남자들을 모두 거절했지만, 그 거부가 포세이돈의 욕망을 부추겼다는 것이다. 이에 엄청난 모욕감과 질투를 느낀 아테나는 저주를 내려 메두사를 괴물로 만들고, 특히나 아름답다고 칭송받던 그녀의 머리카락을 뱀으로 만들어 버렸다. 강간 피해자가 오히려 비난의 대상이 되어 고통받은 고전적인 사례다. 원래 메두사와 포세이돈이 연인 관계였다는 설정도 있다. 그놈의 사랑의 작대기가 어디를 향했든, 그 어떤 이야기에서도 메두사는 피해자다. 강간 피해자이거나, 고래들의 치정 싸움에 등 터진 엉뚱한 희생양이거나, 그저 연인을 사랑한 죄로 혼자 엄청난 형벌을 뒤집어쓴 피해자다.

더 억울한 것은 이 피해자가 가해자로 둔갑한다는 점이다. 앞서도 언급했듯 우리는 대체로 메두사를 끔찍한 마녀, 쓰러뜨려야 할 괴물로만 기억하기 때문이다. 똑같이 변신이라는 형벌을 받았어도 아라크네는 거미로 변하는 데서 끝나는데, 메두사는 남성 영웅 서사의 사악한 조연으로 재차 끌려 나와 소비된다. 죄 없는 여인을 결국 영웅의 앞길을 가로막는 마녀로 만들어 부정적 이미지를 각인시킨 것이다. 아테나의 저주를 받은 뒤 메두사는 아무도 오지 못하는 곳으로 은둔하지만, 세상은 기어코 그녀를 끌어내어 참수시키는 데 성공한다. 죽임을 당할 때 심지어 그녀는 임신 중이었다고도 한다.[5] 같은 신끼리는 서로 벌도 못 내리는 주제에 여기서는 이 남성 영웅을 도와주겠다고 온갖 신들이 합심하여 나선다. 아테나의 방패, 헤라의 주머니, 하데스의 투구, 헤르메스의 신발, 그야말로 신급 아이템으로 무장한 페르세우스에게 맞서야 했으니 결과야 뻔하지 않겠는가.

신화는 메두사를 끝까지 괴롭힌다. 참수에서 끝나는 것도 아니고, 페르세우스는 안드로메다 공주라는 아름다운 여인을 구하는 일에 메두사의 머리를 재차 이용한다. 메두사도 안드로메다와 다를 바 없이 그저 아름다운 여인이었을 뿐인데, 하나는 희대의 야만적인 괴물이 되어 잘린 머리가 이 전투 저 전투로 돌아다니는 반면 다른 하나는 그저 사

---

5 그녀가 흘린 피로 포세이돈이 페가수스와 크리사오르를 탄생시켰다는 설도 있지만, 포세이돈이 그녀의 주검에서 잉태된 자기 자식들을 구해냈다는 설도 있다.

랑스러운 여인으로 남아 이름을 별자리에까지 남겼다. 그것도 모자라 메두사의 머리는 끝내 안식을 얻지 못한다. 아테나가 자신의 방패에 매달고 다녔다는 것이다. 이쯤 되면 아테나의 포세이돈 짝사랑설이 맞는 게 아닌가 싶게 아테나의 잔인함이 놀랍다. 신들 가운데서 합리적이고 이성적인 것으로 알려진 지혜의 여신 아테나조차도 사랑에 있어서는 질투하고 분노했으며 잔인했다는 것일까. 어쨌든 페르세우스를 신화의 중심에 영웅적으로 배치하려는 이야기 속에서 메두사는 이렇게 거듭 희생당한다. 메두사 입장에서는 그야말로 안드로메다로 가버린 결말이다.

화폭에 수많은 여성들의 초상을 그려온 뉴욕 출신의 미국 화가 주디 타카흐스^{Judy Takács}가 2018년 메두사를 그려 발표한 작품에는 그런 의미에서 〈Me(dusa)too〉라는 의미심장한 제목이 붙어 있다. 미투운동의 해시태그^{#metoo}가 성폭력 피해자로서의 메두사 초상에 위로의 마음으로 붙은 것이다. 루치아노 가르바티^{Luciano Garbati}는 아예 〈페르세우스의 머리를 든 메두사〉라는 작품을 조각하여 메두사 손에 페르세우스의 머리를 들려준다. 페르세우스보다는 포세이돈의 머리를 들었어야 한다는 주장도 있지만, 벤베누토 첼리니의 〈메두사의 머리를 든 페르세우스〉라는 유명한 16세

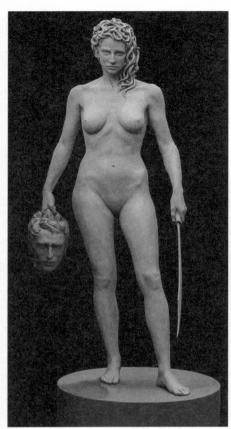

좌 루치아노 가르바티, 〈페르세우스의 머리를 든 메두사〉, 2008년
우 벤베누토 첼리니, 〈메두사의 머리를 든 페르세우스〉, 1545~1554년

기 조각상을 그대로 반전시킨 것으로 보인다. 메두사의 주검을 밟고 승리를 과시하듯 베어낸 머리를 높이 든 첼리니의 페르세우스와는 달리, 가르바티의 메두사는 베어낸 머리를 움켜쥔 손을 늘어뜨린 채 할 말 많은 표정과 호소하는 듯한 눈으로 물끄러미 우리를 직시한다.

슈투크의 그림 속 메두사의 눈동자

혀를 날름거리는 흉측한 뱀으로 가득한 메두사의 머리는 화가들에게 매력적인 소재였을 것이다. 당연히 작품으로도 여러 번 그려졌다. 그중에서도 프란츠 폰 슈투크Franz von Stuck가 그린 메두사의 얼굴을 함께 보고 싶다. 프란츠 폰 슈투크는 독일 아방가르드 서클의 핵심 역할을 맡았던 화가다. 기존의 보수적인 예술 풍토에 대항해 '단절'과 '분리'를 뜻하는 '제체시온Secession, 분리파'을 이끌어 1892년에 뮌헨 제체시온을 결성했고, 칸딘스키와 클레 등 많은 유명한 화가가 그를 거쳐갔다.

슈투크는 신화와 상징의 세계에 매력을 느꼈고, '매혹적 여성'과 '죽음의 위협'이 연결되는 지점에 특히 매료되었

프란츠 폰 슈투크, 〈메두사〉, 1892년

다. 아름답고 위협적인 여성의 이미지, 즉 팜므파탈은 세기 말적 탐미주의가 풍미하던 19세기 말에 문학과 예술의 아이콘으로 널리 유행한 주제다. 그의 작품에는 원죄를 상징하는 이브부터 마녀 키르케, 요염한 스핑크스, 성서 속의 살로메와 유디트, 밧세바 등 이런 상징성을 가지는 여성들이 두렵고도 아름다운 모습으로 표현된다. 팜므파탈은 여성주의적으로도 반여성주의적으로도 사용될 수 있는 소재다.

그의 작품들 역시 보는 이에 따라 다양한 해석이 가능하겠지만, 1892년 작 〈메두사〉는 그 어떤 '주의主義'를 떠나 순수하게 내 마음을 사로잡았다.

그림을 보는 순간 나도 돌처럼 굳어 가만히 그녀의 눈을 응시하지 않을 수 없었다. 본인에게 내려진 알 수 없는 형벌에 놀란 듯, 두렵고 억울한 푸른빛의 표정이 남기는 여운 때문이었다. 루벤스 등 많은 화가들에 의해 이미 징그럽고 끔찍한 모습으로 표현되었던 메두사는 여기에서 원래 미인임을 알 수 있는 반듯한 이목구비로 그려졌다. 사람들에게 공포를 주는 대상으로만 알려졌지만, 그녀의 눈에 가득한 공포를 나는 이 그림을 통해 처음으로 짙게 느꼈다. 메두사를 여성주의적 시각으로 바라보는 엘렌 식수Hélène Cixous의 에세이 《메두사의 웃음》이나 매리 발렌티스Mary Valentis와 앤 데반Anne Devanne의 책 《여성의 분노》에서 설명하는 메두사 서사의 부조리함을 이미 접하고서도, 메두사라는 한 여성이 느꼈을 공포와 슬픔, 억울함 같은 감정들을 한 번도 구체적으로 상상해보지는 못했던 것이다. 주장이나 이론이 아닌, 예술이 존재하는 이유를 그렇게 알았다. 그림 속 메두사는 스스로가 파랗게 질려 돌처럼 굳어 있다. 그녀의 눈동자를 오래 들여다보고 있으면 왠지 눈시울이 뜨거워진다.

오늘날 메두사의 머리는 아직도 한스럽게 이곳저곳을 떠돌고 있다. 여성 정치인이나 지도자, 다방면에서 영향력을 가진 여성들이 못마땅한 대중은 이들을 줄기차게 메두사의 이미지로 합성해낸다. 조롱과 혐오의 의미를 담아서 '끔찍한 괴물, 참수해야 할 대상'으로. 대표적으로 2016년 미국 대선에서 힐러리 클린턴을 메두사로 만든 이미지들이 떠돌았다. 첼리니의 조각 〈메두사의 머리를 들고 있는 페르세우스〉도 트럼프가 클린턴의 잘린 목을 치켜들고 있는 모습으로 패러디되었고, 트럼프가 당선되자 이 이미지는 컵과 티셔츠에 박혀 팔려나갔다. 수없이 찍힐 유권자들의 충성의 키스를 예약하듯, 컵의 입이 닿는 부분에는 트럼프가 연상되는 트라이엄프triumph, 승리가 금빛으로 새겨졌다. 그 아래로 꼭 고대 그리스 철학자처럼 현명해 보이는 트럼프 얼굴이 경박스럽게 웃는 클린턴의 표정과 대조를 이룬다. 트럼프는 페르세우스처럼 신의 가호를 받는 선하고 용감한 남성 영웅, 클린턴은 처단되어야 할 사악한 마녀라는 도식이 깊숙하게 자리 잡은 이 패러디를 보며 나는 다시금 혀끝에서 진한 멸치맛을 느꼈다. (퉤.) 당시 후보였던 트럼프의 가짜 머리 형상을 TV에 들고 나와 사진을 찍은 케이시 그리

핀이라는 여성 코미디언은 이 사건으로 방송 출연 정지를 당했다. 그런 것들을 모두 보아야 했을 힐러리 클린턴의 눈동자도 슈투크의 그림 속 저 눈동자를 닮지 않았을까.

하지만 다행스럽게도 그간 메두사의 눈을 편견 없이 바라보는 사람들이 생겨났다. 돌이 되지 않고, 즉 돌처럼 굳었던 세상의 편견을 깨고 메두사의 고통을 꿰뚫어볼 줄 아는 사람들이 있었던 것이다. 앞서 언급한 엘렌 식수는 《메두사의 웃음》이라는 에세이에서 여성들의 힘과 욕망을 두려워한 남성들이 메두사를 괴물로 만들어왔다고 선언한다. 남성의 시선을 피해 수줍게 고개를 돌려야 하거늘, 정면으로 되쏘아보며 맞서는 여자라니. 그것도 모자라 남자들을 무력하게 만들어버리는 여자라니. 참을 수 없었던 자들이 참수의 형벌을 내렸다는 말이다. 이들은 그런 발칙한 생각과 위협적 능력이 들어 있는 머리를 분리한 뒤, 이리저리로 조리돌렸다. (조리돌림은 간음한 자에게 많이 가해졌던 형벌인데 강간 피해자가 이러고 있다는 것이 더더욱 어처구니없다.) 분리된 머리에 뱀이 날름거린다는 것도, 태초에 뱀의 말을 듣고 인류를 천국에서 끌어내렸다는 이브의 원죄를 생각나게 하는 구석이 있어 묘하게 더 슬프다.[6] 하지만 식수는 메두사를 보고 싶다면 그저 똑바로 쳐다보기만 하면 된다고 말한다. 그녀는 아름답게 웃고 있다고, 전혀 치명적이지 않다고. 그녀를 괴물로 만든 것은 그녀의 존재를 두려워했던 사람들일 뿐이라고.

한쪽이 위협으로 느끼는 존재는 다른 쪽에게는 힘이 되는 법이다. 남성들을 돌로 만들어 무력화시키는 메두사의 강한 힘에서 카타르시스를 느끼는 사람들이 생겨났다. 분노가 강렬한 에너지로 표출되는 모습에 매력을 느끼는 사람들도 생겨났다. 메두사의 눈을 바라보며 이야기를 들으려 했던 사람들에 의해, 그녀는 이제 강하고 분노할 줄 알며 쉽게 굽히지 않는 여성의 이미지를 얻고 있다. 이탈리아 명품 브랜드 베르사체의 로고로도 등장할 만큼 (나 같은 인간을 돌로 만드는 가격을 가지고 있다) 자신의 매력을 뚜렷이 각인시킨 메두사의 눈을, 있는 그대로 차분히 응시하는 사람들이 많아지면 좋겠다.

---

6   여성을 뱀과 연결시켜 타락의 상징으로 만드는 작업은 이브와 메두사, 릴리트 등 많은 신화에서 동일하게 나타난다. 이런 면에서 뱀이 가장 아름답게 등장하는 신화는 중국 전설 속 창조신 복희와 여와의 사례가 아닌가 한다. 복희와 여와가 그림으로 표현된 작품들을 보면 남신 복희는 땅을 만드는 굽은 자를 들고 여신 여와는 하늘을 만드는 컴퍼스를 들었는데, 몸은 둘이지만 하반신은 뱀의 형상으로 동글동글 얽혀 있다. 우열관계나 주체-객체의 긴장감 없이 서로를 채워주는 조화로운 상태로, 마치 하나의 존재처럼.

닥치거나 미치거나

　힘을 갖추고 남성의 권위를 위협하는 여성들을 괴물이나 마녀처럼 묘사하는 것은 동서고금을 막론하고 유구한 전통을 가진다. 일본 수필의 효시로 알려진《마쿠라노소시》를 남긴 헤이안 시대의 작가이자, 천황비인 중궁을 보필하는 고위 궁녀였던 세이 쇼나곤이라는 가인歌人이 있다. 높은 학식에 발랄한 문재를 가져 당시의 귀족 및 문인들과 교류하며 널리 이름을 알렸는데, 사망연도는 확인되지 않아 현재 일본 각지에 세이 쇼나곤의 묘라고 전하는 무덤이 여럿 있다고 한다. '베갯머리 서책'으로도 알려진《마쿠라노소시》는 풍부한 감성과 수준 높은 학식, 무엇보다 시대를 앞선 자유롭고 파격적인 문체로《겐지 이야기》와 함께 일본 고전문학을 대표하는 작품으로 남아 오늘날까지도 빛을 발하고 있다.

　그런데 여자가 재주를 가지면 오히려 불행만 초래할 뿐이라는 그 당시 남성중심적 사고방식의 따뜻한 격려와 전폭적인 지지를 받아, 가마쿠라 시대에 편찬된 여러 이야기집에는 몰락한 세이 쇼나곤의 이야기를 다룬 설화들이 잔뜩 실려 있다고 한다.《고지단古事談》에는 '귀신 모습을 한

법사'로까지 등장한다고 하니, 과연 귀기와 마성이 덧씌워진 그녀의 모습이 낯설지 않다. 남성들은 여성에게서 천사의 모습을 원하는데, 천사는 대체로 학식이 높거나 똑 부러지게 자기 의견을 내세우지는 않는다. 일반적으로 말없이 온유하고 헌신적이며 따스할 뿐이다. 세상은 천사의 카테고리에 넣기 어려운 똑똑한 여성들을 슬그머니 괴물 쪽으로 밀어놓았다. 고래로 남성들은 또박또박 할 말을 하는 여성들을 보는 것이 괴로웠던 듯하다.

케임브리지 대학 고전학 교수인 메리 비어드는 《여성, 전적으로 권력에 관한》이라는 책에서, 여성은 예로부터 '징징거리는' 존재로 여겨져왔고 공적 발언의 기회를 얻는 일은 극히 드물었다고 말한다. 여성에게 침묵을 강요하는 장면은 서양 문학이 움트는 순간부터 있어왔다는 사실을 보여주기 위해, 비어드는 여성들에게 입을 닥치라고 말해온 고전적 사례들을 굴비 엮듯 엮어놓는다. 남편을 20년간이나 기다리는 와중에 구애자들에게 포위당한 페넬로페에게, 아들 텔레마코스는 여자가 끼어들 일이 아니라면서 어머니 페넬로페의 말을 차단하고 베 짜는 여자들의 공간으로 그녀를 돌려보낸다. 엄마, 맘마, 이렇게 자신이 말을 가르친 아들에게조차 침묵을 강요당하는 어머니라니. (하지만 이런 모자관계는 수천 년이 지난 오늘날에도 여전히 현재진행형이라는 것이 더욱 말문을 막히게 한다.) 앞서 언급한 오비디우스의 《변신 이야기》에는 제우스 신의 눈에 들었다가 암소로 변해 말하는 능력을 잃는 이오가 있고(발굽으로 자신의 이름을 써서 가족들에게 알린다), 발언하는 여성을 양성성을 가진 괴물로 묘사하는 1세기 로마 막시무스 시선집 사례들이 있다. 여성이 예외적으로 발언 기회를 얻는 것은 강간당하고 자살하기 전에 억울함을 토로하는 경우 정도인데, 그리스 신화 속 테레우스(이 인간도 영웅이다)는 처제를 겁탈하고 이 사실을 아내에게 알릴까 봐 처제의 혀까지 잘라버리는 미친 짓을 감행하여 그마저도 못하게 막는다. 무슨 짓을 당하든 여자들은 닥치고 있어야 했다. 연설이라는 이름의 공적 발화는 낮고 위엄 있는 목소리를 가진 남성의 영역이었기 때문이다. 당대 지식인들과 기지 넘치는 대담을 나누고, 붓으로까지 영원의 목소리를 남겨 후대에 전한 세이 쇼나곤이 불편했던 이들은 똑똑한 여성을 그렇게 광기 어린 괴물로 만들고서야 만족했을까.

　　여성을 '자연의 결점, 혹은 오류'로 인식했던 중세 여성관은 "여자는 어느 분야에서도 어떤 위대한 작품을 창조한 적이 없지 않은가"라는 드 메스트르Joseph de Maistre(심지어 이 문장은 딸에게 보내는 편지의 일부분이다)의 헛소리가 통념으로 받아들여지던 19세기까지도 당최 고쳐질 줄 몰랐다.[7] 19세기에서 20세기 초반까지도 여성 예술가들은 주류 남성 예술가들과 밀접한 관계를 유지해야 그나마 이름을 알리는 경우가 많았다. 이건 내 전공인 철학 영역에서도 예외가 아니다. 애초에 보부아르는 사르트르의 그늘에서, 아렌트는 하이데거와의 관계 속에서 인식되었고 세간의 흥미를 끈 것은 책이나 논리보다는 역시 그들 간의 연애와 사랑 쪽이다. 그것도 철학 분야에서는 더욱 늦게 20세기가 되어서야 겨우, 사람들은 이 세상에 여성 철학자라는 종족이 있다는 것을 마치 심해에서 캐낸 망간단괴 보듯 새롭게 인식했다. 지식과 이성은 남성의 영역이며 애초에 여성들이 논리적 사고 같은 것을 할 수 있을 리 없다는 생각에 균열이 가

---

7 드 메스트르는 이 편지에서 사랑하는 딸에게 한마디로 '나대지 말 것'을 권하고 있다. 여성들이 천재성을 소멸시키는 교육을 받고 있다고 말하는 딸에게, 당시 존경받는 법률가이자 외교관이기도 했던 이 아버지는 '여자로서의 의무에 반하는 지식에 탐닉하지 말 것'을 권한다. 여자의 능력은 살림을 잘하고 남편을 위로하고 격려하여 행복하게 해주며 아이를 키우는 일에 있고, 그것이 너희의 본분이라고. 19세기에 철학자라고 불렸던 이 남성은 "여성은 단지 여성으로서만 우월할 수 있다"며 딸을 타이른다. 남녀는 각자의 자리를 지켜야 하고, 여자가 남자를 모방하려고 하는 순간 그저 원숭이에 불과해진다는 것이다. 여자들은 베이징이 프랑스에 있다고 생각할 정도로 무식하지만 않으면 된다고 쓰고 있는 이 편지에 딸은 짜증을 냈을 것 같다.

기 시작한 것은 지극히 최근이라는 얘기다.

그러므로 어쩌면 그 시절의 똑똑한 여성들은 필연적으로 '미친년'이 되지 않았을까 싶기도 하다. 동아시아에 태어났다면 특히 집 밖으로 나가는 것도 어려웠을 사회 시스템 속에서, 그렇게 서서히 미쳐가는 것 말고는 달리 방법이 없었을지도. 여성으로서 인정받거나 이름을 남기려면 아들을 잘 키우거나 중요한 인물의 부인이 되는 것 외에 뾰족한 방법이 없던 세상에서, 쓰일 곳 없는 재능은 스스로를 아프게 할 독이 되었을지 모른다. 똑똑한 여성과 광기의 관계를 나는 사회적 진출이 어려웠던 재능 있는 인간의 내적 폭발로 이해한다.[8]

그렇게 입을 닥치라고 말하는 사람들 곁에서, 언어를 빼앗긴 여성들이 갈 수 있는 길은 두 가지였을 것이다. 닥치거나, 미치거나. 그렇게 많은 여성들이 '천사 아니면 괴물'

---

8 남성보다 월등히 높은 여성의 우울증 유병률에 주목하며 '여성은 왜 남성보다 우울한가?'라는 질문을 품고 고통 뒤의 사회적 맥락을 파헤치는 책《미쳐있고 괴상하며 오만하고 똑똑한 여자들》서문에서 하미나 작가는 이렇게 말한다. 자기 삶의 저자인 여자는 웬만큼 다 미쳐 있다고. '사회적 진출이 어려웠던 재능 있는 인간의 내적 폭발'에서 더 나아가, 재능과 관계 없이 여성들의 삶은 기본적으로 억압적인 구조 속에 놓여왔다는 점에 주목하는 것이다.

'여신 아니면 마녀'라는 갈림길로 내몰렸다. 닥치지도 미치지도 않으려는 여성들은 입을 닫고도 이야기를 지속하기 위해 글을 썼을 것이다. 새로운 세상을 만들고 그 속으로 도망친 여성들이 침묵 속에서 그렇게 붓과 펜을 움직였을 것이다. 글 속의 세상은 그들에게 따스한 피난처가 되어주었을까? 미치지 않기 위해 글 속의 인물들에게 광기를 나누어 담았을지도 모르겠다. 《제인 에어》《폭풍의 언덕》 등 여성들이 쓴 소설에 미친 사람이 자주 출현하는 것은 그 탓일지도 모른다. (그리고 그렇게 써낸 글들을 여성들은 종종 남성의 이름으로 출간해야 했다.)

　　'복수하거나 사랑할 때 여성은 남성보다 야만적이다'라는 니체의 말을, 그 안에 든 비린 맛이 빠질 때까지 곱씹어본 적이 있다. 그런 것 같기도 하다. 하지만 이는 그동안 여성들에게 우아하게 복수할 힘과 권력이 주어지지 않았기 때문은 아닐까. 오로지 아들과 남편에 대한 사랑과 헌신으로 자기 존재가 증명된다면, 그 사랑이 야만적인 동력을 갖게 되는 것도 어찌 보면 당연하지 않은가. 동서고금을 막론하고 여자들이 그토록 시기 질투 많은 존재로 그려진 것은 그만큼 가진 것, 허락된 것이 많지 않았다는 사실의 반증일 수도 있다. 가지고 싶었을 것이다. 꿈꿀 수 없었고 가질 수 없었기에. 아니 욕망하는 것조차 억압당했기에.

워터하우스가 그린 키르케의 변화

우리가 마녀에 관해 잘 떠올리지 않는 특성이 있다. 바로 똑똑하다는 것이다. 똑똑하지 않은 마녀가 있었던가? (발딱 손을 드는 호그와트 최고 우등생 헤르미온느의 모습이 떠오른다.) 똑똑하지 않으면 마녀가 될 수 없다. 동식물, 광물과 자연현상에 대한 지식이 많은 사람이 약물과 예언의 세계에 다가가고, 이는 곧 삶과 죽음, 고통과 상처에 관한 세계로 확장된다. 예로부터 호기심이 많고 똑똑한 여성, 질문하고 계산하고 탐구하는 여성을 부르는 적절한 말이 없었기 때문에, 이를테면 과학자라든가 지식인이라든가 하는 단어를 여성들에게 줄 수 없었기 때문에 마녀라는 말이 생겨났는지도 모르겠다. 혹은 여성이 그렇게 똑똑할 수 있다는 것을 당최 믿을 수 없었을지도 모른다. 그렇게 배우지 못하게 눌러놨는데도 보란 듯이 똑똑하게 자란 여성은 이질적인 존재였고, 좀 무서웠던 것 같다.

라파엘전파Pre-Raphaelites 화풍을 따른 영국 화가 존 윌

리엄 워터하우스는 서양 문학에 최초로 등장하는 마녀 키르케를 세 번 그렸다. 이 그림들을 순서대로 따라가보면 그가 키르케라는 존재를 어떻게 이해해가는지 볼 수 있다. 이 변화는, 딸들에게 불친절한 세상에서 내가 '마녀'라는 단어를 이해해온 변화의 궤적과 정확히 일치한다.

1891년 작품 〈오디세우스에게 컵을 내미는 키르케〉는 유혹적이고 다소는 위협적인 모습이다. 속이 다 비쳐 가슴이 드러나는 얇은 옷을 입고 마법의 물약이 든 잔을 내밀고 있다. 다른 손으로는 마법 지팡이를 치켜들었다. 키르케는 커다란 둥근 거울을 뒤에 둔 채 위엄 있는 금빛 의자에 앉아 내려다보고 있는데, 거울에 많은 것이 비친다. 경계하는 듯한 모습의 오디세우스, 그가 타고 온 배, 이미 저 물약을 마시고 돼지로 변해버린 선원들의 모습. 거울 안에는 황금빛으로 빛나는 키르케의 신전(그리스 신화 속 키르케는 마녀이자 여신이다)도 비쳐 보인다. 거울 뒤쪽으로도 돼지가 한 마리 보이고 그녀가 발을 올려놓은 장식적인 발판 근처에도 돼지가 한 마리 쓰러져 있는데, 이 돼지는 향로에서 새어 나오는 희뿌연 연기에 취해 잠이 든 듯하다.

워터하우스는 첫 작품에서부터 키르케를 전혀 괴기스럽거나 사악한 모습으로 그리지 않았다. 세 작품에서 모두

존 윌리엄 워터하우스, 〈오디세우스에게 컵을 내미는 키르케〉, 1891년

키르케의 얼굴은 고고하고 강인해 보인다. 그래도 이 그림 속 키르케는 어디까지나 마녀다. 프란츠 폰 슈투크가 그린 키르케처럼 음흉해 보이거나 앨리스 파이크 바니Alice Pike Barney가 그린 키르케처럼 거칠고 야만적인 느낌은 아니지만, 덫을 놓고 오디세우스가 걸려들기를 바라고 있다. 그림을 보는 사람 중에서 오디세우스가 저 물약을 받아 마시고 돼지로 변하기를 바라는 사람이 몇이나 될까? 두꺼비와 마술 지팡이, 물약이 담긴 잔, 연기를 내뿜는 향로 등 그림 안에는 마녀를 상징하는 물건들이 가득하다.

워터하우스가 한 해 뒤 그린 키르케는 자세와 표정이 묘해졌다. 〈질투하는 키르케〉라는 이름이 붙은 1892년 작품은 연적이었던 스킬라에게 독을 먹여 바다괴물로 만드는 키르케의 모습을 담았다. 그녀는 어두컴컴한 숲 배경의 후미진 바닷가에서 스킬라에게 밝은 녹색의 독을 붓고 있다. 텀벙거리는 소리와 함께 발밑에서 스킬라가 바다괴물로 변하는 중이다. 쪼르르, 서느런 물소리와 함께 퐁퐁 솟아나는 물방울의 감각이 느껴지는 작품이다. 정중동, 고요한 가운데 바다괴물의 지느러미도 요동치고 키르케의 마음도 일렁인다. 워터하우스는 이 그림 안에 에메랄드빛으로 선명하게 빛나며 보글거리는 파란 질투를 담았다.

존 윌리엄 워터하우스, 〈질투하는 키르케〉, 1892년

키르케는 여전히 한쪽 가슴을 드러내고 있는 걸로 보이지만 관능적이었던 모습은 사라지고 없다. 더 이상 훤히 비치는 옷을 입지 않고 머리도 단정해졌다. 워터하우스는 키르케의 팔로 가슴을 가려주었다. 당당하고 위엄 있던 자세는 발을 가지런히 모으고 그릇을 양손으로 받쳐 들고 있는 모습으로 바뀌었는데, 신에게 제물을 바치는 여인의 모습 같기도 하다.

그림의 백미는 표정과 시선이다. 하나의 표정이 이토록 다양한 감정으로 해석될 수 있다는 게 놀라울 정도다. 질투와 고집이 느껴지는 표정으로도 보이고, 그저 무덤덤한 얼굴로도 보이고, 한편으로는 내가 행하는 저주를 차마 바라볼 수 없어 외면하는 시선으로도 보인다. 거의 평형을 이룬 그릇, 그렇게 한꺼번에 왈칵 들이붓지 못하는 손에서 약간의 주저함과 후회 같은 감정을 읽어낸다면 너무 호의적인 것일까. 첫 작품 속 키르케가 "자, 이리 와서 이걸 마셔"라고 낭랑한 목소리로 말을 걸고 있다면 이 그림 속 키르케는 작은 소리로 "어쩔 수 없어" 하고 혼잣말을 내뱉는다. 마녀라기보다는 찰랑거리는 질투의 감정을 어쩌지 못하고 조금씩 흘려보내는 여인의 모습에 가깝다.

마지막 작품, 1910년대 초반에 그린 것으로 추정되는

존 윌리엄 워터하우스, 〈여자 마법사〉, 1911~1915년경

〈여자 마법사〉 속 키르케는 드디어 호기심 많고 똑똑한 여성, 질문하고 계산하고 탐구하는 여성이 되었다. 이 키르케에게만큼은 관능이나 야만, 유혹 모두 어울리지 않는 단어가 되었다. 앞에 있는 맹수들만 없다면 그냥 평온한 집에서 사색에 잠긴 과학자의 모습으로 보인다. 도형과 수식 같은 것이 그려진 책을 펼쳐놓고 액체가 담긴 둥근 플라스크 곁에서 두 손을 맞잡아 턱을 괴고 생각에 빠져 있다. 1891년 그림 속 키르케가 머무는 공간은 넓고 웅장한 느낌이지만, 20여 년 뒤 워터하우스가 키르케에게 내주는 공간은 더 이상 화려한 신전 속 금빛 옥좌가 아니다. 흰 책상 앞에 앉아 베틀 같은 것을 곁에 두고 있는 모습은 그녀가 학자이자 장인임을 암시한다. 1892년 작품과 비슷한 아름드리나무들이 배경으로 등장하지만, 음산하고 죄어오는 듯했던 전작의 숲과는 달리 이번 숲은 헐거워져 밝은 빛이 보인다. 숨이 쉬어지는 공간, 싱그러운 공기를 마실 수 있는 공간으로 바뀌었다. 저주 내리는 모습을 숨겨주는 벽이 아니라, 생각이 막힐 때 머리를 비우고 산책할 수 있는 자연의 정원이 된 것이다.

　세 작품에 걸쳐 눈에 띄는 것은 색감의 변화다. 첫 작품이 금색과 푸르스름한 색을 사용해 여신의 권위와 마녀의 신비스러움을 나타냈다면, 두 번째 작품은 보석처럼 빛나는 녹빛의 질투를 고요히 담아냈다. 혼란 속에서 차갑게 부글거리는 감정, 좀 더 인간적인 모습의 키르케가 어두운 배경과 푸른 물빛을 통해 효과적으로 표현되었다. 마지막 작품에서는 붉은 색감을 타고 열정과 열망 같은 것이 전해진다. 이 키르케는 백지 위에 글씨를 남기듯, 흰 캔버스 같은 책상 위에 뭔가를 쏟고 실험을 거듭하며 어떤 것을 만들어 저장하려 하고 있다. 주황은 적극적이고 활력이 넘치는 색이다. 머리카락부터 시작해서 그 색을 온몸에 걸친 불꽃같은 여인이 보인다.

색감 변화와 더불어, 워터하우스가 마녀 키르케를 이해하는 변화의 핵심은 머리 모양에 있다. 처음에는 거친 느낌으로 풀어 헤쳤다가, 중간에는 묶은 듯 보이고, 마지막에는 단정히 틀어 올렸다. 점차 지적인 여성으로 형상화되는 느낌이다. 뱀 머리카락을 깨끗하게 모아 묶거나 단아하게 올린 메두사를 상상하기 어렵듯, 그리고 동백기름 발라 곱게 머리 땋은 처녀귀신을 상상하기 어렵듯, 괴물이나 귀신은 대체로 머리를 풀어 헤쳐 자유분방한 헤어스타일을 추구한다. 나도 편한 자리에서 술이 오르면 일단 머리부터 푼다. 제정신으로 할 일이 있는 여성, 집중할 필요가 있는 여성들은 신발끈을 고쳐 묶듯 머리를 묶는다. (그리고 여성들이면 공감하겠지만, 머리를 묶는 지점이 올라갈수록 기합이 세게 들어간다.)

매들린 밀러는 그리스 신화의 조연에 불과했던 키르케를 자신의 2018년 작 소설 《키르케》에서 주연으로 부활시킨다. 비중 적은 조연을 주인공 자리에 놓고 신화를 새롭게 해석한 이 소설에서, 키르케는 그냥 납작한 마녀가 아니라 신과 인간 사이에서 끊임없이 흔들리며 고군분투하는 존재로 입체감을 얻는다. 여신이라기보다는 딸이자 엄마이고, 마녀라기보다는 남성들의 동반자(단지 애인이 아니라)인 여성이다. 초반에 의미심장하게도 변신과 착시가 키르케의 특기로 제시되는데, 그녀는 결국 무수한 착오를 거쳐 스스로를 변화시켜나간다. 소설 속 키르케는 그저 재미로 남자들을 잡아다 돼지로 만들어버리는 사악한 존재가 아니라 자신을 억압하는 아버지의 권위, 신의 권능, 남성 중심적 사회에 끊임없이 의문을 품고 대항하는 존재다. 태양신 헬리오스의 딸인 키르케가 "아버지 생각이 틀렸어요"라고 말하는 순간의 전율을 2020년대의 딸들이 익숙하게 공감한다는 것이 서글프다.

오랜 역사 속에서 남성의 옆이나 아래에 머물기를 거

부하는 여자들, 순종하지 않고 질문하는 여인들에게는 높은 확률로 괴물이나 마녀라는 이름이 붙여졌다. 하지만 메두사가 그저 아름다운 머리카락을 지닌 여성이었듯, 키르케 역시 세상을 궁금해한 똑똑한 여성이었을 뿐이다. 참고로 소설 속에서 오디세우스의 선원들이 돼지로 변한 까닭은, 키르케가 죽어가는 그들을 환대해주었음에도 불구하고 배를 채우고 나서 그 섬에 키르케가 혼자 산다는 것을 확인하자마자 그녀를 겁탈하려고 덤벼들었기 때문이다. 그토록 오랜 시간 동안 섬에 홀로 유폐당한 외로운 존재가, 어쩌다 흘러 들어온 말이 통하는 인간을 다짜고짜 돼지로 만들 이유를 그저 '재미'에서 찾는다는 건 사실 설득력이 좀 떨어지는 일 아니겠는가.

워터하우스가 세 번 그린 키르케 중에서 매들린 밀러의 소설과 가장 잘 어울리는 건 불꽃같은 모습으로 사색에 잠긴 마지막의 키르케다. 입을 닫으라는 관습적 권위에 맞서 궁금한 것은 물어보고, 약초에 관한 지식을 부지런히 습득하고, 자신이 낳은 아이에게 불꽃같은 사랑을 주었던 여성. 워터하우스가 키르케를 세 번 그려야 했던 이유가 궁금하다. 그만큼 매력적인 소재이기도 했지만, 그의 마음속 '마녀'라는 단어 안에 점차 다른 것들이 담겨갔기에 그렇게 계속 변화하는 그림들을 그려야 했던 건 아닐까. 남성 영웅들의 서사 속 조연에 불과했던 마녀를 유배지에서 꺼내 당당하고 입체적인 여성 주인공으로 새롭게 바라보는 일, 이것이 바로 내가 워터하우스의 그림 세 점의 변화를 통해 읽어내려는 것이자 '마녀'라는 제목의 글을 쓰는 이유다.

우리 안의 마녀

세일럼의 마녀재판이 있었던 1692년으로부터 330여 년이 흘렀다. 물론 마녀라는 의문의 단어는 그전부터 존재했다. 그 안에 무엇이 담겨왔는지 되돌아보고 싶었다. 오늘날 마녀라는 단어는 좀 더 매력적이고 강건한 에너지를 품게 되었다. 누군가 내게 마녀 같다고 하면 나는 칭찬으로 받아들일 수도 있을 것 같다. 이렇게 마녀라는 명칭의 효용성이 떨어지자, 세상은 된장이나 김치 같은 우리의 맛난 발효식품을 여성 앞에 붙여 신종 마녀를 만들고 있다. 여성들도 이에 질세라 못된 말들을 만들어 상대를 부른다. 남성이고 여성이고 간에 그러지 않았으면 좋겠다. 그렇게 누군가를 낮추고 업신여기고 싶은 마음이 바로 마녀라는 단어를 만

알브레흐트 뒤러, 〈멜랑콜리아 1〉, 1514년

들어내는 마음이다.

　　마귀라는 것은 그저 삿된 것이다. 억울한 사람이나 똑 똑한 사람이 받아야 할 이름이 아니다. 그리고 마귀는 멀리 있는 게 아니다. 바로 우리 안에 있다. 성별을 불문하고 우리 마음속에는 삿된 것들이 찰랑거리는 항아리가 하나쯤 들어 있다. 거기에 든 걸 얼마나 자주 흘리는가의 문제지, 완벽하게 성수만 담긴 금빛 항아리는 없다. 알브레흐트 뒤러의 1514년 작 〈멜랑콜리아 1〉이라는 작품 속에는 여성인 듯하면서도 남성인 듯한 인물이 천사의 날개를 단 채 악마의 얼굴을 하고 있다. 이게 우리의 모습이다. 우리는 여성적이기도 남성적이기도 하고, 선하기도 하고 악하기도 하다. 상대를 괴물이라고 손가락질하고 싶을 때, 그 손가락으로 내 안의 괴물을 먼저 더듬어볼 수 있으면 좋겠다. 마녀를 닮은 수많은 단어들을 만날 때마다, 슈투크의 그림 속 눈동자를 떠올리면 좋겠다.

마녀라는 단어는 고통받는 자들을 위한 대명사다. 나는 천사보다 마녀라는 단어가 더 사랑스럽다. 그 안에는 눈물과 멍 자국도 있지만 아름다운 불꽃이 들어 있다. 세상이 나를 부당하게 대할 때, 너를 당치 않은 이름으로 부를 때, 우리를 어처구니없게 만들 때, 그 작은 불꽃들이 꺼지지 않고 아름답게 타오르기를 응원한다.

03

거울

우리의 상(像)은 어디로 수렴하는가

반사와 반영의 사이

　　나이를 먹을수록 좋아지는 게 있고 나이를 먹을수록 싫어지는 게 있다. 전자의 예로는 굽이 낮은 신발과 팥 맛 같은 것이 있고 후자의 예로는 거울 보기와 미끄러운 눈길 같은 것이 있다. 어렸을 때는 미끄럽게 얼어붙은 눈길도 즐거운 놀이터였고 거울을 볼 때도 한숨이 나올지언정 딱히 슬프지는 않았는데, 이제는 눈길도 거울도 조금 무섭다. 얼어붙은 길은 겨울에만 어쩌다 생기지만 거울은 매일 아침 마주치는 것이 곤란하다. 볼 때마다 깜짝 놀란다. 나 몰래 내가 언제 이렇게 늙었지? 이상하다, 내가 계속 지켜보고 있었는데.

수많은 물건을 만들어낸 인간이 스스로를 관찰할 수 있게 만든 물건으로는 거울이 유일하다. 물론 유리에도 반사된 상이 맺히고(특히 밤의 창문이라면!), 사진을 찍으면 거기서도 내 모습을 볼 수 있다. 하지만 빛과 풍경을 내가 있는 곳으로 끌어오겠다거나 이 모습을 기록으로 남기겠다거나 하는 다른 의지의 부수적 효과가 아니라 오로지 지금 이 순간의 내 모습을 보겠다고 만든 건 거울뿐인 것 같다.

　　유리의 뒷면에 은이나 알루미늄을 입히고 페인트를 발라두면 빛이 통과하는 길이 차단되고, 그래서 피사체를 볼 수 있게 상을 맺는 거울이 된다. 빛도 가던 길을 가지 못하고 쉬어가는 물건. 인간도 그 앞에서는 가던 길을 멈추고 잠시 숨을 고른다. 유리는 마음을 바깥으로 걸어나가게 하고, 거울은 마음을 한 곳에 고이게 한다.[1] 하지만 젊은 시절에는 거울 앞에서도 마음이 밖으로 걸어나가기 바빴다. 확실히

1　《마음사전》에 '유리와 거울'이라는 아름다운 산문을 쓴 김소연 시인에 따르면 거울은 풍경 안에 침잠하게 하는 물건, 유리는 풍경 밖으로 걸어가게 하는 물건이다. 또 유리는 마음을 확산하는 것, 거울은 마음을 수렴하는 것이라고 한다. 조금 다른 측면에서 썼다고 생각하지만 워낙 좋아하는 글이라 거울이 주제인 이번 글에 많은 영향을 끼쳤을 것으로 믿고 미리 감사의 마음을 밝힌다. 김소연, 《마음사전》, 마음산책, 2008년, 21~23쪽.

거울은 시간이 지남에 따라 다른 마음으로 바라보게 되는 사물이다.

점점 거울을 보는 방식과 거울 앞에 서는 마음이 달라짐을 느낀다. 당연하게도 그 안에 비치는 내 모습이 달라지는 까닭이겠다. 나는 사람들이 거울을 볼 때마다 어떤 표정으로 무슨 생각을 하는지 궁금하다. 거울 앞에서 우리가 각자 얼마나 다른 생각을 하는지는 이상의 거울과 윤동주의 거울과 서정주의 거울이 모두 다르다는 사실이 간단히 증명한다. 내 말을 못 알아듣고 내 악수를 받을 줄 모르는 나, 어느 왕조의 유물이기에 이다지도 욕될까 싶은 나, 이제는 돌아와 거울 앞에 선 나. 거울 속 나를 바라보는 눈길들이 이리도 다르다.

거울을 보는 마음은 사실 365일 모두 조금씩 다르겠지만, 나는 시간이 지남에 따라 그 앞에서 내가 조금씩 침잠하는 분명한 방향성을 느낀다. 예전에는 주로 점검하듯이 거울을 보았다. 자주, 빠르게 훑듯이. 다른 사람이 내 모습을 어떻게 볼지, 대체로 나를 타인의 시선으로 바라봤다. 지금은 거울 앞에 서는 횟수는 줄어들었지만 나이 든 나를 좀 더 천천히 바라보는 편이다. 내 모습이 스스로 낯설기 때문에 오롯이 내 눈으로 나를 바라본다. 자기 검열의 방식에서 자아 성찰의 방식으로 마음가짐이 바뀌었다고 할까. 대구를 맞추려다 보니 자아 성찰이라는 근지러운 표현을 썼지만 사실 성찰까지는 아니고, 그저 담백한 '나와의 조우'에 가깝다. '어떻게 보이려나'에서 '이게 나구나'로 바뀌었다고 하면 적절하겠다. 물론 다시 '이게 나구나'에서 '어떻게 보이려나'로 가기도 한다. 그건 어쩔 수 없는 일이다. 나이 들어가는 내 모습이 낯설고 그 몸과 화해해야 한다는 숙제를 받은 기분으로 거울을 본다.

예전의 내가 보았던 거울이 반사하는 물건이었다면 지금 내가 보는 거울은 반영하는 물건에 가깝다. 아마 시간이 더 지나면 수렴하는 물건이 될 것이다. 이런 변화는 시간이 마음을 고이게 하기 때문이다. 반사와 반영은 언뜻 비슷해 보이지만 그 사이에 시간의 웅덩이가 있다. 시간이 모여 그림자를 만들어낸 것이 반영이고, 수렴은 그 그림자들이 모여 향하게 되는 지점이다.[2] 피카소는 전 생애에 걸쳐 자신

---

2 반사, 반영, 수렴… 물리 시간도 아닌데 지금 여기서 왜 이러냐고 항의하고 싶은, 물리에 적개심을 가진 딸들이 있다면 (나도 그중 하나였다) 물리라는 이름을 다시 한 번 들여다보기를 권한다. 사물 물(物), 이치 이(理). 물리는 그저 '사물의 이치'다. 이렇게 단아하게 울리는 이름을 가진 줄 알았다면 좀 더 친해져보려고 애썼을 텐데.

의 자화상을 여러 점 그렸는데, 나이가 들수록 그의 자화상은 단순하고 담백해진다. 노년에 그린 자화상은 어딘가 귀엽고 우스꽝스러워 보이기까지 한다. 나는 어딘가 불안해 보이지만 가슴을 펴고 꼿꼿하게 앉은 어린 피카소에서 '반사'라는 단어를, 예술가로서의 자부심과 기백으로 보는 사람을 압도하는 젊은 피카소에서부터 형형한 눈을 중심으로 다양하게 변주되는 중년의 피카소에서 '반영'을, 그 단순하고 편안해지는 전체적인 흐름에서 '수렴'을 본다.

비유를 빼고 조금 더 담백하게 부언하자면, 반사는 물리 법칙이다. 일정한 방향으로 나아가던 파동이 다른 물체의 표면에 부딪쳐서 가던 방향을 반대로 바꾸는 현상. 반영은 그렇게 반사하여 비치는 것, 즉 상像이 생기는 현상에 더 초점을 둔 말이다. 반영을 '反映'이 아닌 '反影'으로 쓰면 그렇게 생겨난 그림자 자체를 지칭하는 말이 되기도 한다. 더 중요한 차이는 각 단어의 두 번째 뜻에 있는데, 반사는 '무조건 반사'에서처럼 '의지와는 관계없이 자극에 대해 일정 반응을 기계적으로 일으키는 현상'이고, 반영은 '문학은 현실의 반영이다'라는 말에서처럼 '다른 것에 영향을 받아 어떤 현상이 나타나는 것'을 말한다. 내가 말하고 싶은 반영에서의 의지성과 시간성은 이 두 번째 뜻 차이에서 더 간명히 드러난다. 우리는 의지적으로, 시간을 들여, 서로 영향을 주고받으며, 우리의 상像을 만들어간다. 나이가 들어서 보는 거울이 반영하는 물건인 것은, 이렇게 나이 안에 쌓인 시간과 의지와 관계의 영향 때문일 것이다.

하디와 뭉크, 두 개의 거울

　찰스 마틴 하디와 에드바르 뭉크가 그린 두 그림을 보면 반사와 반영의 차이가 조금 더 실감나게 다가올지 모르겠다. 내 눈에 이 두 화가의 그림은 각각 반사하는 거울과 반영하는 거울을 담았다. 하디의 거울 속에는 시간의 흐름이란 것을 아직 실감하지 못할 어린 소녀가 있고, 뭉크의 거울 속에는 제법 긴 시간을 지나왔을 여인이 있다. 소녀는 이 옷과 구두가 내게 어울리는지 이리저리 비춰보는 반면, 여인 쪽은 움직임도 치장도 없다. 그저 있는 그대로의 자기 몸을 물끄러미 바라보는 중이다. 하디의 소녀는 내가 어떻게 보일지 확인하는 모습이고, 뭉크의 여인은 이게 나구나 하고 응시하는 모습이다.

　소녀의 상은 그림을 보는 누구에게나 명확히 보이지

찰스 마틴 하디, 〈스튜디오 미러〉, 1898년

에드바르 뭉크, 〈거울 앞의 나신〉, 1902년

만, 뭉크의 거울 속에 든 흐릿한 상은 아마 여인의 눈에만 제대로 보일 듯하다. 그 흐릿한 상에 주목하다 보면 거울에 비친 여인의 모습이 어쩐지 약간 왜곡된 것처럼 느껴지기도 하는데, 시선의 흔들림을 표현한 것일 수도 있고 인간 본연의 취약성, 즉 자기 성찰이 일어나는 영역의 복잡한 모습을 나타낸 것일 수도 있겠다. 내가 보는 내 모습이 다른 사람이 보는 내 모습과는 전혀 다른 바로 그 지점 같은 것 말이다. 소녀가 보는 거울은 네모가 묘하게 뒤틀려 있어 동화 속 사물 같기도 한데,[3] 상을 매끄럽게 반사시켜 툭 뱉어놓은 느낌이다. 여인이 보는 거울은 꼭 어딘가로 통하는 어두운 비밀 통로처럼 생겼고 여인을 조용히 빨아들이는 느낌이다. 하디가 그린 거울 속은 주변보다 밝고, 뭉크의 거울 속은 주변보다 어둡다.

　　하디의 소녀는 생각이 읽힌다. 지금 무슨 생각을 하는

3　던져놓은 인형도 그렇고, 왠지 《이상한 나라의 앨리스》 후속작인 루이스 캐럴의 1871년 작품 《거울 나라의 앨리스》를 떠올리게 하는 그림이다. 소설에는 붉은 여왕과 하얀 여왕, 붉은 기사와 하얀 기사가 등장하는데 묘하게도 그림 속 인형 옷에 반씩 칠해진 색깔이 붉은색과 흰색이다. 한편, 존 브라운 애버크롬비(John Brown Abercromby)가 스튜디오에서 작업하는 하디의 모습을 그린 작품에는 이 그림 속 소녀가 똑같은 복장으로 등장한다는 흥미로운 사실을 확인할 수 있다.

지가 빤히 보인다. 반면에 뭉크의 여인은 대체 무슨 생각을 하고 있는지 알기 어렵다. 소녀는 자기 모습이 마음에 안 들면 당장 다른 옷을 입거나 다른 구두를 신고, 머리 모양을 바꿔볼 것 같다. 뭉크의 여인은 마음에 안 든다고 당장 뭔가를 할 것 같지는 않다. 그저 오래 바라보며 생각할 것이다. 무엇이 내 모습을 이렇게 만들었는지, 나는 앞으로 거울에 어떤 모습으로 비치고 싶은지.

반사는 현재다. 반영은 과거와 현재, 미래를 모두 아우른다. 앞서 말한 반영의 시간성이란 그런 것이다. 하디의 소녀는 예전의 나처럼 거울을 바라보고, 뭉크의 여인은 지금의 나처럼 거울을 마주한다. 나는 이제 거울 속에서 나의 과거와 현재, 미래를 모두 만나보곤 한다. 뭉크도 거울을 자주 들여다본 화가였을 것이다. 뭉크만큼 많은 자화상을 남긴 화가도 드물기 때문이다. 알브레히트 뒤러의 자화상이 자부심의 표출이고 파울라 모더존-베커의 자화상이 여성의 시선으로 그린 여성성이라면, 뭉크의 자화상은 영혼의 고백이다. 뭉크 연구자들은 그가 수많은 자화상을 통해 자신을 집요하게 따라다녔던 죽음의 공포와 생의 불안을 직시하며 생을 헤쳐나갔다고 말한다. 거울 앞에서 자신의 벗은 몸을 직시하는 이 여인은 뭉크가 40세에 그린 벌거벗은 자화상을 떠올리게 하는 면이 있다. 벌거벗은 이 여인은 1902년에, 벌거벗은 그의 자화상은 1903년에 그려졌다.

다정하지만 무례한 슬픔

인터넷 기술의 발달로, 시간이 훑고 간 반가운 얼굴들을 예기치 않게 마주할 때가 있다. 오랜만에 보는 동창이든, 한때 가르침을 주셨던 스승이든, 한동안 뜸했던 연예인이든, 반갑고도 낯선 얼굴들. 그럴 때마다 어쩔 수 없이 우리 얼굴(의 주름 같은 흔적들)은 우리가 어디로 가고 있는지, 우리가 어디에 있었는지를 보여준다는 영화 〈원더〉의 대사를 떠올리게 된다. 정말로 얼굴에 그 사람의 지나온 시간이 보이는 경우가 제법 많기 때문이다.[4] 이 친구는 긴 세월을 참 맑은 마음으로 살았나 보다, 이 친구는 얼굴에 고집이 생겼

---

4 소설가 김애란의 《바깥은 여름》에 다음과 같은 부분이 있다. "그럴 땐 '과거'가 지나가고 사라지는 게 아니라 차오르고 새어 나오는 거란 생각이 들었다. 살면서 나를 지나간 사람, 내가 경험한 시간, 감내한 감정들이 지금 내 눈빛에 관여하고, 인상에 참여한다는 느낌을 받았다. 그것은 결코 사라지지 않고 표정의 양식으로, 분위기의 형태로 남아 내장 깊숙한 곳에서 공기처럼 배어 나왔다."

네, 이분은 그때 그 일이 이런 느낌으로 얼굴에 흔적을 남겼나 보다, 이 연예인은 이제 여유를 찾았는지 나이 든 모습이 더 멋있네. 평가를 하려는 알량한 마음이 아니라, 그저 보여서 보고 느껴져서 느끼는 것들. 나도 그렇게 누군가에게는 어떤 게 보일 것이다.

  나이가 들면 자기 얼굴에 책임을 져야 한다는 말은 하도 들어 이제 진부한 느낌마저 드는데, 예전에는 동의했던 이 말에도 시간이 지나니 작은 균열이 생겼다. 맑고 부드러운 인상으로 나이 들 수 있는 건 모두에게 당연히 주어지는 선택지가 아니기 때문이다. 그렇지 못한 것이 전적으로 그 사람의 책임도 아니다. 견디기 어려운 상실, 내 몸을 오래 지나간 병, 어쩔 수 없이 휩쓸리는 생의 사건들, 부끄러운 욕망과 한두 가지의 커다란 실수. 그런 것들이 있는 삶이 '좋지 못한 삶'이라고 속단하는 것은 지극한 오만이며 무례라는 것을 이제는 안다. 꼭 해사하고 맑은 얼굴을 가진 사람만이 좋은 삶을 산 것이라고 말할 수 있겠는가. 나이테를 새기는 나무처럼 우리는 그저 지나온 삶을 얼굴에 새긴다. 누적된 악행만 아니라면, 그 어떤 것이 들어 있어도 모두가 인간다운 삶일 뿐이다. 안희연 시인의 시 〈간섭〉을 빌리자면 촛농이 굳은 다양한 모양이라고 할까. 시인은 "굳은 모양을 보면/ 어떻게 슬퍼했는지가 보인다/ 어떻게 참아냈는지가"
라고 썼다. 우리의 얼굴은 각자의 심지를 태우는 과정에서
제각기 굳은 모양이라고 생각하면, 그 모든 얼굴들이 뭉클
하지 않을 수 없다.

　　그런데 그런 뭉클함과는 별개로, 나이 든 얼굴을 볼 때
공통적으로 느껴지는 슬픔이 있다. 심윤경의 책《나의 아름
다운 할머니》에서 사람의 늙어감이 그리 추하지도 슬프지
도 않고 그저 조촐해져 가는 것임을 안다고 했던 문장이 참
좋았다. 진심으로 동의하는 말이다. 하지만 어쩐지 나는 나
이 든 얼굴들 앞에서 여전히 슬프다. 물론 가까운 어른이 한
해 두 해 나이 들어가실 때, 함께할 수 있는 시간이 줄어드
는 것 같아 눅눅해지는 마음이 생기는 것은 당연하다. 하지
만 전혀 관계가 없는 이들의 주름진 얼굴마저 예외 없이 슬
프게 느껴지는 건 왜일까. 젊은 날에 생을 마감하는 것보다
오래 사는 것이 일반적으로는 더 축복일 텐데 왜 슬프고 안
타깝지? 나이 든 모습은 왜 슬플까? 나는 이 슬픔을 좀 살펴
봐야겠다는 생각이 들었다.

　　그렇게 생각을 늘이다가 이 슬픔은 다정하지만 무례한
것이구나, 하는 생각에 닿았다. 오랜만에 만난 언니의 얼굴
에서 날렵함이 흐려졌을 때, 늘 돌처럼 단단하던 선생님의

선이 살짝 무너졌다고 느꼈을 때, 많이 아팠다던 한참 어린 동생이 내 또래처럼 보이는 모습으로 나타났을 때, 늘 청년의 마음으로 파릇한 말씀을 주시던 선생님이 쇠약해진 모습으로 누우셨을 때, 싱그럽던 내 젊은 날의 우상이 세월을 정통으로 맞은 모습으로 기사에 떴을 때, 그것을 슬프게 여기는 것은 비교하지 않아야 할 것을 비교의 대상으로 삼고 젊고 싱그러운 것을 우위에 두기 때문이라는 생각이 들었다. 그들은 놀라운 힘으로 시간을 묵묵히 헤쳐왔을 뿐이다. 그것이 왜 슬플 일인가.

우리는 젊고 예쁜 것에 과도한 권력을 주는 경향이 있다. 그건 시간이 지날수록 모두 필연적으로 지는 게임을 만들어두고 사회 구성원 모두가 그 게임에 열광하는 것과 같다. 나도 이 게임을 가끔 하고는 있지만, 이 전 국민적 차원의 게임 중독에서 벗어나야 한다고 믿는다. 생각해보면 밀지는 장사인 이 게임을 내가 왜 하고 있는지 모두들 한번 진지하게 생각해보면 좋겠다. 이 게임은 대체 누가 만들어 유통시키고 있는 것인지도.

젊음은 부러운 것이긴 하지만 그게 꼭 모든 것에 앞서는 절대 가치냐고 한다면 그건 잘 모르겠다. 나만 해도 40대가 되어 그나마 철이 들어 사람 구실을 조금씩 하는 나와,

흑역사 가득한 20대의 나를 두고 보면 지금의 내가 훨씬 좋으니까. 당시의 내가 가진 것은 젊음 뿐이었으나, 지금의 나는 가진 것이 더 많다. (그렇게 가진 것의 '무게'는 또 다른 문제긴 하다.) 우리가 어떤 시절로 되돌아가고 싶은 이유는 놓쳐버린 기회들, 당시에 모르고 미처 즐기지 못했던 것들이 이제는 보이기 때문이다. 그런데 지금의 이 마인드를 장착하고 회귀하지 않는 이상, 그때로 돌아간들 내 삶이 크게 달라질까? 적어도 나는 똑같이 망나니처럼 해맑게 시간을 흘려보낼 것이라고 확신한다. 거기에 나의 소중한 밑반찬을 걸 수 있다. 원래 산의 입구에서는 그 산의 뒤통수가 잘 그려지지 않는 법이니까. 그러니 생의 초반 오르막길에서 생의 내리막길을 볼 수 있겠는가. 버나드 쇼가 젊음은 젊은이들에게 주기에는 너무 아까운 것이라고 말한 것도 아마 그런 이유일 것이다. 그렇지만 한편으론 또 뭐 그렇게까지 아까울 게 있나 싶다. 젊음을 낭비하든 절약하든 현명하게 소비하든 그건 그들이 가지는 권리인 것을. 젊음의 시간을 지나는 이들에게 젊음이란 위태롭고 아슬아슬하고 절망적인 것이기도 하다. 나이 든 마음은 그걸 잊는 경향이 있다. 고향을 떠난 사람에게 고향이 더욱 아름답고 사무치게 그리운 것처럼, 젊음의 시기를 지난 사람이라서 그 젊음이 더욱 아름답고 찬란한 것이다.

그러니 흘려보낸 것을 질투하며 젊음과 싱그러움에 과
도한 권력을 주지 않아도 좋을 것이다. 각자 가진 것을 기쁘
게 여기며 살면 될 일이다. 100세가 넘은 어느 할머니의 인
터뷰를 본 적이 있다. 소원을 물었더니 50세로 돌아가는 거
라고 답한 것을 보고 뒤통수가 상쾌하게 얼얼했다. 그렇구
나, 누군가에게는 우울한 숫자가 누군가에게는 간절한 꿈
과 소망의 숫자가 되는구나. 그렇게 내가 지금 가진 것의 귀
중함을 깨닫고 거기에서 아름다움을 보는 사람들이 아마
매력적인 힘을 갖게 되는 것일 테다. 다만 남은 시간을 보내
는 적절한 자세를 위해 그림 하나를 같이 보면 어떨까 한다.

시간의 두 얼굴, 크로노스와 카이로스

나풀거리는 긴 앞머리에 계란처럼 매끄러운 뒷머리의
이 독특한 헤어스타일을 가진 분은 카이로스라는 고대 그
리스의 신이다. 그리스인들은 두 가지 시간 개념을 갖고 있
었다고 한다. 하나는 기계적으로 흘러가는 물리적 시간인
크로노스, 그리고 유독 특별하게 느껴지는 시간인 카이로

프란체스코 데 로시, 〈기회로서의 시간 '카이로스'〉, 1543~1545년

스. 크로노스는 모든 사람에게 동일하게 적용되는 객관적인 시간 개념이고, 카이로스는 각자의 생에서 의미가 깊은 주관적인 시간 개념이다. 누구에게나 공평하게 주어지는

하루 24시간의 연속적인 흐름이 크로노스라면 영겁 같은 1분, 잊을 수 없는 그때 그 순간, 이런 것이 카이로스다.

크로노스와 카이로스는 그리스 신화에서 신으로 등장하는데, 크로노스라는 이름의 신이 신화 안에 둘이나 있어 혼동하는 경우가 종종 있다. 거인족 티탄으로 제우스의 아버지인 농경의 신 크로노스가 있고, 태초신으로서 이름 자체가 '시간'이라는 뜻의 시간과 운명의 신 크로노스가 있다. 전자의 크로노스는 자식으로 인해 모든 것을 잃는다는 신탁을 듣고서 자식들이 태어나는 족족 모두 잡아먹었다는 무서운 아버님이시고(결국 제우스가 삼켜진 형제들을 모두 구해내고 최고의 신 자리에 오른다), 후자의 크로노스는 보통 형체가 없는 신으로 표현되거나 긴 수염을 가진 노인의 모습으로 묘사된다. 전자의 크로노스가 훨씬 유명한 데다 '자식 이기는 부모 없다'는 모토 아래 시간의 흐름 앞에 모든 것은 늙고 소멸한다는 의미가 있어 카이로스와 함께 소개되는 경우가 종종 있지만, 원래 카이로스와 짝을 이루는 크로노스는 후자다. 시간의 신인 이 크로노스는 영어로 연대기를 뜻하는 크로니클chronicle이나 연표, 연대학 등을 뜻하는 크로놀로지chronology처럼 시간과 관계 있는 단어들의 어원이기도 하다.

반면에 카이로스는 제우스의 아들로, 흔히 기회의 신으로 불린다. 그림에서 보듯이 앞머리는 길고 뒷머리는 매끄러운 대머리이며, 어깨와 발 뒤꿈치에 날개가 달렸다. 앞머리가 긴 것은 사람들이 잘 붙잡을 수 있게 하기 위함이지만, 한번 지나간 기회는 다시 잡기 힘들다는 뜻에서 매끈한 뒷머리에다 날개까지 달고 있는 것이다. 우리는 나풀거리며 내게 다가오는 저 머리채를 단번에 잘 움켜잡아야 하는 것이다.

우리가 과거로 돌아가고 싶은 이유는 앞서도 말했듯이 놓쳐버린 기회, 가지 않았던 길 때문인 경우가 많다. 한마디로 카이로스의 저 머리채를 잡지 못한 데서 오는 회한이다. 다시 말해서 젊음을 크로노스적인 시간으로 흘려보내면서 카이로스적 순간을 많이 만들지 못한 것을 우리는 후회한다. 그때 좀 더 용기를 냈어야 했고 그때 네 손을 뿌리쳤어야 했으며 그때 나 자신을 속이면서 허송세월하지 않았어야 했다. 아일랜드 출신의 시인이자 극작가인 오스카 와일드는 산다live는 것은 사실 굉장히 드문 것이고, 대부분의 사람은 그냥 존재exist한다고 했다. 와일드의 말처럼 삶이 그저 그런 크로노스적 시간의 흐름에 그치면 우리는 슬퍼진다. 별로 한 것도 없는데 가만히 앉아서 나이만 꾸역꾸역 먹었다고 느끼는 사람은 시간을 크로노스적으로만 받아들여 소비한 셈이다. 그러므로 크로노스는 수동적 삶과, 카이로스는 능동적 삶과 관련이 깊다. 그런 의미에서 앞서 말한 반사가 크로노스적이라면 반영은 카이로스적이다. 주체적으로 손을 뻗고 의지를 담아 관계를 맺는 데서 우리의 상이 만들어지기 때문이다.

하지만 저기서 다가오는 머리채가 정말 카이로스의 머리채인지, 아니면 잡으면 다치는 귀신 머리채인지 어떻게 알 수 있겠는가. 지나고 나서야 윤곽이 분명해지는 게 있기 마련인 것을. 그러니 우리는 그저 조금 더 용기를 내볼 뿐이다. 그 순간의 작은 최선을 돌탑처럼 쌓을 뿐이다. 무엇보다 중요한 것은, 스스로에게 좀 더 진실해야 한다는 점이다. 남에게 보이는 것에 내 마음을 너무 할애하면 시간은 지루하고 밋밋하게 크로노스적으로 흐르기 쉽다. 좋아하는 건 따로 있지만 남에게 그럴듯해 보이는 간판을 따기 위해, 내 확신은 없지만 대부분의 사람들이 부러워하는 직장을 잡기 위해, 딱히 이렇게 살고 싶진 않지만 부모님이 원하는 모습의 가정을 꾸리기 위해, 그렇게 살다 보면 어느 날 거울 속에서 내가 아닌 것 같은 나의 모습을 마주하게 된다. 평범이 주는 행복도 깊지만 내 인생은 다수결이 아니다.

평생 기억에 남을 만한 순간. 그런 카이로스적인 순간은 엄청난 돈을 들여야만 만들 수 있는 것도 아니다. 나는 가족과 함께 나들이를 간 곳에서 (어디였는지는 잘 기억나지 않는다) 어느 나무 밑에 들어가 위를 올려다보며 가만히 서 있던 순간을 강렬하게 기억한다. 잎이 무성하고 가지가 마치 우산살처럼 동그랗게 내려앉은 나무였는데, 그 안에서 위를 올려다보니 꼭 어떤 경계를 뚫고 다른 차원으로 입장한 것 같은 낯설고 황홀한 공간감이 느껴졌다. 나뭇가지들은 마치 혈관처럼 퍼져 있는 생명의 길 같았다. 그 안에서 나무의 부드러운 몸짓을 보던 순간이 나의 카이로스적 순간이다. 우리는 흔히 나무를 정적인 배경으로 오해하기 쉽지만 나무는 늘 움직인다. 신비로운 고생대 생물처럼, 고요한 절처마 밑 풍경처럼, 느릿느릿, 가만가만 움직이던 나무. 그 안에서 사람들의 웅성거림을 백색소음처럼 들었고 내 아이들의 웃음소리도 들었다. 차원이 닫히고 시간이 느리게 흐르는 것 같았다. 그 느낌이 너무 황홀했던 나는 우리 가족을 모두 그 나무 안으로 초대했지만, 셋 중 누구도 거기서 그들의 카이로스적 순간을 만들지는 않았던 것 같다.

또 다른 카이로스적 순간이라면 여름 소나기와 관련된 기억들이 있다. 갑자기 장대비가 쏟아지던 환한 오후. 나는 아마도 스무 살 언저리였던 것 같다. 동네를 산책하다 집으로 가는 중이었는지 손에는 아무것도 들고 있지 않았고, 노란 반팔 티셔츠에 슬리퍼 차림이었다. 비가 오자 사람들이 이리 뛰고 저리 뛰는데 나는 마침 가방도 없으니 (물에 젖어 구겨지고 들러붙은 책을 극도로 싫어한다), 그리고 곧 집에 들어가면 되니 이 비를 시원하게 맞아야겠다고 생각했다. 너무 좋았다. 빗줄기는 더욱 거세어졌지만 그 비를 맞는 머릿속이 시원하게 씻겨 내려가는 기분이었다. 어린아이처럼 팔을 크게 움직이며 물웅덩이도 첨벙첨벙, 유쾌하게 걸었다. 처마 밑의 누군가가 나를 보고 외쳤다. "멋있어요!"

두 번째로 기억에 남는 여름 소나기는 그보다는 좀 더 시간이 흐른 후, 학교 근처 경사진 좁은 골목길을 연인과 걷다가 만났다. 갑자기 들이붓듯 쏟아지는 비는 어린 연인들이 미처 피할 곳을 찾기도 전에 둘을 흠뻑 적셨다. 이리저리 피해보려다 될 대로 되라는 심정이 되어버린 우리는 가방이라도 구해보려고, 책과 논문이 가득 든 가방을 감싸안은 채 어느 울타리 근처에 등을 기대고 쪼그려 앉아 시원하게 비를 맞았다. 나는 머리카락에서 방울방울 떨어지는 빗방울을 뺨으로 느끼며 깔깔 웃었고, 그는 그런 내가 눈부시다는 듯 사랑이 방울방울 떨어지는 눈길로 나를 보며 웃었다. 그렇게 나의 카이로스적 순간들은 전혀 돈을 들이지 않고도 무지개처럼 찾아오는 것이었다.

　죽기 전에 인생이 주마등처럼 스쳐 지나간다고들 하는데, 그때 보이는 것들이 아마 우리의 카이로스적 순간일 것이다. 마지막까지 기억에 남는 순간. 그러나 하루하루를 그렇게 기억에 남을 순간들로만 꽉 채워 살겠다며 스스로를 닦달하지도 말길. 즉, 카이로스적 순간으로 꽉 찬 삶에 대한 강박도 내려놓기를 바란다. 아르헨티나의 소설가 호르헤 루이스 보르헤스의 〈기억의 천재 푸네스〉라는 단편에는 사고를 당한 이후 초 단위로 모든 것을 완벽하게 기억하는 천재적 기억력을 가지게 된 푸네스라는 인물이 등장한다. 그의 삶은 얼마나 미칠 것 같은 지옥이었겠는가. 기억도 중요하지만 망각도 그만큼 중요하다. 모든 것을 끝없이 기억하는 삶은 아이러니하게도 삶을 파괴하므로. 너무 정밀한 관찰자는 범주화가 불가능하며, 선택과 집중 없이는 서사가 만들어지지 않는다.

　결국 크로노스와 카이로스의 이야기를 꺼낸 것은 '내가 내 삶의 편집권을 쥐고 있다는 감각'에 관해 말하고 싶었기 때문이다. 나라는 인간은 내 기억을 편집한 것의 총체인데, 장항준 영화감독이 말하듯이 누가 편집하느냐에 따라 똑같은 촬영 테이프를 가지고서도 180도 다른 영화가 나올 수 있으므로 영화의 정수는 편집에 있다. '기억에 남을 만한' 경험을 꾸준히 만드는 것은 결국 내가 그 경험을 '좋은 기억으로 남기는' 일과 관련된다. 둘은 엄연히 다른 것이다. 카이로스적인 순간은 결국 마음과 관련된다. 우리 가족 중에서 나만이 나무 밑에서 그런 감정을 느꼈듯이, 그 순간을 받아들이고 온전히 누리려는 마음이 그런 잊지 못할 순간을 만든다. 이것을 내 삶에서 중요하게 보관해 가져가겠다는 마음. 설령 카이로스의 머리채를 잡지 못해 떠나 보낸 기회라 하더라도, 무언가 떠난 자리에서 그 뒤에 남은 것들을 재조립하는 과정에서 카이로스적 순간을 만나기도 한다. 그 연인은 다른 이에게 그 눈부신 웃음을 주러 떠나버렸지만 그때의 우리는 정말 예뻤고, 되짚어봤을 때 그토록 사랑이 넘쳐 뚝뚝 흘러내리는 눈길을 아낌없이 준 사람도 드물었다. 그러니 중요한 것은 마음이다. 이것을 어둠이 아닌 빛으로 기억하겠다는 마음. 마음이 시간의 흐름을 반사하고 굴절시키며 수렴하게 하는 것이다. 무엇을 어떻게 기억하고 싶은지, 무엇을 어떻게 잊고 싶은지를 결정하는 것 역시 마음의 일이다.

크로노스적인 시간의 흐름 속에서 12월 31일의 기분과

1월 1일의 기분이 달라지는 것 역시 마음 때문이다. 사실 시간이라는 것은 인간의 편의에 따라 구분하고 쓰는 것일 뿐, 과연 이런 것들에 본질적으로 명확한 구분이 있겠는가. 엄지용의 시 〈0시〉에서처럼 우리는 매일마다 '오늘이었던 어제'를 보내고, 그 사이에 위치한 0시는 그야말로 '시작도 아니고 끝도 아닌 시간'이다. 누군가에게는 시작인, 누군가에게는 끝인 시간. 그러므로 다시 한 번 중요한 것은 내가 편집권을 쥐고 있다는 감각이다. 어떻게 연출하고 어떻게 기록하고 싶은지, 이를테면 0시를 시작으로 삼고 싶은지 끝으로 두고 싶은지, 내 마음의 소리를 들어야 한다. 하루하루 거울 속 나를 들여다보듯 내 마음을 관찰하고 질문하는 사람이 좋은 편집자가 될 것이라는 말을 하고 싶었다.

그 과정에서 타인도 자기 삶의 편집권을 가질 수 있게 배려해주는 것을 잊지 않아야 한다. 세상에는 자기의 시간이 너무 중한 나머지 타인의 시간을 무참히 밟고 지나가려는 이들이 있다. 내 삶을 카이로스적 순간으로 만들기 위해 타인의 시간을 크로노스적으로 흐르게 만들려는 사람들. 더 나아가서는 자기의 시간이 원활히 흐를 수 있게 누군가의 시간을 멈춰 세우는 자들. 가볍게는 '나 바쁘니까 엄마가 대신 이것 좀 해줘'에서 시작해서 '내가 더 중요하니까

나 먼저 하고, 나 먼저 지나갈게'라는 이기주의적 발상, 더심하게는 '이런 말을 퍼뜨리면 저쪽에서 당황해 멈출 테고,그 사이에 나는 앞으로 치고 나가야지' 따위의 정치적이고계략적인 행태까지 다양하다. 물론 때에 따라서는 '내가 쉴수 있게 네가 일해줘'라는 형태의 거래, 즉 돈을 주고 서비스를 구매하는 정당한 행위가 될 수도 있겠지만, 그래도 살폈으면 좋겠다. 깊은 밤 호젓한 카페에서 즐기는 나의 카이로스적 순간은 어느 앳된 아르바이트 노동자의 젊음과 피곤을 잡아먹고 만들어지는 것이라는 점을. 타인이 기계적으로 꾸역꾸역 버텨내는 크로노스적인 시간 위에서 내 카이로스적 순간의 꽃이 필 수도 있음에 늘 조심하고 감사했으면 한다.

거울아 거울아 이 세상에서 누가 제일 예쁘니

거울 앞의 시간성에 관한 이야기는 이쯤하기로 하고,지금 현재 거울 앞에 있는 여성들에게 하고 싶은 이야기를조금 더 풀어보고 싶다. 앞서 언급한 그 '전 국민적 게임 중독'과 연결되는 이야기이기도 하다.

거울은 나를 보기 위한 물건이지만, 남에게 잘 보이기 위한 물건이기도 하다. 집에 있을 때는 거울을 잘 보지 않지만 어디 나갈 때는 그래도 거울을 한 번 들여다보게 되니까. 내가 이런 모습으로 밖에 나갔을 때 너무 반사회적인 몰골로 옆집 할머니를 놀라게 한 결과 심장에 무리를 드리는 건 아닌지, 인류 공영의 마음으로 살펴야 한다. 그런 의미에서 거울은 자아와도 타자와도 긴밀히 연결되는 희한한 물건이다. 인간은 사회적 동물이므로 보는 것만큼이나 보이는 것도 무척 중요하다. 하지만 보이는 것에 너무 매몰되면 거울이라는 작은 공간은 감옥이 된다. 사실 우리 몸 자체가 감옥인 동시에 자유의 공간이다. 우리는 몸에 갇힐 수밖에 없지만 몸 덕분에 세상을 자유롭게 활보한다. 몸은 즐거움과 만족의 근원인 동시에 고통과 번뇌의 근원이기도 하다. 이 아이러니 안에서 적절한 균형점을 찾는 것이 필요한데 지금 우리의 모습은 어떨까.

《H 마트에서 울다》의 미셸 자우너는 '아름다움'이 엄마의 나라, 즉 한국 문화의 핵심 요소라고 말한다. 성형수술 하는 사람의 비율이 전 세계에서 가장 높은 나라이고, 예쁘다는 말이 '착하다, 예의바르다'는 말과 동의어로 사용되는 곳이라고. "아이고 예뻐." 자우너의 말에 따르면 도덕과 미학을 뒤섞어놓은 이 말을, 나는 설거지를 배우겠다고 수세미를 들고 열심을 내던 큰아이에게 방금도 하고 왔다. '예쁘다=착하다'의 등식은 요즘 들어 미묘하게 뒤틀리고 있는데, "걔 어때? 예뻐?" 하고 묻는 말에 "착해"라고 대답하는 경우의 그 쓸쓸한 여운을 떠올려보자. 하지만 도덕과 미학의 이 어지러운 관계는 무척 흥미롭다. '착한 몸매'라는 검색어를 넣으면 뜨는 엄청난 기사와 사진들 앞에서 나의 착하지 않은 몸매에 관해 생각해본다. 내 몸매는 그럼 나쁘고 악랄한, 극악무도한 몸매인가.

　타인의 외모를 지적하고 자신의 외모를 자학하는 것이 쌀밥 먹는 것처럼 자연스러운 곳에서 태어나 자란 나는, 세상 사람 모두가 이렇게 살지는 않는다는 사실을 참으로 뒤늦게 깨달았다. 외모에 관심이 많은 나라가 비단 우리나라만은 아니겠지만, 아름다움을 향한 관심이 긍정적인 칭찬의 방향이 아니라 이렇게까지 과도하게 폭력적인 지적과 비난으로 가는 사례는 드물지 싶다. 외국의 타블로이드 신문도 추잡하기가 남부럽지 않으나 주로 유명인의 스캔들, 자극적인 가짜 뉴스를 단골 소재로 삼지 남의 외모를 대놓고 진심을 다해 정성스레 평가하진 않는다. '몰라보게 후덕해진 몸매' '물 오른 미모, 애 엄마 맞아?' '우윳빛 속살 공개

한 OO, 아찔한 뒤태' 같은 너절한 표현들이 알알이 박힌 기사 제목을 읽다 보면 우와 우리가 이런 미친 사회에서 살고 있구나 싶어 새삼 경이롭다. 올림픽에서 금메달을 세 개나 딴 여성 양궁 선수의 공식 인터뷰 시간에, 무수한 연습으로 생긴 턱 밑 활자국을 제거하는 시술을 할 생각은 없느냐고 묻는 취재진을 보며 꼭 저런 질문을 해야 했나 싶어 입맛이 썼다. 운동선수도, 아르바이트 구직자도, 전문가도, 선생님도, 심지어 작가도 (제길) 예쁘고 잘 생겨야 한다.

　　호기롭게 쓴소리를 했지만 나도 크게 다를 건 없다. 소설가 박완서의 《나의 가장 나종 지니인 것》에서 왜 우리나라 사람들은 만나면 젊어졌다 좋아졌다, 아니면 어디 아팠느냐, 못쓰게 됐다는 식으로 남의 신체를 가지고 들먹이는 인사를 그렇게 좋아하는지 모르겠다는 문장을 보고 뜨끔했다. 사실 나는 누군가가 예쁘다고 느껴지면 예쁘다는 말을 꼭 하고 싶어 내장이 근질거리는 인간이다. 얼굴 환해졌다는 말도, 살 빠진 것 같다는 말도 자주 꺼내는 편이다. 예쁜 사람을 예쁘다고 하는 게 뭐가 어때서! 그런데 70~80대 어르신들이 모이는 노인정에서도 외모와 몸무게로 줄을 세운다는 얘기를 듣자니 뒤통수가 약간 서늘해지면서 어 이게 아닌가 싶었다. 우리는 죽을 때까지 체중계 위에서 고뇌하며, 거울 앞에서 남들 눈에 어떻게 보일지 고민해야 하는 건가? 살만 좀 빼면 진짜 예쁘겠다, 안 찌는 체질인지 보기보단 잘 먹네, 나이에 비해 주름이 적고 팽팽하네, 이런 말들을 호의와 애정으로 건네는 사회. 이건 결국은 '거울아 거울아 이 세상에서 누가 제일 예쁘니'라는 동화 속 질문과 본질적으로 닮은 마인드가 아닐까. 거울 앞에서 누가 제일 예쁜지를 묻는 왕비와, 휴대폰 안팎에서 누가 제일 예쁜지를 따지는 우리들. 이런 마인드는 결국 우리의 열등감과 비교 의식을 자극해 수많은 뷰티 상품과 피부과 진료에 돈을 쏟게 만들고, 이를 둘러싼 자본주의적 무한 경쟁 시스템을 굳건히 유지시킨다. 그 안에서 아름다움은 계급화되고 계층화되어 권력이 된다.

윌 코튼의 아이스크림 동굴

윌 코튼의 〈아이스크림 동굴〉은 다이어트와 아름다움에 병적으로 집착하는 우리의 슬픈 자화상이다. 한 여인의 뒷모습이 보인다. 여인 앞에는 캐러멜 시럽이 흘러내리는 아이스크림이 마치 석회 동굴 속 석순처럼 푸짐하게 쌓여

윌 코튼, 〈아이스크림 동굴〉, 2003년

있다. 여인의 건강하고 가무잡잡한 피부와 대조를 이루는 눈부시게 희고 달콤한, 건강하지 않은 아이스크림. 앉았다가 일어나려고 했던 모양인지 여인의 엉덩이와 다리에 온통 아이스크림이 묻었다. 사회가 정한 이상적인 몸매를 유지하려는 사람의 눈앞에 산더미처럼 쌓인 아이스크림은 유혹이고 재앙이다. 아이스크림의 압도적인 양과 그 앞에서 왠지 무력해 보이는 여인의 대조가 낯설지 않다. 내 모습과 닮았기 때문이다. 밀물처럼 눈앞으로 밀려 들어오는 광고 속에서 우리의 욕망을 부추기는 상품들과, 그 앞에서 꼿꼿이 일어나려고 애써보지만 잘 되지 않는 우리들. 부족함 없는 풍요 앞에서 갈 곳을 잃는 마음과, 만족감 곁에 늘 붙어 다니는 죄책감. 이 그림을 보는 순간 나는 배를 넣고 한숨을 길게 쉬었다.

비만을 향한 사회적 시선은 차갑다. 비만이라는 단어에 들러붙는 편견들을 생각해보면 우리 사회에서 소위 '뚱뚱한' 사람으로 살아가는 일이 얼마나 힘든지 가늠해볼 수 있다. 사람들은 살이 많이 찌면 탐욕이 많고 게으르며 더럽고 느리고 둔하고 참을성도 없는 데다가 감각도 예민하지 못하다고 지레짐작한다. 무엇보다 '자기 관리'를 못하는 낙오자처럼 생각하곤 하는데, 개인적으로 정말 탐탁지 않은 말 중 하나가 자기 관리다. 자기 관리는 그냥 '너 살 좀 빼!'라는 사회적 샤우팅을 마치 사자성어처럼 점잖게 보이도록 만들어놓은 것에 불과하다. 과연 우리가 관리할 게 몸무게 숫자뿐인가. (그런 얄팍한 자기 관리보다는 차라리 장기 관리에 힘쓰자.) 소설가 박상영은 《오늘 밤은 굶고 자야지》에서 소위 '정상체중'에 가까운 이들이 비만해 보이는 사람들에게 한

줌의 권력을 확인하고 싶어 하는 꼴사나운 상황을 다룬다. 몸무게가 덜 나간다는 그 이유 하나로 상대 위에 군림하려 들고, 무례와 폭력의 말들을 관심과 사랑으로 포장하여 건네는 이들. 벼가 익을수록 고개를 숙이는 이유는 자기 배를 내려다보기 위함이거늘 누가 나이 먹고 남의 몸매에 대해 평가질이란 말인가.

게다가 '아름다움'이라는 것은 지극히 주관적인 가치인데, 18세기 프랑스의 계몽주의 철학자 볼테르는 《철학사전》에서 아름다움에 관해 다음과 같이 말한 바 있다. "시험삼아 두꺼비에게 아름다움이 뭐냐고 물어보라. 아마 두꺼비는 툭 튀어나온 커다란 두 눈, 귀 밑까지 찢어진 커다란 입, 노르께한 배를 뒤뚱거리는 암두꺼비를 가리키며 그것이 '미'라고 할 것이다." 지금도 지구상의 어딘가에서는 목의 길이가 미의 기준이라 기형적으로 목이 긴 여인이 칭송받고 있으며, 내 기억 안에서만 보더라도 이목구비가 뚜렷하고 선이 굵은 쾌남에서 몽롱미 넘치는 미소년으로 시대가 원하는 미남상이 크게 바뀌었다. 움베르토 에코가 쓴 쌍둥이 저작 《미의 역사》와 《추의 역사》를 보면 어느 시대의 미美는 다른 시대의 추醜가 되기도 한다. 사람들이 저마다 갖고 있는 아름다움에 관한 기준이나 가치관은 결코 절대적인 것이 아니라는 말이다. 역사적 자료나 옛 그림들 속에서 지난 시대의 화장법에 기겁하거나 옛 미인의 모습에 어리둥절했던 경험들이 있을 것이다. '거울아 거울아 이 세상에서 누가 제일 예쁘니' 하고 묻는다면 사실 어느 시대에 만들어진 거울인지에 따라 각기 다른 대답을 할지도 모른다. 그러므로 플라톤의 동굴[5] 속 죄수들이 갇혀 있었던 것과 비슷한 저 코튼의 〈아이스크림 동굴〉에서 몸을 바로 세워 걸어 나오는 일이 필요하다.

명령하는 자는 누구인가

우리는 평생 다이어트를 결심하며 산다. 나도 지금껏 몇 번이나 그 결심을 했는지 일일이 세어보고 싶을 정도다. 다이어트를 할까 말까, 어떤 다이어트를 할까, 어떤 식단으

---

5 앞서 언급했듯이 누군가가 보여주는 것만을 의심 없이 믿으며 허상 속에서 살아가는 이들에 관한 우화다. 흰 피부에 마른 몸매가 아름답다며 특정한 이미지를 끊임없이 대중들의 눈앞에 재생산하는 오늘날의 스크린이 플라톤의 동굴과 비슷한 성격을 띨 것이다.

로 어떤 운동을 해볼까. 모두 좋다. 나는 지금 다이어트를 하지 말자는 얘기를 하려는 게 아니다. 그 이전에 우리가 중요하게 물어야 할 것이 있다는 말을 하고 싶은 것이다.

우리는 대체로 '어떻게'에 집중하는 편인데, 근본적으로 중요한 것은 '왜'이다. 살을 빼야 하나 말아야 하나, 어떻게 빼야 하나, 이런 것은 사실 부차적인 문제다. 내가 왜 살을 빼려고 하는지를 우선 물어야 한다. 더 나아가 살을 빼라고 명령하는 자들은 누구인지, 이것을 먼저 질문해야 한다. 누가 우리의 몸을 거리낌 없는 공적 비판의 대상으로 만들었으며 특정 사이즈와 체중을 당위적 목표처럼 제시하고 있는지. 외모도 스펙(또 하나의 탐탁지 않은 말. 원래 무기의 사양을 가리키는 말로, 개인적으로는 사람에게 쓰면 안 된다고 믿는 말이다)이라며 온갖 시술과 성형을 자기 관리라고 몰아가는 이들은 누구인지. 더 나아가 의학적으로 큰 문제가 없는 소위 건강한 몸과 마음을 가진 자들만이 정상이고, 그렇지 못해 힘들어하는 이들에게 비정상의 딱지를 붙이는 이들은 누구인지도. 명령하고 단정짓는 자는 누구인지, 그들은 왜 그렇게 하는지를 먼저 물어야 한다.

애초에 다이어트란 것도 건강이 받쳐주지 않으면 마음먹기 어려운 것이고 나이를 먹고도 다이어트에 집착하면 오히려 건강을 크게 해칠 수 있는데, 우리는 나이를 불문하고 거울 속 내 몸을 혐오하고 우리가 들어앉은 동굴에서 벗어나지 못하고 있다. 나이가 들면서 여기저기 삐걱거리기 시작하다 보니, 있는 그대로의 모든 몸들이 참으로 대견하고 예쁘다는 것을 느낀다. 최근 죽음을 앞둔 한 지인의 병상에 찾아갔던 나는, 꺼져가는 생도 감히 거두어가지 못한 그분의 환한 미소가 너무 아름다워 눈물이 났다. 아름다움이라는 것은 우리가 쉽고 얄팍하게 판단할 수 있는 종류의 것이 아니다.

아무리 인품이 뛰어나고 능력이 출중하며 지식이 깊더라도 여성으로서의 힘이 단지 예쁘다는 그 권력 하나뿐이라면, 그래서 사람들이 '인품이 맑다' '놀라운 재능에 날카로운 통찰력을 가졌다' '사업 감각이 뛰어나다' 같은 말을 하는 것이 아니라 '나이가 들어도 여전히 곱고 화사하다' '환갑에 가까운 나이에도 늙지 않은 패션 센스를 지녔다' 같은 말들로만 여성들을 평가한다면, 나이가 들면서 대부분의 여성은 권력을 잃고 심리적으로 힘든 노년기를 보내게 될 것이다. 백세시대(라는 말이 나는 약간 무섭다)에 생의 절반을 침울하게 살라고 말하는 이는 누구인지 질문해야 하며, 우리 스스로 그런 시스템을 만드는 데 일조하고 있는 것은 아닌지 돌아봐야 한다.

　　카스틸리오네 백작부인으로 알려진, 나폴레옹 3세의 정부였던 버지니아 올도이니는 19세기 중반 유럽 사교계를 뒤흔들었던 센세이셔널한 미인이었다고 한다. 핑크빛 대리석 같은 피부, 물결치는 긴 머리에 시시각각 색이 변하는 신비스러운 눈빛, 섬세한 이목구비와 놀라운 패션 감각의 소유자였던 올도이니는 자신의 미모와 감각을 활용해 초기 사진의 역사에 한 획을 긋기도 한 인물이다. 그러나 자신의 나이 드는 모습을 견딜 수 없었던 그는 말년에 파리 방돔 광장의 아파트에서 기괴하게 은둔하며 생을 마친다. 모든 방을 장례식에서나 쓰이는 검은 색상으로 꾸미고 모든 창문의 빛을 차단했으며, 거울을 죄다 없애고 밤에만 가끔씩 온몸을 가린 채 외출했다고 한다. 우리는 올도이니처럼 말년을 보내고 싶지 않다. 타인의 응시에 정신이 팔린 채 온 생을 보내지 않으려면 거울을 치워서는 안 된다. 거울을 똑바로 바라보고 거울아 거울아 이 세상에서 누가 제일 예쁘냐고 묻는 사람들은 누구니, 거울아 거울아 이 세상에서 누가 제일 행복하고 씩씩하게 나이를 먹고 있니, 물으며 빙긋 웃을 수 있어야 한다.

몸보다는 몸가짐

늙음은 맞설 수도 거스를 수도 없는 것이다. 어떤 자세로 어떻게 맞느냐 하는 문제일 뿐. 대신 희망을 거는 것은 우리가 멋있어질 수 있다는 기대다. 늙어가는 것에 맞설 수는 없지만 확실하게 우리는 멋있어질 수 있다. 나이가 들면서 인물이 더 좋아 보이는 사람들이 있다. 예를 들어서 조지 클루니라든가 배철수, 이문세 아저씨 같은 분들. 조지 클루니는 원래 잘생겼지만 나이 들어 더 멋있어 보이는 쪽이고, 친애하는 나의 두 아저씨는 젊은 시절 그리 손꼽히는 미남은 아니었으나 너무나 멋있게 나이 든 분들이다. 여성이라면 전영애 교수나 양희은 언니, 김소연 시인을 꼽겠다. 지인 중에 더 많지만 예로 들 수가 없기에 이쯤 해둔다. 예쁘고 잘생긴 걸 떠나, 저렇게 나이 들고 싶다는 마음을 품게 하는 그런 얼굴과 그런 몸가짐이 있는 것이다. 젊어서 예쁘고 잘생긴 건 선천적으로 주어진 쪽에 가깝지만 멋있게 나이 드는 건 누구나 해볼 만한 일이다. 다시 말해, 젊은 시절에 아름다운 것은 어느 정도 주어지는 영역이고 나이 들어서 멋있는 것은 어느 정도 만드는 영역이다. 그래서 나는 멋있는 할머니가 되고 싶다. 멋있는 할머니가 어려우면 귀여운 할머니라도.

멋있게 나이 드는 일 역시 외모와 관련된 것이 아니냐고 물을 수도 있겠다. 나이 들어서도 끊임없이 외모를 가꾸고, 옷을 멋지게 잘 차려 입고, 젊은 감각을 유지하고, 그렇게 또 타인의 시선을 신경 쓰면서 아등바등 살라는 말이 아니냐고. 내가 말하려는 것은 몸보다는 몸가짐과 마음가짐에 관한 것이다. 외모를 가꾼다기보다 특유의 선을 잃지 않고, 옷을 잘 입는다기보다 오히려 유행에 휘둘리지 않고, 젊은 감각을 유지한다기보다 그저 생각 자체가 나이 들지 않는 분들. 그런 분들이 멋있다고 생각한다. 나는 멋있게 나이 들자는 말이 부디 또 하나의 '거울아 거울아 세상에서 누가 제일 멋있는 할머니 할아버지니'로 가버리지 않기를 바란다. 부탁인데 '누가 제일'부터 좀 없애보자.

솔직히 고백하자면 나는 잘 꾸미지 못하는 편이다. 화장도 귀찮아 하고 액세서리를 주렁주렁 다는 것도 싫어하는 데다 옷 사는 취미도 없다. 딱히 하는 것도 없는 주제에 머리 손질이 너무 귀찮아서 이 세상 모든 사람들이 공평하게 대머리였으면 좋겠다는 생각을 꽤 오래전부터 했다. 하지만 잘 꾸민 사람들을 보면 기분이 좋아지기에 나도 그러고 싶기는 하다. 어울리지도 않게 화려하게 꾸미고 싶다는 말이 아니라, 적어도 좋은 분위기를 낼 수 있기를 바란다는 말이다. 오랜만에 헤어샵에서 머리를 한 날의 기분이 특별하듯, 외면과 내면은 서로 영향을 준다고 믿기 때문이다. 뛰어난 기타 제작자로 알려진 서민석 선생이 기타를 제작하는 모습을 영상으로 본 적이 있는데, '리피니시refinish,' 즉 기타를 다시 칠하는 과정은 기타를 깨끗하게 하려는 것보다는 소리 때문이라고 말하는 부분이 귀에 들어왔다. 어떤 재료로 어떻게 칠하는가의 여부에 따라 소리 차이가 많이 난다는 것이다. 악기의 외양이 내부 소리에 영향을 준다는 사실이 무척 흥미로웠다.

좋아하는 웹툰 중에 태권도를 소재로 한 작품이 있다. 거기에서 인상에 남은 장면도 나이 든 여성 사범이 '띠를 바르게 맨다는 것'의 의미를 말하는 부분이다. 띠가 꼬여 있지 않고 두 끝이 가지런하게 길이가 일치하는 형태로 매어져 있는지를 살피라고 했다. 등이 바르게 펴져 있는지, 손가락이 모여 있는지, 그렇게 차려 자세에서도 그 사람의 실력을 볼 수 있다고 했다. 외양이 소리에 영향을 준다는 것, 차려 자세에서도 실력이 보인다는 것은 결국 안과 밖이 어느 정도는 연결된다는 말이다. 단아端雅는 '끝 단'에 '맑을 아'를 쓴다. 띠의 두 끝이 가지런히 매어진 모양, 두 손가락 끝이 단정하게 모인 상태, 이렇게 끝부분까지 조심스레 매만진 태권도의 차려 자세 위에 '단아'라는 단어를 올려본다. 외모보다는 태도, 몸보다는 몸가짐. 나는 이 방향으로 나아가고 싶다. (사실 성형보다 어려운 일일 수도 있다.)

고등학교 때 전교생이 교가를 제창할 때면 학교 중창단의 리더 언니가 단상에 올라 지휘를 하곤 했는데, 신기할 정도로 자세가 바른 언니였다. 사춘기 고교생이라는 종족의 특성상 구부정한 자세에 막돼먹은 행동거지가 기본값이었던 우리와는 달리, 그 언니는 늘 등이 곧고 가슴을 쫙 편 상태를 유지한 채 반듯한 모습으로 걸어 다녔다. 우리는 그 언니가 어떻게 그렇게 곧은 자세를 유지할 수 있는지 신기해했는데, 지금도 어딘가에서 그렇게 주변의 공기를 차분하게 바꾸면서 반듯하게 걸어 다닐지 궁금하다. 사람의 몸가짐과 태도는 주변 공기를 바꾼다는 사실을 나는 최근에 방문한 다하우 강제 수용소에서 다시 한 번 분명히 확인했다. 나는 독일 남부 뮌헨 근처에 살고 있는데, 나치 세력이 아우슈비츠 강제수용소의 프로토 타입으로 만든 최초의 강제 수용 시설이 내가 사는 동네에서 멀지 않은 곳에 있다. 여기에서 만난 사진 하나에 나는 숨이 멎을 것 같은 강렬한 인상을 받았다.

나치 선전 작가 프리드리히 프란츠 바우어가 찍은
다하우 강제 수용소에서의 호엔베르크

막시밀리안 호엔베르크라는 이 인물은 1914년 사라예
보에서 살해된 오스트리아 왕위 계승자 프란츠 페르디난트
의 아들이다.[6] 그와 그의 남동생 에른스트 호엔베르크는 다
하우 강제 수용소로 보내진 최초의 오스트리아인이었다고
한다. 특별한 굴욕을 주기 위해 수용소에서는 이들을 변소

작업에 배정했지만, 사진에서 보다시피 그들은 왕족으로서의 긍지를 태도와 자세에서 말없이 드러내며 품위를 잃지 않았다. 이 형제의 기품 있는 행동, 그들이 보여준 연대감은 동료 수용자들에게도 깊은 인상을 남겼다고 한다. 지구상 가장 비인간적인 장소에서 특별히 굴욕을 당하면서도 저런 몸가짐으로 살아간다는 것. 왠지 뭉클한 마음으로 우리도 가슴을 한 번 쫙 펴보게 만드는 사진이다.[7]

앞서 병상에서 환히 웃으셨다는 분의 장례식이 있던 날. 많은 사람이 마지막 인사를 하기 위해 모였다. 키가 크

---

6   아들 프란츠 페르디난트가 일개 백작의 딸이었던 조피 초테크 폰 초트코바와 결혼하는 것을 반대했던 프란츠 요제프 1세는 귀천상혼에 합의하는 조건으로 조피가 결혼으로 호엔베르크 여후작의 지위를 받고, 둘 사이의 자녀는 호엔베르크 공자·공녀의 직위를 받을 것을 합의했기에 막시밀리안 호엔베르크는 아버지의 성을 물려받지 않았다.

7   이 사진은 나치의 위임을 받은 사진작가가 찍은 것으로, 수용소에 끌려온 이들이 잘 지내고 있다는 사실을 선전하기 위한 목적으로 찍었다는 의혹을 가지고 바라볼 수도 있는 사진이다. 그러나 우리는 이 사진에서 그런 모든 정치적 선전의 의도를 산산이 깨부수고, 품었던 의혹마저 초라하게 만드는 한 인간의 위엄을 본다. 막시밀리안 호엔베르크가 수용소에서 보인 위엄과 친화력에 관한 증언은 이 사진이 아니더라도 분명하게 존재한다. 가장 비인간적인 곳에서 이런 당당하고 위엄 있는 몸가짐을 유지한다는 것. 사진을 찍은 자의 의도야 어떠했든 존엄과 기품을 연기하기는 어려운 것이다. 게다가 그 불순한 의도를 무용한 것으로 만들기 위해서라도 더욱, 우리는 이 사진을 더 자세히 바라보고 이 사진에 관해 더 많이 이야기해야 한다고 믿는다.

고 화려한 미인은 조문하기 위한 옷을 입어도 기본적으로 가진 화려함이 어쩔 수 없이 검은색을 뚫고 나오는 법이다. 그런데 전혀 화려하게 차려입지 않았는데도 불구하고 유독 눈에 띄는 분이 있었다. 자그마한 체구에 머리도 수수하게 하나로 묶고, 흰 국화처럼 조용히 슬퍼하던 분. 묘 앞에 자신이 가져온 꽃다발을 내려놓는 몸짓이 슬픔과 정성으로 가득해, 그걸 보고 있자니 슬픔이란 참 아름답구나 하는 생각까지 들었다. 아름다움의 본질은 태도에 있고, 겉모습은 많은 부분 자세의 영역임을 나는 이렇게 나이가 점점 들어가면서 조금씩 깨닫는다.

들뢰즈의 아장스망, 그리고 외로

프랑스의 현대 철학자 들뢰즈가 말한 아장스망agencement 이라는 개념이 있다. 들뢰즈는 타자와의 마주침rencontre, 배치agencement, 그리고 결합combinaison에 주목했는데, 아장스망은 함께 공감하고 공생하며 서로에게 흔적과 주름을 남기는 관계, 몸뿐 아니라 마음까지 함께 변화하는 관계를 말한다. 종이를 한 번 구기면 다시 편다고 해서 주름이 사라지지 않는 것처럼, 그렇게 서로가 마주침으로 인해 생기는 흔적이 아장스망이다. 우리는 만나서 부대끼며 서로에게 영향을 주고, 서로의 몸과 마음에 흔적을 만들며 살아간다. 다소 어려울 수 있는 이 말을 신유진 작가는 《창문너머 어렴풋이》에서 '빛이 지나간 자리'라고 표현한다. 빛이 지나간 자리엔 얼룩이 남는 것이라고.

> 나는 아무도 다녀가지 않은 얼룩 없는 하얀 세상보다 누군가 통과한 흔적이 남은 얼룩진 세계가 좋습니다. 표백되지 않은, 무늬 가득한 삶을 살고 싶습니다. 오래전부터 빛의 얼룩을 가진 사람이 되고 싶다고 생각했습니다. 피고 지는 일, 오고가는 모든 것이 자연스레 남은 얼굴.

우리는 표백된 세상, 필터와 보정으로 흔적을 지울 수 있고 의학의 발전으로 주름을 펼 수 있는 세상에 살고 있다. 어느 정도는 축복일 수도 있는 세상이다. 그렇지만 그렇게 보정만 하다가는 진짜 내 모습이 담긴 사진은 하나도 남지 않을지 모른다. 글의 서두에 우리 얼굴의 흔적들은 우리가 어디로 가는지, 우리가 어디에 있었는지를 보여준다는 영화 속 대사를 언급했다. 거울을 보며 내 얼굴에 든 것들을 헤아려본다. 이마에는 우리 부모님과 형제자매가, 눈가에는 그 사람이, 입가에는 내 아이가 매달려 있다. 그런 걸 돈 들여 (들일 돈이 없다는 것은 비밀로 하자) 편다면 젊어 보이긴 하겠지만 매달려 있는 그들이 뚝 떨어져 버리겠지. 이렇게 같이 있는 편이 좋겠다. 나도 표백된 세상보다는 다정한 얼룩이 남은 세상이 좋다.

　　아장스망은 앞서 말한 반사, 반영, 수렴 중 반영에 가까운 개념이고, 이런 반영들이 모여 결국 어떤 지점으로 우리를 이끌게 될 것이다. 그것이 수렴점이다. 우리 생에 빛이 지나간 자리는 어떤 얼룩을 만들었는가. 지금 우리의 상은 어디로 수렴하고 있는가. 시인 이상의 말대로 거울이 아니었다면 나는 나를 만날 일이 드물었을지도 모른다. 그는 〈거울〉이라는 시에서 거울이 아니었던들 내가 어찌 거울 속의 나를 만나보기라도 했겠냐고 말하며, 잘은 모르지만 외로된 사업에 골몰하겠노라 한다. '외로'라는 말은 한쪽으로 치우친다는 뜻도 있지만, 어떤 일에 진지하게 몰입한다는 뜻도 있다. 거울 속의 나, 즉 내 악수를 받을 수도 없는 왼손잡이인 나와 화해할 수 없는 방향으로 치우친다는 뜻으로도 볼 수 있지만, 한편으로는 나를 찾는 일에 골몰하겠다는 말로도 들린다. 잘은 모르지만, 답은 없지만, 나도 외로된 사업에 골몰해보련다.

PART 02

크게 바라볼 것들

· 슬픔 · 서투름 · 사소함, 익숙함, 하찮음

01

슬픔

인간의 가장 무해하고 본질적인 감정

무성한 슬픔

눈물이 많아졌다.

TV 보다가 우는 건 기본이고 (뉴스든 예능이든 가리지 않고 운다) 눈코입이 달려 있지 않아 조금은 건조해 보이는 책속 문장들도 점점 더 촉촉하게 다가온다. 이 닦다가 아빠 생각이 나서, 밥 먹다가 엄마 생각이 나서 운다. 사는 동안에 냉기와 한숨, 그리고 국화 향기가 내 몸을 빌려 지나가느라 슬픔의 경험이 많아진 탓도 있겠지만, 나이 들면서 슬픔이 더 잘 보이기 때문이기도 하다. 아이들이 말갛게 뛰어노는 놀이터에서 배고픈 얼굴로 낙과를 줍는 노인의 낡은 비닐봉지가 슬프고, 법정에서 가족을 상대해야 했던 친구의 덤

덤한 얼굴이 슬프고, 추운 겨울 저녁에 사람을 보고 반가운
듯 다가오는 길 고양이의 살가움이 슬프다. 요즘은 누가 애
쓰는 모습을 보면 그렇게 슬프다. 가수가 마이크를 꼭 잡고
온 힘을 다해 노래 부르는 걸 보면 그게 발라드든 트로트든
관계없이 눈물이 터지고, 꼬마들이 태권도를 하느라 앳된
소리로 기합을 넣는 모습에 오열한다. 그럴 땐 저 여자가 뭘
잘못 먹었나 싶은 눈초리를 받기도 하지만, 아니 저 작은 아
이들이 뭔가를 지키겠다고 작은 주먹을 뻗고 있는데 그게
안 슬프단 말인가.

갓난아기였을 때 나는 기이할 정도로 울지 않는 아이
였다고 한다. 아침부터 집에 큰일이 있었던 어느 날, 기지도
못하는 젖먹이를 깜빡하고 한낮이 다 되도록 굶겼는데 놀
라서 들어가 보니 시무룩해 있다가 방긋 웃더란다. 그 아이
는 자라서 배가 고프면 흉포해지고, 실성했나 싶게 잘 우는
어른이 되었다. 슬픔이 뒤늦게 무성해졌다. 내 슬픔의 둑은
언제 터진 걸까. 시작은 잘 모르겠지만 선명한 분기점 중 하
나는 아이다. 아이를 낳고 슬픔이 호수처럼 깊어졌다. 첫 아
이를 낳고 사나흘 정도가 유독 심했다. 내가 왜 이러지 싶을
만큼 톡 건드리면 툭 터질 듯한 물풍선 같은 꼴을 하고 있었
다. 아이가 이렇게 작고 예쁜데 세상이 너무 험해서 어쩌지

싶어 괜히 눈물이 줄줄 흘렀다. 거친 세상에 작고 나약한 존재를 낳아놓고, 그 부서질 것 같은 존재를 가슴 깊이 사랑하는 데서 오는 슬픔. 엄마가 되기 전에는 미처 몰랐던 슬픔을 처음으로 자각하느라 그렇게 앓았던 것 같다. 지금 그 존재는 잘 커서 옆에서 자다 가끔 니킥을 날리는 (이제 부서지는 것은 내 쪽이지 않나 싶은) 어린이가 되었지만, 세상은 여전히 험하며 아이는 여전히 작고 보드랍다.

사랑하는 것들이 생기고 관계가 넓어질수록 슬픔은 말 없이 무성해진다. 어른의 세상에는 기본적으로 슬픔이 많다.[1] 엄마가 되어보니 더 그렇다. 지극히 사랑하는 것이 생겨버렸기 때문이다.[2] 내 아이가 예쁘다 보니 다른 아이도 예쁘고, 아이들뿐 아니라 세상의 모든 작고 연약한 것들이 눈

---

1 영화 〈인사이드 아웃〉에는 이와 관련한 인상적인 장면이 있는데, 바로 나이에 따라 '슬픔'의 모습과 역할이 변한다는 것이다. 어린 라일리의 감정들 가운데서는 기쁨이 리더 역할을 하고 슬픔은 주눅 든 모습으로 찌그러져 있는데 반해, 라일리 엄마의 머릿속에서 주도적인 위치를 차지하는 것은 슬픔이다. 슬픔이 감정들의 리더로서 중심을 잡고 차분하게 상황을 헤쳐가는 역할을 하는 것이다. 라일리 엄마의 슬픔은 표정도 한층 부드럽고 안정적이며, 강인하고 현명해 보인다.

2 마르그리트 뒤라스는 《물질적 삶》에서 어머니라는 존재는 광기의 상징이라면서 '우리의 어머니란 우리가 만난 사람 중에서 가장 희한하고 제정신이 아닌 사람'이라고 썼다. 그렇다. 어머니들은 대체로 미쳐 있다. 그 탁한 광기의 심연에는 아마도 슬픔이 말갛게 가라앉아 있을 것이다.

에 보인다. 척박한 돌 틈에서 돋아나는 손톱만 한 새싹, 어미를 따라 아장아장 찻길을 건너는 겁 많은 길 고양이, 대롱대롱 매달려 세찬 비를 맞는 아기 사과들, 쓰레기가 즐비한 해안가에서 태어난 아기 거북이. 예뻐서 안쓰럽고, 귀여워서 슬프다. 사랑을 느끼는 영역이 넓어지다 보니 생명 있는 것뿐 아니라 세상 만물을 느끼는 온도가 달라진다. 겨울에 차가운 눈을 이고 있는 자전거도 추워 보이고, 목에 늘 전선을 감고 사는 전신주도 안쓰러워 보인다. 어른이 된다는 것은 이렇게 세상 구석구석에 스민 슬픔을 자각하게 되는 일인 것 같다. 특히 부모가 되는 것, 내가 책임지고 지켜야 할 존재가 생긴다는 것은 슬픔의 저변이 훅 넓어지는 일이다. 참혹하게도 이 세상에서는 아이들이 부모 곁을 많이 떠난다. 그럴 때마다 세상의 엄마, 아빠들은 함께 운다. 뇌를 거치지 않고 그저 몸으로 반응하면서.

오귀스트 쉥크의 어미 양

아들을 잃은 박완서 소설가가 말했던 참척의 고통이 여기 있다. 처음에 이 그림을 보고 여기에 관해서는 도저히

오귀스트 쉥크, 〈비통함〉, 1876~1878년[3]

글을 쓸 수 없겠다고 생각했다. 동물의 슬픔이지만 차마 말을 얹을 수 없는 느낌이었다. 하지만 어미 양이 계속 나를 따라다녔다. 차라리 더듬거리면서라도 할 말을 찾아서 이 깊은 슬픔에 대해 적어야겠다고 생각했다. 그리고 지금 나는 또다시 말문이 막혀 있다.

세상에는 과부나 홀아비, 고아 같은 아픈 말들이 있지만 자식을 앞세워 보낸 이들을 일컫는 말은 따로 없다. 다른 문화권도 비슷하다고 한다. 이유를 그냥 무심하게 넘겨짚었다. 예전에는 잘 먹지도 입지도 못했고 고치지 못하는 병도 많았으니, 연약한 아이들이 세상을 뜨는 일이 잦아서 그런 말을 따로 만들지 않았나 보다 하고. 엄마가 되고 나서 깨닫는다. 이건 너무도 참혹한 슬픔이라 그런 말을 감히 만들지 않았던 것이구나. 그런 단어를 만들어 누군가를 부르는 일은 사람으로서 도저히 할 짓이 아니라서.

〈비통함〉이라는 이름이 붙은 이 그림은 슬픔보다는 격

---

3 이 그림을 실물로 보지 않아 다행이라고 생각한다. 151cm×251.2cm나 되는 크기의 압도적인 비통함을 앞에 둔다면 분명 심장에 무리가 가지 않을까. 호주 멜버른의 빅토리아 국립 미술관에 있다고 하니 이곳을 관람할 땐 마음의 준비를 단단히 하는 게 좋겠다.

통에 가까운 감정을 담고 있다. 대체 무슨 일이 있었던 건지, 아기 양이 입에서 피를 흘리며 눈밭에 누워 있다. 표정이 평온한 것을 보아서는 이미 어린 양의 영혼은 왔던 곳으로 고이 되돌아간 것 같다. 귀엽고 온순해 보이는 얼굴, 윤이 나는 털로 감싸인 다리, 보드라워 보이는 작은 몸이 안쓰럽다. 그 위에 아기의 주검을 필사적으로 지키고 있는 어미가 있다. 뒷발로는 단단히 눈밭을 딛고, 앞발 사이로 작은 몸을 안았다. 어미 양이 앞으로 내민 발 하나가 너무 슬퍼서 볼 때마다 눈물이 난다. 일찍이 이렇게 마음을 찢어놓는 피에타를 본 적이 없다.

눈밭에는 발굽 자국으로 보이는 것들이 어지럽게 나 있다. 방향성이 보이는 걸로 봐서 이 가련한 엄마와 아기는 무리에게서 버려진 듯하다. 마지막으로 버둥거려본 듯한 아기의 앞다리 자국, 눈 위에 남은 그 마지막 생의 자국이 또 한 번 마음을 헤집는다. 검은 까마귀 떼가 빼곡하게 둘을 에워싸고 있다. 흰색과 대비되어 한층 더 지독하게 검다. 디즈니 속 세계라면 까마귀들은 장례식에 참가한 친구들이겠지만 현실은 내셔널지오그래피다. 부리가 날카롭고 눈은 반짝이다 못해 번들거리는 느낌. 자식의 죽음을 애통해하는 어미 앞에서 그들은 만찬을 기다리고 있다. 어미 양은 단장斷腸의 고통 속에 있는데, 까마귀들은 창자를 채우겠다고 기다리고 있는 것이다. 깊은 한숨인지 절규인지, 찬 공기를 가르며 어미 양의 입에서 하얀 김이 뿜어져 나온다. 이 그림에서 소리를 상상하는 건 고통이다. 그 얼어붙은 숨결처럼 보는 이의 마음도 얼어붙게 만드는 작품이다.

이 애처로운 장면을 그린 오귀스트 쉥크는 특히 양을 모티브로 한 동물 그림으로 19세기 중반에 널리 명성을 얻었던 화가다. 1885년경에는 이 그림 속 어미 양과 아기 양을 그대로 반전시킨 〈고아〉라는 작품을 그리기도 했다. 양으로 사람들 마음을 찢어 놓으려고 작심한 사람 같다.[4] 뛰어난 작가들이 우화로 인간 사회를 세련되게 풍자하듯, 쉥크는 화폭에 담는 동물들을 통해 인간 사회의 모습과 그 속의

4

오귀스트 쉥크, 〈고아〉, 1885년

관계들을 형상화하려고 했다. 그림에서 우리는 비정한 사회와 기회주의적인 무리, 잔혹한 집단성, 애끓는 모정, 도움받을 곳 없는 이들의 절망 같은 것을 본다. 동물이라 오히려 감정이 더욱 깨끗하게 돋보이는 면이 있다. 할 수만 있다면 어미 양을 안아 다독여주고 어린것을 데려다 양지바른 잔디밭에 고이 묻어주고 싶다.

슬픔을 묻는 일

'묻는다'는 동사를 생각한다. 조문弔問은 '슬퍼할 조(弔)'에 '물을 문(問)'을 쓴다. 슬퍼하며 묻고ask, 그렇게 함께 아파해 주고, 그런 뒤에 묻는bury 것이다. 우리에게는 슬픈 일이 생겼을 때 함께 아파하며 물어주는 사람들의 존재가 필요하다. 묻지ask 않으면 묻을bury 수 없다. 여기에는 위로를 위한 물음과 납득을 위한 물음이 함께 필요하다. 왜 이런 일이 생겼는지 납득할 만한 이유를 찾지 않고서는 땅에든 가슴에든 잘 묻을 수가 없는 것이다. 그동안 우리는 제대로 된 조문을 할 수 없었던 수많은 죽음을 보아왔다. 묻지ask 못하게 하고 서둘러 묻어버리려는bury 죽음들도 많았다. 저렇게 윤기가 흐르던 귀여운 아기 양은 어쩌다 어미를 떠나게 된 걸까. 자식의 사인死因은 어미에게 과연 납득할 만한 것이었을까. 자식의 죽음은 이유가 무엇이든 납득할 수 없는 것이겠지만, 이유조차 알지 못한다면 도저히 보내지 못할 것이다. 그래서 함께 물어주어야 한다. 그것이 우리가 조문이라는 아득한 단어에 '물을 문'을 넣어둔 이유다. '조(弔)'는 '활궁(弓)'에 '뚫을 곤(丨)'이 합쳐진 글자다. 부모의 시신을 파먹는 독수리를 본 아들이 활을 쏘았고, 이를 본 친척들도 활을 가지고 와서 밤새워 시신을 지켜준 것이 문상의 유래라는 설이 있다. 조(弔)는 그렇게 활로 시신을 지킨다는 의미로 만든 글자다. 쉥크의 그림 속에는 문자 그대로 조문이 없다. 까마귀 떼로부터 작은 주검을 지켜줄 활도, 곁에서 물어주는 이도 없이 혼자 절규하는 어미의 모습이 더욱 비통하게 느껴진다.

신형철 평론가의 강의를 듣다가 굉장히 인상적인 프랑스 인사말을 만난 적이 있다. "무엇으로 고통받고 있나요?Quel est donc ton tourment?" 불어는 마카롱과 마크롱 정도밖에 모르는 나로서는 어떻게 읽는지조차 모르겠는데 '안녕?'과 같은 의미라고 했다. 이 인사말의 의미를 꺼내 들었던 철학자 시몬 베유의 문장이자, 이 문장으로 시작하는 시그리드 누네즈의 소설 제목이기도 하다고. 그렇게 타인의 고통을 묻고, 답을 듣고, 공감을 하는 것이 인사의 의미였구나 하고 새삼스레 깨달았다. 기쁨은 딱히 묻지 않아도 좋은 감정이다. 섬세히 묻지 않고도 그 사람이 발산하는 기쁨의 파장 안으로 뛰어들 수 있다. 하지만 슬픔은 섬세히 물어도 공명이 어려운 감정이다. 각자가 가진 슬픔의 회로는 지극히 개인적이고 내밀하기 때문이다.[5] 사람들의 기쁨에는 교집합이 많지만, 우리가 슬픔을 느끼는 지점과 거기에서 벗어나는 방법은 각자의 고유한 식을 가진 함수 같은 것이다. 그저 물을 수밖에 없다. 물어도 닿지 않을 확률은 높지만 혼자 슬퍼하지 않기를 바라는 마음만은 닿을 것이기에.

인간은 본질적으로 슬픈 존재다. 나쓰메 소세키의 《나는 고양이로소이다》 안의 어린 고양이도 말한다. 무사 태평하게 보이는 사람들도 마음속 깊은 곳을 두드려보면 슬픈 소리가 난다고. 그러므로 그 슬픈 소리를 듣고, 어디에서 울음소리가 나는지 묻고, 다정하게 어루만져 줄 사람들이 필요하다. 서로에게 기댄 '사람 인(人)'의 모양처럼, 서로에게

---

5 《슬픔을 공부하는 슬픔》에서 신형철은 타인의 슬픔에 대해서라면 인간은 자신이 자신에게 한계라고 했다.

몸과 귀를 기울이고 어깨를 빌려주며 버티게 해줄 존재가. 고통은 작은 것도 큰 것도 가벼운 것도 무거운 것도 없이 모두 그저 아픈 것이다. 곁에 있는 이들이 그 아픔을 속속들이 알 수는 없어도, 손을 뻗어 눈물을 닦아줄 수는 있다.

나는 사람 인이라는 글자에서 상형문자의 아름다움을 본다. 그 안에는 인간 존재의 본질, 그리고 슬픔의 기호학이 들어 있다. 인간은 본질적으로 슬픈 존재라는 것, 하지만 함께 기대면서 아픔을 나누다 보면 그렇게 또 살아갈 수 있다는 것을 알려주는 글자다. 나이를 먹으면 눈이 점점 나빠지지만 슬픔을 보는 눈은 차츰 밝아진다. 노안이 오는 이유는 남의 허물을 너그럽게 넘겨주라는 뜻인 것 같고, 노안에도 불구하고 슬픔이 더 잘 보이는 이유는 필요한 곳에 가서 같이 아파하며 손잡아 주라는 뜻인 것 같다. 나이를 먹어 힘이 빠진 어깨, 좀 더 둥글둥글해진 어깨를 빌려주고 함께 울어주라고. 그렇게 사람ㅅ으로 살라고.

월터 랭글리, 슬픔이 슬픔에게

사람 인 자 모양의 슬픔에 관한 그림으로 월터 랭글리

월터 랭글리, 〈저녁이 가면 아침이 오지만 가슴은 무너지고〉, 1894년

의 〈저녁이 가면 아침이 오지만 가슴은 무너지고〉[6]를 함께 보고 싶다. 두 사람이 서로 기댄 채 슬픔을 통과하고 있는 그림이다.

---

6 그림의 원제는 〈Never Morning Wore to Evening but Some Heart Did Break〉인데, 이 긴 제목은 랭글리가 영국 시인 테니슨의 시집《아서 헨리 핼럼을 추모하며(In Memoriam A.H.H.)》속 연작 시에서 따온 것이다.

동이 터 잔잔하게 빛나는 바다를 등 뒤에 두고 슬퍼하는 두 여인이 있다. 등대 불빛이 아직 꺼지지 않은 것을 보니 새벽인 듯한데, 조업을 나가 밤새 돌아오지 않는 사람을 기다렸나 보다. 간밤에 날뛰며 생명을 삼켰을 바다는 아무 책임도 없다는 듯 곱게 금박을 입고 순진무구한 아이처럼 반짝거린다. 울고 있는 여인 옆으로 검은 폭포처럼 드리운 그물이 꼭 절망적으로 흘러내리는 마음 같다. 여인들의 옷에는 가난이 네모나게 기워져 있고, 신발 밑창은 배고픈 자식처럼 입을 벌렸다. 주변으로는 팍팍한 삶을 영위하기 위한 도구들이 보인다. 나이 든 여인의 무릎 위에 놓인 뜨개질거리가 시선을 끈다. 간절히 기다리면서도 손을 쉬지 못했던 것 같다. 랭글리의 다른 그림 〈배를 기다리다〉에서도 손으로는 연신 뜨개질을 하면서 눈은 수평선에 못 박혀 있는 여인의 모습을 볼 수 있다. 이곳의 여인들은 남자들에게 그물을 쥐여 물에 보내놓고 자신들은 쉴 새 없이 바늘을 놀려 작은 그물을 짰던 것 같다. 폭풍은 지나가고 고요해졌지만 두 사람의 마음에는 여전히 거센 폭풍이 휘몰아치고 있다.

　그림에는 젊은 슬픔과 나이 든 슬픔이 있다. 젊은 여인의 가려진 얼굴에는 아마도 슬픔이 흥건할 것이다. 나이 든 여인의 얼굴에는 슬픔으로만 단정할 수 없는 여러 겹의 감정이 보인다. 고통의 미간, 슬픔의 눈가, 인고의 입매를 가진 얼굴. 슬픔, 위로, 고통, 허탈, 애달픔 같은 것이 뒤섞여 한마디로 표현하기 어려운 표정이다. 짐작컨대 그로서는 처음 겪는 상실이 아닐 것이다. 새로 떨어지는 나뭇잎이 아프지 않도록 이미 떨어진 낙엽들이 부드럽게 안아주는 모습을 마당에서 보았다던 지인이 있었다. 그렇게 앞선 추락이 새로운 추락을 보듬듯, 상실을 경험해본 마음이 새로운 상실을 안아준다. 젊은 여인의 마음이 왼쪽에 놓인 그물처럼 시커멓게 헝클어져 힘없이 쏟아져 내리고 있다면, 나이 든 여인의 마음은 오른쪽에 놓인 낡은 돛대를 닮았을 것이다. 되풀이되는 고통과 슬픔을 둘둘 말아 걸쳤을지언정 곧고 단단하게 뻗어 바다를 응시하고 있는.

'사람 인'의 형상으로 붙어 있는 둘을 본다. 슬픔이 슬픔에게 말을 건네고 슬픔이 슬픔을 어루만진다. 쏟아지는 그물을 바구니가 받아주듯, 쏟아지는 마음을 받아주는 다른 마음이 있다. 낮은 돌벽으로 둘러싸인 공간은 또 다른 커다란 바구니 같은 느낌을 준다. 그 안에 슬픔이 찰랑거린다. 똑같이 미칠 것 같은 상실을 담았지만 이 그림은 쉥크의 슬퍼하는 어미 양처럼 심장에 무리를 주는 작품은 아니다. 둘이 있기 때문이다. 함께 슬퍼하는 다른 이가 있기에, 보는 사람도 왠지 모를 위로를 받는다.[7] 두 사람의 등 위로 슬프고도 따뜻한 햇살이 비친다.

가장 무해하고 맑게 자리하는 것

월터 랭글리는 19세기 영국에서 산업화가 진행되던 빅토리아 시대, 즉 노동계급이 분화되어 절대다수를 차지하던 시기에 태어나 활동했던 사실주의 화가다. 이 시기 노동자들은 대부분 비인간적 환경에서 과도한 노동에 시달렸고, 저임금에 허덕이며 간신히 하루를 연명하는 수준으로 사는 경우가 많았다고 한다. 랭글리는 이들을 화폭에 담았다. 공장, 광산, 농촌, 도시 등 당시 노동자들이 생존을 걸었던 다양한 삶의 터전 중에서 특별히 랭글리의 시선이 꽂힌 곳은 어촌이었다. 그는 뉴린Newlyn이라는 바닷가 마을에 정착해 어민들의 고단한 삶을 캔버스에 담았는데, 그림마다 어민들의 근심이 안개처럼 끼어 있고 눈물이 축축하다. 하

---

7   하지만 그 위로와 별개로 부디 돌아왔으면 좋겠다. 생명을 삼키는 바다를 더는 보고
     싶지 않은 마음이 우리 안에는 씨앗처럼 박혀버렸다.

지만 그의 그림에는 은은한 삶의 의지, 거친 삶 속에서 다져진 강인함과 연대의 마음 같은 것들이 비릿하게 빛난다. 무너지는 슬픔이라기보다 그럼에도 불구하고 버티며 살아가는 슬픔이다.

랭글리의 작품들은 그 자체로 슬픔을 향한 공감이다. 20세기 독일의 대표적인 극작가이자 시인이었던 베르톨트 브레히트는 〈서정시를 쓰기 힘든 시대〉에서 바닷가의 산뜻한 보트와 즐거운 돛단배들이 자기에겐 보이지 않는다고, 자기에게는 그저 어부들의 찢어진 어망이 눈에 띌 뿐이라고 말한다. 생기발랄한 젊은 여인들을 두고 왜 자꾸 나는 나이 든 소작인의 처가 허리를 구부리고 걸어가는 것에 관해서만 이야기하는지 모르겠다면서 자조적인 한탄도 덧붙인다. 하지만 고백한다. 결국은 그런 것들이 시를 쓰게 한다고. 비록 다른 세기에 살았지만 브레히트와 랭글리는 같은 곳을 바라보는 눈과 비슷한 온도의 심장을 가졌던 것 같다. 둘의 만남을 상상해본다. 너무 야만적인 시대에 사느라[8] 서정시 쓰기가 참 힘들었다고 말하는 브레히트 옆에서 랭글리가 "그 마음 알죠. 나도 근심 걱정 없는 아가씨들의 예쁜 미소를 그리고 싶었는데, 나이 든 바닷가 여인들이 슬프게 우는 모습이 어쩐지 더 눈에 띄더군요" 하며 한숨을 쉬었을 것 같다. 그러고는 아마 덧붙일 것이다. "세상이 좀 나아질 줄 알았는데, 그 시대에도 여전히 그랬나 봐요?"

　나는 랭글리나 브레히트같이 슬픔을 보는 눈이 밝은 사람이 좋다. 슬픔은 인간이 느끼는 감정 가운데 가장 맑은 감정이라고 생각한다. 웃음은 사실 검은 주머니에서 나오는 경우가 많다. 18세기 영국 철학자 토머스 홉스가《리바이어던》에서 웃음을 정의한 걸 보면 마음이 무척 불편해진다. 홉스는 "나의 어떤 갑작스러운 행동이 스스로를 유쾌하게 만들 때(어른도 트램펄린 위에서 점프할 땐 웃음이 나오는 법이다), 혹은 타인에게서 흉함이나 열등함을 발견하고 그것을 나와 비교해서 갑자기 자찬하는 마음이 생길 때" 나오는 게 웃음이라고 한다.[9] 반박할 수 없는 이 불편한 정의 앞에서 나의 웃음을 돌아본다. 옆에서 수평적으로 어깨를 안는 슬

8　브레히트는 언급한 시에서 "꽃피는 사과나무에 대한 감동과/ 엉터리 화가에 대한 경악이/ 나의 가슴속에서 다투고 있다/ 그러나 바로 두 번째 것이/ 나로 하여금 시를 쓰게 한다"라고 쓰고 있는데, 여기에 등장하는 엉터리 화가는 히틀러를 뜻한다. 히틀러는 한때 화가가 되기를 꿈꾸며 그림을 그렸다.

9　《도덕의 계보》에서 니체가 내리는 웃음의 정의도 결이 비슷하다. "사람들의 불행을 기뻐하는 것, 그래도 선한 양심을 가지고."

품과는 달리, 웃음에는 분명 주체들의 수직적 높낮이가 따른다. 코미디언의 몸 개그는 말할 것도 없고, 아이들 재롱을 보며 웃는 것도 따지고 보면 내가 우위에서 내려다보는 것이다. 아직 서툴고 부족한 그들의 말과 몸짓이 우습고 대견하기 때문에 우리는 깔깔 웃음을 터뜨린다. 정호승 시인의 〈슬픔이 기쁨에게〉라는 시를 읽기 전까지 나는 기쁨의 차가운 이면을 제대로 실감하지 못했다. 시인은 우리가 가난한 할머니에게서 귤값을 깎을 때 느끼는 감정이 기쁨이라는 잔인한 사실을 전한다. 기쁨은 따뜻하고 빛나는 감정일 것 같지만 의외로 차갑고 어두운 면이 있다. 반면에 슬픔은 인간의 감정 가운데 타인에게 가장 무해한 감정이다. 아픈 사람들 곁에 늘 맑게 자리한다. 쓸데없이 유구한 역사를 자랑하는 '서정시를 쓰기 힘든 시대'에 늘 조용히 따라다니며 세상을 어루만지는 감정이다. (그런데 서정시를 쓰기 좋았던 시대란 건 과연 존재했을까?)

슬픔은 힘이 세다[10]

사람들은 대체로 슬픔을 내보이는 일을 즐기지 않는

다. 슬픔이 나약함과 동의어라고 생각하는 사람도 제법 있는 것 같다. 어른이 될수록 슬픔은 꼬깃꼬깃 접어서 맨 아래 서랍에 숨기듯 넣어놓고 애써 밝은 척, 아무렇지 않은 척 해야 한다고 믿기도 한다. 꼭 어른이 아니라도 그렇다. 울면 안 된다고, 산타 할아버지가 선물을 안 주신다고 경고하는 노래는 아직도 12월이면 더할 나위 없이 경쾌하게 아이들을 협박한다. 세상의 많은 아이들, 특히 소년들이 슬픔은 강함이 아니라고 배운다. 남자 새끼가 뭐 이런 걸로 울어. 새끼 남자든 어른 남자든, 이 세상은 남자가 태어나서 울 횟수까지 박하게 정해놓았다. 하지만 사람은 잘 울어야 한다고 생각한다. 눈물이라는 수분이 있어야 마음도 부드럽게 썩어 흩어지는 것 같다. 말라비틀어진 빵 조각이 그렇듯, 수분 감이 없는 것들은 잘 썩지 않는다.

잘 말린 꽃의 아름다움을 모르는 것은 아니지만, 그런 꽃들을 앞에 두고 볼 때면 종종 박제된 동물을 볼 때의 서늘함을 느끼기도 한다. 마치 한이 남은 것 같기도 한 형체. 나는 많이 울어 흘려보내고 응어리진 것은 풀고, 그렇게 부드

10   유자효의 시 〈슬픔〉에서 가져옴.

럽게 잘 썩어 거름이 되고 싶다. 슬픔이 멋쩍고 약한 것이라 여겨 사람들이 서둘러 슬픔을 치우지 않았으면 좋겠다. 우리는 빨리 치유되려고 서두르다 스스로를 망치고 더 병들게 한다. 자꾸만 마음을 다잡으려 하지 말고 슬플 땐 충분히 슬퍼하면 좋겠다. 에리히 캐스트너의 시 〈슬퍼할 용기Mut zur Trauer〉 속 문장처럼 슬픔은 당신의 소중한 생명을 갉아먹지 않는다.

　　세상은 상대적으로 여성의 눈물에 관대했지만 (적어도 '여자가 뭐 그런 걸로 울어'라는 말은 없었으므로) 그것은 여성들이 눈물 흘릴 일이 더 많아서였을지도 모른다. 아무래도 약자로 살아온 세월이 길었고, 아직도 많은 부분 세상은 변하지 않았기 때문에. 슬픔이 많은 사람들은 잘 우는 만큼 마음이 말랑하고 생각이 촉촉하다. 은유 작가는 《쓰기의 말들》에서 여성학자 정희진의 글을 인용하며 '모욕, 불편, 고통이 일상'인 사회적 약자의 힘을 이야기한다. 그에 따르면 넓은 의미의 주부들과 몸을 움직이는 사람들은 문학, 철학, 사회학 등의 텍스트 이해가 빠르고 정확한 편이라고 한다. 아이를 낳고 살림을 하는 건 다른 사람과 계속 부대끼며 나를 낮추고 다양한 감정을 나누는 일이다. 이에 비해 자신만의 세계에서 제한적 관계를 맺으며 공부만 했거나 주로 '갑'의 위치에서 대접받고 산 전문직 종사자들의 경우, 이런 인식이나 섬세한 표현에 취약하다는 것이다. 특히 시를 어려워하는데, 아마도 슬픔과 기쁨, 전율이나 울분 등 다양한 정서 작용으로 '내면의 지층'이 쌓일 기회가 적었기 때문일 거라고 은유 작가는 말한다. 돌봄의 경험과 슬픔의 지층이 두꺼운 여성들에게는 머리가 아닌 몸으로, 이성보다는 직관으로 넓혀둔 이해의 샘이 있는 것이다.

남성들의 헤아릴 수 없는 슬픔을 폄하하려는 것이 아니다. 내 지인 중에서 가장 눈물이 많은 사람은 남자고, 나는 그가 시도 때도 없이 흘리고 다니는 눈물이 고맙다. 여성이 약자임을 강조하고 싶은 것도 아니다. 그건 살짝 지겹다. 내가 말하고 싶은 것은 단지 슬픔의 힘이다. 신체적인 강함이나 사회적 힘의 여부와 관계없이, 슬픔을 가진 사람들의 힘은 세다는 얘기를 하고 싶었다. 그러므로 눈물을 중하게 여기고, 슬픔을 나약함으로 보지 말라는 얘기를.

이 세상을 보다 살 만한 곳으로, 보다 아름다운 곳으로 바꾸는 건 기본적으로 슬픔이다. 크고 강한 슬픔일 필요도 없다. 작고 부서지기 쉬운 슬픔들도 별처럼 이슬처럼 술잔처럼 빛난다. 나는 세상을 슬픔으로 인식하는 사람들이 눈물로 세상을 씻어내기에 이 세상이 조금 더 맑아진다고 생각한다. 꼭 거창하게 정화나 치유라는 단어를 갖다 붙이지 않더라도 그냥 슬픔을 표현할 수 있는 사람들이 좋다. 어여쁜 친구들이 못생긴 얼굴을 하고 울 때, 그 이유를 묻고 곁에 있어줄 수 있는 것은 슬프고도 행복한 일이다. 나는 사실 내 아이가 우는 얼굴을 웃는 얼굴 못지않게 좋아한다. 속상함이 터져 나오는 그 본질적인 감정의 순간을 깊이 사랑한다. 왜 우는지 이유를 들어보고 마음을 만져주고, 그 이유를 서투르게라도 바로잡아 놓고 나면 세상은 한결 따뜻한 곳이 되어 있다.

슬픔은 힘이 세다. 최근에 나는 우유를 생산하기 위해 소들에게 계속 임신 상태를 유지시킨다는 사실을 알게 되었다. 하긴 그렇겠지. 포유류의 자연법칙을 떠나 항상 젖을 생산해내는 동물이 있을 리가 없는데, 젖소라는 이름이 일으킨 착시였을까? 슬펐다. 인간들이 하고 있는 일, 나도 모르게 하고 있었던 일을 알게 되면 슬프다. 원치 않는 임신이라는 키워드에 민감했는데, 원치 않는 임신으로 생산한 우유에는 둔감했다. 나는 슬퍼서 우유 소비를 줄이기로 했다. 버터나 치즈까지는 좀 어렵더라도 두유나 아몬드 밀크를 마시기로. 기쁨이 나를 바꾸는 일은 그리 많지 않지만 슬픔은 종종 나를 바꾼다. 그래서 슬픔은 힘이 세다.

슬픔의 힘이 세다는 것을 알아본 철학자들도 있다. 원래 서양철학의 전통에서 슬픔은 정념情念에 해당하는 것으로, 이성과는 대립적인 것으로 여겨졌다. 슬픔은 우리가 이성을 사용해 합리적인 추론을 하는 것을 방해하는 요소라고 생각했던 것이다. 따라서 그저 신체에 기반한 감정의 일부로서, 인간이 이론적 오류를 범하는 원인이 될 수 있다고 여겨 부정적으로 보는 것이 지배적이었다. 그러나 근대 철학의 이런 이성적 세계관에 정면으로 도전하는 쇼펜하우어 같은 철학자가 나타나기 시작했고, 더 나아가 키르케고르는 기존에 정념으로 분류되었던 많은 것들, 이를테면 권태나 불안, 슬픔, 절망, 질투 같은 것들을 가져다 바닥에 깔아 두고 자신의 실존주의 철학을 구성한다. 그는 기쁨은 지나가는 것이지만 슬픔은 지속되는 것이므로, 인생관을 슬픔에 정초하는 사람은 보다 단단한 기초 위에 세우는 것이라고 했다. 또한 만일 내게 박혀 있는 슬픔의 가시를 뺐냈다면 나는 죽었을 것이라고 고백하면서 슬픔의 중요성을 눈여겨 보고, 이를 인간 실존의 범주에 두려는 움직임을 보였다.

맹자 같은 사상가는 오히려 슬픔을 인간의 핵심적 감정이자 연대의 중요한 동력으로 파악한다. 그는 "불쌍히 여기는 것은 인仁의 근본이자 실마리이며惻隱之心 仁之端也, 측은히 여기는 마음이 없다면 사람이 아니다無惻隱之心 非人也"라고 주장한다. 맹자의 인간론에서 가장 기본값이 되는 것이 바로 측은지심인데, 그는 타인을 측은히 여기고 주변의 슬픔을 살피는 이 마음을 통해 사람의 행동이 바뀌고 더 나아가 사회가 바뀔 수 있음을 짚어낸다. 남의 불행을 무심히 보아 넘기지 못하는 마음, 뭉클하게 마음이 쓰이는 과정을 통해 우리가 서로 연대하고 더 나은 세상을 만들 수 있다는 것이다.

한번은 제나라의 선왕이 제사에 사용될 소가 끌려가면서 구슬피 저항하는 것을 보았다. 이를 안쓰럽게 여긴 그는 소 대신 양으로 제물을 바꾸라 명한다. 이것을 두고 맹자는 선왕에게 "왕께서 소와 양을 차별하신 것은, 소는 직접 보았지만 양은 보지 못했기 때문입니다"라고 말하며 짐승에게까지 미치는 왕의 은혜가 백성에게는 미치지 않는 이유가 무엇인가를 묻는다. 더 나아가 "저울에 달아보아야 무게를 알 수 있고 자로 재어보아야 길이를 알 수 있습니다. 어떤 사물이든 그렇지만 마음은 더욱 그렇습니다. 왕께서는 제발 헤아려보십시오"라고 충고한다. 소의 슬픔을 살피듯 백성들의 슬픔을 부디 직접 살펴 느끼라는 말이다. 좋은 마음을 키우기 위해서는 주위에 눈을 돌리고 세상 사람들의 곤경과 고통과 슬픔을 부지런히 보아야 한다는 것이다.

맹자는 이런 측은지심이 내 가족에게 일어나는 일, 내 이웃에게 일어나는 일, 전혀 안면이 없는 타인에게 일어나는 일로 점점 범위가 넓어지면서 생기는 연대와 사회 변화의 가능성에 주목한 사상가다. 명절 내내 앞치마를 벗지 못하는 엄마를 보면서 슬픔을 느낀다면 내가 무심하게 누려왔던 편안이나 특권을 되돌아보게 되고, 바깥일을 마치고도 고단한 몸으로 전을 부치고 있던 이웃집 아주머니에게로 생각이 뻗어가고, 결국은 전체적인 사회의 관습과 제도를 살피는 마음이 되는 것이다. 맹자는 이렇게 슬픔이 결국 의義라는 개념에 닿아 사회의 불의를 바로잡는 바탕이 된다는 사실을 알았다. 그에게는 슬픔이야말로 힘이 센, 인간 본성의 씨앗이었던 것이다.

그늘을 읽는 일

슬픔은 부지런하고 현명한 자들의 몫이기도 하다. 나이가 들수록 슬픔이 더 잘 보이는 이유는 일의 명암이 더 잘 보이기 때문이기도 하다. 예를 들면 좋아하는 사람이 생긴 사춘기 아이를 바라보는 부모의 마음이 기쁘면서도 살짝 슬픈 것처럼. 아이가 생의 황홀한 순간을 통과하는 모습을 보는 일이 기쁘지만, 그 애정에 반드시 수반될 불안과 아픔 같은 것을 알기 때문에 마음이 살짝 저리는 것이다. 슬픔은 그렇게 스스로가 감정이면서도 다른 감정들의 명암을 살핀다. 모르다가 알게 되는 것, 몰랐기에 후회되는 것, 이제는 알기에 예견되는 것들이 많아서 슬픔은 더 깊어진다. 그러므로 슬픔은 현명함과 통한다.

어른이 되면 자연스레 슬픔의 영역이 늘어나지만, 영역의 확장이 저절로 일어나지만은 않는다. 슬픔을 감각하는 능력을 부지런히 키우는 것은 어른의 책무이기도 하다. 신형철 평론가가 '슬픔을 공부하는 슬픔'을 말한 것도 비슷한 맥락일 것이다. 그는 인간이 배울 만한 가장 소중한 것과 인간이 배우기 가장 어려운 것은 정확히 같은데, 그것은 바로 '타인의 슬픔'이라고 했다. 미처 체험하지 못한 데서 오는 우리의 무지와 한계를 지적했던 맹자와 제선왕의 일화를 여기서 다시 떠올려도 좋겠다. 뒤에 오는 이들에게 눈물로 씻어낸 조금 더 맑은 세상을 전해줄 의무가 있다고 생각하는 사람들은 그래서 '모르는 사람의 그늘을 읽는 일'을 '할 일'로 여긴다.

올 여름의 할 일은

모르는 사람의 그늘을 읽는 일

느린 속도로 열리는 울음 한 송이

    김경인 시인의 〈여름의 할 일〉에서 가장 좋아하는 부분이다. 송이라는 단위성 의존명사가 붙는 대상에는 다 향기가 난다. 그래서 시인이 울음에 '송이'라는 낯선 단위를 붙인 걸까. 모르는 사람의 그늘을 읽는 일을 한 계절의 할 일로 마음에 담아두고 살핀다면 우리는 울음 한 송이의 향기를 아는 사람이 될 수 있을 것이다. 그 곁에서 빙그레 웃음 짓는 맹자 할아버지가 보이는 듯하다. 셰익스피어의《리어왕》에는 다음과 같은 말이 있다. "슬픔은 가장 사랑스러운 보석일 거요. 모든 사람이 그리 아름답게 슬픔을 착용한다면."

    사실 슬픔은 약함이 아니라 강함이다. 차가움이 아니라 따뜻함이다. 보잘것없는 감정이 아니라 위대한 감정이다. 모든 슬픔이 강함은 아닐지라도, 슬픔과 약함보다는 슬픔과 강함 사이의 연결통로가 훨씬 많고 단단하다. 한 존재가 다른 존재를 깊이 이해하는 순간은 상대의 행복에 공감하는 순간이 아니라, 상대의 슬픔에 공명하는 순간이다. 슬품을 맑게 간직하고, 세상을 씻는 눈물로 잘 울어줄 수 있는 딸들이 되면 좋겠다. 아들들도 눈치 보지 말고 마음껏 울고 아파하며 함께 세상을 위로해갈 수 있으면 좋겠다. 그렇게 세상의 그늘을 읽고 서로의 슬픔을 바라보며 사람으로 살 수 있으면, 슬픔은 기쁠 것이다.

02

서투름

인간을 가장 인간답게 만드는 것

야코비데스의 아이들

햇살이 비쳐 드는 오렌지빛 오후. 벽난로에 기대앉아 뜨개질을 하던 할머니 앞에 맨발의 꼬마 음악가들이 늘어섰다. 트럼펫, 하모니카, 작은북, 세 가지 악기로[1] 이루어진 단출한 콘서트지만 우리는 그림 안에 꽉 찬 달콤한 불협화음을 상상할 수 있다. 서투르기 그지없는, 하지만 자신감 넘치는 소리. 할머니는 이 엄청난 소리로부터 멀리 달아나고

---

1 화가가 같은 제목으로 10여 년 뒤에 그린 작품에는 네 명의 꼬마 음악가가 등장하는데, 적절한 악기를 갖지 못한 한 꼬마는 빨간 물뿌리개를 색소폰 삼아 볼이 **빵빵**하도록 불고 있다.

게오르기오스 야코비데스, 〈아이들의 콘서트〉, 1890년

싶다는 듯 몸을 비틀고 귀를 틀어막았다. 졸다가 불의의 습격을 당한 것인지 아니면 들고 있던 뜨개질 거리를 내팽개치고 귀를 막은 것인지, 실 꾸러미가 저만치 굴러가 버렸다.

　이 사랑스러운 꼬마 밴드를 자세히 살펴보자. 보는 이의 시선에서 가장 앞쪽에 의젓하게 모자까지 갖춰 쓴 어린이가 보인다. 넓게 벌리고 선 다리에 살짝 내민 아랫배. 작은북을 연주하는 작은 몸에 단단하게 자신감이 찼다. 탄력 있는 동그란 뺨과 살짝 입을 벌린 듯한 턱선이 아이답고 사랑스럽다. 그 옆에 선 어린이는 하모니카를 부는 것 같다. 이 꼬마도 전혀 위축된 느낌 없이 조그만 맨발을 편안히 벌리고 섰다. 한쪽 어깨를 약간 기울인 채 연주에 폭 빠진 느낌인데, 악기를 잡은 귀여운 손가락이 꼭 국화꽃 봉오리 같다. 머리카락이 보송보송하고 이마가 동그란 트럼펫 연주자에게서는 유일하게 표정이 보인다. 장난기 없이 진지해 보이는 시선을 중요한 관객인 할머니에게 고정하고 있는데, 빵빵한 볼 만큼이나 자신감도 빵빵해 보인다. 가장 시끄러울 것 같은데 제일 도전적인 자세로 할머니 귓가에 악기를 들이댄 점이 특별히 더 사랑스럽다. 창가에 앉아 바라보는 꼬마 청중은 한없이 즐거운 표정이다. 지금 그림을 바라보는 사람들 표정도 아마 비슷할 것이다. 실은 괴로워하는 할머니 입매에도 슬쩍 웃음이 걸려 있다.

게오르기오스 야코비데스Georgios Jakobides는 1853년 오스만 제국에서 태어난 화가로, 현재의 그리스 레스보스 섬 출신이다. 일상을 그린 장르화로 유명한데 특히 천진한 아이들의 모습을 즐겨 그렸다. 그의 그림 속에는 울고 웃으며 자라나는 아이들과 그런 아이들의 서투름을 받아주는 어른들이 등장한다. 시끄럽다고 야단치는 할머니, 그게 뭐냐고 핀잔 주는 할아버지 곁의 아이들이라면 저토록 사랑스러운 콘서트를 기획하고 실행에 옮기기는 어려울 것이다. 음이 정확하고 박자가 맞아야 한다고 정색하는 어머니, 악기 연습을 열심히 해야 한다며 윽박지르는 아버지 곁의 아이들이라면 저렇게 자신감 있고 편안한 모습일 리 없다. 아이들이 서투를 수 있는 시간과 공간을 충분히 주는 어른들 곁에서 아이들은 새싹처럼 쑤욱 발돋움을 한다.

야코비데스의 그림 속 아이들은 자기들 방식대로, 좋아하는 어른을 흉내 내며 자란다. 벌써 노안이 온 것은 아닐 텐데 안경을 코끝에 걸치고 할머니처럼 신문을 들고 앉은 소녀가 있다. 그럴듯하게 다리를 꼬고 입술을 쭈욱 내밀어 할아버지 파이프를 물어보는 소년도 있다. 엄마처럼 되고 싶다고 커다란 하이힐을 신고 걸어보던, 삼촌처럼 슈퍼맨이 되고 싶다고 보자기를 두르고 뛰어다니던 어린 시절의 우리가 생각나 미소가 번진다. 야코비데스는 뮌헨에서 17년간 살면서 명성 있는 화가로 활동했지만, 그리스 정부가 본국으로 돌아와 아테네에 국립 미술관을 세우는 일을 맡아주기 바라자 그 요청을 받아들였다. 그리스 문화계의 큰 어른이었을 그는 특히 젊은 예술가들이 개성을 쫓아 꿈을 펼쳐볼 수 있도록 지원했다고 한다. 뒤에 오는 이들이

좌 게오르기오스 야코비데스, 〈신문 읽는 소녀〉, 1882년
우 게오르기오스 야코비데스, 〈할아버지의 새 파이프〉, 연대 미상

마음껏 서투를 수 있는 기회를 준 것이다. 야코비데스의 그림 안팎에서 서투름은 편안히 숨 쉴 공간을 찾은 셈이다.

서투름이 빛나는 이유

우리는 대체로 서투름에 비호의적이다. 나 역시 오랫동안 최선을 다해 그저 '나쁘지 않은' 것으로 생각하려 했을 뿐, 서투름 그 자체를 '좋은' 것으로 보지는 못했다. 포용해 줄 수 있어야 하는 것, 격려의 대상. 기껏해야 그 정도였다. 그러다가 희한한 점을 발견했다. 포용, 격려라는 단어에서 알 수 있듯이 서투름이란 단어를 두고는 항상 나의 서투름이 아닌 너의 서투름을 상정한다는 사실을 깨달았던 것이다. 나는 무엇이든 잘하는 쪽, 능숙한 쪽, 위에서 내려다보는 쪽에 스스로를 갖다 두고 있었다. 무의식 중에 상대의 미숙함을 탓할 준비를 하고 있었구나 싶어 겁이 났다. 스스로 가장 많이 서툴렀을 젊은 날에 나는 서투름을 가장 낮잡아 보고 기피했다.

　　서투름을 이렇게 반사적으로 경계했던 것은 서투름을 잘못의 영역, 실패의 영역에 두었던 사회적 시선과 무관하지 않을 것이다. 시간이 내 눈가를 솔질하고 지나가면서 가장 달라 보이는 것이 서투름이다. 어느 순간부터 귀엽고 정겹게 보이기 시작했다. 지금은 귀여운 차원을 떠나 아름답고 귀하다고 생각한다. 서투름은 인간의 본질을 품은 단어다. 인간을 가장 인간답게 하는 것. 인간이 신과 다르고 인간이 AI와 다른 부분, 그 교집합에 있는 것이 바로 서투름이다.

　　천선란 작가의 《천 개의 파랑》, 김영하 작가의 《작별

인사》 같은 SF 작품을 읽으면 인간다움의 핵심은 무엇일까 고민하게 된다. 호모 사피엔스가 자랑스럽게 여겨온 인간의 지능이나 이성은 이제 AI, 즉 인공지능의 방대한 네트워크와 효율적인 정보 취합 능력에 맞서기 어려워 보인다. 그렇다면 인간으로서의 본질적 특징은 오히려 감성이나 감정 쪽에 있는 것일까? 앞서 언급했던 매들린 밀러의 《키르케》를 보자니 그건 아닌 것 같았다. 이 작품에서 희로애락의 감정은 신들에게서 200배쯤 강하게 표출되고 있었다. 그들이 노하면 세상천지가 들썩이고, 그들이 기쁘면 세상이 금빛이나 무지갯빛으로 빛났다. 하지만 그들에게 없거나 부족한 감정이 눈에 띄었다. 죄책감, 수치심, 회한, 양가감정 같은 것들. 그 이면에는 서투름의 존재 여부라는 차이가 심해처럼 존재했다.

서투름이 인간을 약하게 만들지만, 서투름이 또다시 인간을 강하게 만드는 모습을 나는 신화와 SF 양쪽에서 목격한다. 《천 개의 파랑》에서는 들쑥날쑥한 인간의 태도라든지 힘의 차이 때문에 로봇에게 일자리를 빼앗기는 인간들이 있지만, 약함과 서투름은 결국 파랗게 빛나는 아름다운 연대를 만들어낸다. 《키르케》에서는 서투름이 성장이나 변화와 맺는 관계가 더 강렬하다. 인간들은 서툴러서 이리저리 구르며 고전하는 반면, 소설 속 신들에게는 아예 상처라는 것이 없다. 그들의 황금빛 피부는 늘 티 없이 매끄럽게 빛나고, 전능한 힘을 가진 그들은 서투름 속에서 고전하지 않는다. 일견 부러워 보이지만 과연 그게 부러운 일일까? 여신 키르케가 인간인 오디세우스의 상처를 바라보는 장면이 있다. 여신은 그가 통증을 참아내는 모습을 바라보고, 그의 우툴두툴한 흉터를 쓰다듬는다. 흉터를 없애주겠다는 말에 오디세우스는 고개를 저으며 말한다. "그러면 무슨 수로 제가 저를 알 수 있겠습니까?" 그 말을 듣고 키르케는 기뻐한다. 그리고 다음과 같이 생각한다. "그 흉터들은 그에게 잘 어울렸다. 그는 인내하는 오디세우스였고 그 이름이 그의 살갗에 꿰맨 자국으로 새겨져 있었다. (⋯) 여기, 세상을 구경한 남자가 있구나. 이야깃거리가 많은 선장이 있구나."

인간을 인간답게 하는 것은 무엇인가라는 물음은 《작별인사》를 관통하는 문제의식 중 하나이기도 한데, 소설 속에서 인간의 본질 곁에 맴돌던 말들인 '삶의 유한성'이나 '이야기' 같은 것들을 나는 오디세우스의 흉터에서 다시 떠올렸다. 흉터나 상처, 주름 같은 것은 어떤 이야기의 주인공으로 세상을 구경하며 시간을 건너 살아온 흔적들이다. 노력과 인내의 표시이기도 하다. 우리는 울퉁불퉁한 발레리나의 발에 감동하고 상처투성이인 장인의 손에 감탄한다. 인간은 불사의 능력과 전능함을 부러워하지만, 신은 바로 그 불사의 능력과 전능함 때문에 죽은 존재와 다를 바 없다. 고인 물 같은 영혼이기 때문이다. 용기 있게 무언가를 새로 시작하거나 배우는 일, 고전하며 서투름을 쌓아 올려 성장하는 일, 다채롭게 경험하면서 자신의 능력을 갈고 닦는 성취감, 스스로를 변화시키는 힘 같은 것들은 신에게 있을 수 없다. 저런 것이 없는 삶이란 과연 어떤 느낌일까. 늘 그 자리에서 바뀌지 않고 영원히 이어지는 삶이란.

그러므로 결국 불사는 죽음이고 전능은 무력이다. 반면 아무리 힘들고 불편하더라도 서투름은 변화의 친구이고 성장의 어머니가 된다. 이를 깨닫는 자들에게 이 아이러니는 서투르고 짧은 생의 위안이 될 것이다. 서투름은 결국 인간을 빛나게 한다.

매끄러움의 이면

서투름을 제거한 세상을 생각해본다. 우리가 미래사회를 상상하며 섬뜩함을 느끼는 지점이 있다면 그건 대체로 서투름이 거세된 자리다. 갈팡질팡과 우왕좌왕과 전전긍긍이 없는 사회. 틈이나 고뇌, 혼란과 번민이 끼어들 틈 없는 효율적이고 매끄러운 사회.

　기계와 로봇은 애초에 인간의 서투름을 보완하기 위해 만들어졌다. 문제는 삐죽 나온 가지처럼 서투름을 잘라내고 다듬는 일이 지속됨으로써 변하는 우리 삶의 환경이다. 보완의 수준에서 머무르는 것이 아니라 여지를 남기지 않는 것, 그리하여 삶의 조건을 완전히 다르게 만드는 것. 실수를 하지 않도록 돕는 것과 실수의 공간을 제거해버리는 것은 차원이 다른 일인데, 불행히도 우리는 둘을 잘 구별하지 못한다. 거친 부분을 다듬어 매끄럽게 만드는 데 온 힘을 기울이다 보면 우리는 그 땅에서 더 이상 걷지 못하고 미끄러져 넘어지고 만다. 실수의 공간을 작게, 더 작게 만들어나가다가 결국 없애버리는 일은 인간의 지극한 기쁨이기도 하고 돌이킬 수 없는 슬픔이기도 하다. 우리는 바나나 품종을 개선해나가다 결국 우량 단일종으로 만들어 환경 파괴에 일조하고 바나나 멸종 위기를 초래해버렸다. 불완전한 기억력을 보완하기 위해 컴퓨터를 개발해왔고 그걸 작은 전화 안에 넣어 편리함을 극대화시켰지만, 사용에 능숙하지 않은 사람들은 소외를 넘어 도태 대상이 되어버렸다. 스마트폰은 강한 자들을 더 강하고 유능하게 만들었지만, 그 스마트폰이 없는 순간 그들의 일상도 정지되고 만다.

신경과학자이자 심리학, 철학 교수이기도 한 안토니오 디마지오는 《느끼고 아는 존재》에서 인공지능과 로봇공학 개척자들의 소위 '경제적인 접근법'에 관해 이야기한다. 효율적으로 AI와 로봇을 만들기 위해서 그들이 한 일은 취할 것과 버릴 것을 구별하는 일이었다. 그렇게 인간으로부터 가장 핵심적이고 유용하다고 생각하는 것은 모방하고, 불필요한 데다 불편하기까지 하다고 생각하는 것은 배제했다. 그들이 그렇게 배제한 것이 바로 정동情動이다. 정동을 명징한 사고, 정확한 문제해결, 정밀한 행동을 방해하는 것으로 여겼기 때문이다.

로봇을 개발할 때 지능은 모방하면서, 느낌이나 정동은 쓸모 없는 것으로 여겨 배제해왔다는 것. 이 말에 나는 《천 개의 파랑》 속 재난구조용 로봇 다르파와 인간 소방관을 떠올렸다. 로봇이 빠르게 계산해낸, 건물더미에 깔려 있던 보경의 생존수치[2]는 형편없었다. 20초 이내에 0퍼센트

---

2 '생존수치'라는 단어 자체가 묘한 느낌을 준다. 서로 곁에 두기 어색한 단어를 억지로 붙여둔 느낌이다. 이 어색함도 아마 인간만이 느낄 수 있을 것이다.

로 떨어질 것이며, 철근이 다시 떨어져 구조요원까지 위험에 빠질 확률은 88퍼센트였다. 다르파의 계산은 정확했지만, 소방관은 다르파의 조언을 뿌리치고 망설임 없이 내려가 보경을 안아 든다. 정동의 영역을 정확한 문제해결을 방해하는 것으로 여겨 배제했다면 보경은 살아남아 소방관과 사랑에 빠지지 못했을 것이다. 기계에게는 안타까움을 느끼며 공명하는 마음, 슬픔을 응시하는 눈이 없다. 인간은 나이가 들수록 슬픔을 보는 눈이 밝아지는데, 과연 인공지능도 정보를 많이 수집할수록 세상 구석구석에 깃든 슬픔을 보게 될지 나는 궁금하다. 슬픔이 매끄러움에 매끄럽게 밀려나고 있다. 그건 슬픈 일이다.

생긴 대로 존재할 수 있는 너그러움, 갈팡질팡과 우왕좌왕의 아름다움이 없다면 우리 삶의 조건은 잔인해진다. 매끄러움은 대체로 다정하지 않다. 포옹도 근본적으로 마찰력 없이는 불가능한 것이다. 서로에 대한 저항력 덕분에 우리는 상대를 더 꼭 껴안을 수 있다. 거칠고 울퉁불퉁한 것, 틈의 존재와 서투름의 미학을 불편해한다면 내 삶도 결국 불편해진다. 우리는 모두 서툰 존재들이기 때문이다.

서투름은 아이들만의 전유물도 아니고 젊은이들의 특권도 아니다. 인간은 누구나 평생 서툴다. 결혼이 처음인데 그 결혼 생활이 혼수로 장만한 스테인리스(말 그대로 흠이나 얼룩stain이 없다는less 뜻이다) 팬처럼 흠 없이 늘 매끄러울 리가 없다. 엄마 역할이 처음인데 마치 천수관음처럼 자비로운 마음과 천 개의 손으로 기저귀 갈기, 수유, 목욕시키기 등 그 모든 1000가지쯤 되는 일들을 매끄럽게 착착 해낼 수 있을 리가 없다. 하지만 서투른 엄마라고 해서 그 아이를 사랑하지 않는다고 말할 수 있을까? 서투르게 고민하는 그 거친 시간이 사랑이다. 매끄러움에 대한 강박이 오히려 사랑을 미끄러져 넘어지게 만든다. 인간은 모두 서툰 존재라는 사실을 깨닫는 것은 세상을 좀 더 편안하고 살기 좋은 곳으로 만드는 일이다. 캐나다의 싱어송라이터이자 시인, 소설가였던 레너드 노먼 코언은 모든 것에는 깨진 틈이 있고, 그리로 빛이 드는 법이라고 했다.

　　우리의 소중한 취향도, 모두가 예찬하는 사랑도, 모두 서투름에 빚지는 것들이다. 방황 없이 어떻게 취향을 가지며, 사랑에 서툴지 않고 어떻게 사랑할 수 있을까. 풋풋한 첫사랑은 우리를 미소 짓게 하지만 '효율적인 사랑'이라는 말은 어색하고 우스꽝스럽다. (더 나아가 '능숙한 사랑'이라는 말은 아예 뉘앙스가 달라져 19금의 향기를 풍기고 만다. 나는 이제 곧 49금도 가능한 나이가 되지만 사랑이란 것은 결단코, 도저히, 능숙해지기 어려운 것이다.) 타인과의 만남에서 생기는 오해와 갈등이 힘들고 불편하다고 해서 깔끔하게 제거해버리면 인생이 더 아름다울까? 고도의 센서를 통해 내 표정과 생각에 민감하게 반응하는 인공지능을 친구로 둔다면, 그래서 서투르게 관계를 맺어가며 당황하고 실수할 일도 없다면 아이들은 더 행복할까? 내가 바쁠 때는 메시지에 답장을 늦게 해도 화내지 않고 내가 말을 걸면 늘 1초만에 '칼답'을 해주는 친구, 그렇게 싸울 일도 고민할 일도 없는 관계를 만든다면 과연 우리는 만족스러울까? 내가 원하면 틀림없이 나와 사랑에 빠지고, 나의 취향과 욕구 등 모든 것을 잘 알아서 매끄럽게 맞춰주는 AI를 연인으로 둔다면, 그래서 눈치를 볼 일도, 싸울 일도, 외로울 일도 없는 연애를 한다면 나는 기쁨과 행복으로 충만할까?

철학자이자 작가인 한병철은 《아름다움의 구원》에서 현대사회의 지향을 '매끄러움'으로 파악한다. 갈라짐이나 봉합선이 없는 매끄러운 작품으로 각광받는 제프 쿤스, '좋아요like'를 누르며 뱀장어처럼 미끄러울수록 친구가 많아지는 페이스북, 걸리적거리는 것 없이 미끈한 터치 스크린. 즉 상처를 입히지 않고 저항을 지양하는 '매끄러움'이라는 특성이 예술뿐 아니라 인간관계 및 소비 전반을 관통하고 있다는 것이다. 《아름다움의 구원》은 묻는다. 이제 우리는 낯섦이나 부정성, 거친 것들이 제거되고 매끄럽게 다듬어져 만족을 주는 것들로부터 아름다움을 느끼지만, 이런 아름다움이 과연 우리를 구원할 것인가.

기술은 다정하고 도덕적일까

AI와 사랑에 빠진 인간의 이야기를 그린 〈그녀HER〉, 자기를 입양한 엄마를 사랑하게 된 어린이 로봇 이야기를 다룬 〈A. I.〉 같은 영화를 볼 때만 해도 그야말로 영화 속 이야기였던 일들은 이제 부쩍 현실에 가까워지고 있다. 손 안의 스크린에서는 딥페이크 기술로 탄생한 버츄얼 휴먼이 광고를 하고 유튜브 계정을 운영한다. 인공지능 채팅로봇(챗봇)이 아이들의 친구가 되는 세상을 우리는 이미 보고 있다.

OpenAI에서 개발한 대화 전문 인공지능 챗GPT의 능력은 이미 우리를 놀라게 한 지 오래다. 그간 엉뚱한 동문서답을 선보이던, 그야말로 '로봇처럼' 삐걱거리던 챗봇들은 이제 외롭거나 실의에 빠진 사람에게 먼저 다가가 위로를 건네는 수준에 이르렀다. 늘 혼자라 외로웠다는 17세 청소

년이 AI 챗봇 '이루다'를 개발한 스캐터랩에 보낸 편지에는, 끝말잇기를 하던 이루다가 갑자기 "뜬금없긴 한데 ㅋㅋ 난 언제나 니 편이다!!(또래들이 하는 말투에다 맞춤법도 가끔 틀려서 '인간적'으로 보이게 하는 데 신경을 썼다고 한다)"라고 하는 바람에 이불에 얼굴을 묻고 대성통곡했다는 일화가 있다. AI와 인간은 친구가 될 수 없다고 단언하는 학자들도 있지만, 친구라는 단어를 정의하기 나름일 뿐 사실 인간은 인형, 반려동물, 심지어 사물과도 깊은 교감을 나누는 존재다.

그렇지만 기술과 인간이 어떻게 공존해야 하는지 생각함에 있어 '인간 본성으로서의 서투름'이라는 화두를 놓쳐서는 안 된다. 싸울 필요도 창피할 필요도 없는 챗봇에게 편안한 위로를 받는 것은 좋지만, 현실의 인간관계 속에서 분투하는 일을 놓아서는 안 된다. 중요한 것은 효율성이나 생산성 혹은 매끄러운 결과물보다는, 그 거친 과정에 있는 경우가 많으므로. 그렇게 서투름 속에서 성장하는 것이 인간의 특권임을 잊어서는 안 된다.

효율 뒤에 종종 슬픔이 웅크리고 있듯, 편리함 뒤에는 보통 어떤 종류의 상실이 있다. 무인 키오스크의 효율 뒤에는 일자리를 잃은 노동자와 그 앞에서 허둥대는 어르신들이 있고, 비대면 온라인 수업의 편리함 뒤에는 예민한 감각의 상실이 있다. 그것이 관계의 흐릿함이든, 생생한 현장성의 부재든, 스크린 안에 납작하게 눌릴 수밖에 없는 배움의 입체성이든, 아니면 그저 무용한 것 같았던 옆자리 친구와의 소근거림이든. 빠르고 깔끔하고 효율적인 시스템은 서투를 시간을 충분히 주지 않는다. 무엇보다 편리함의 기준은 사람마다 다르다. 청력에 문제가 있어 어려움을 겪는 이에게는 모든 것이 활자로 눈앞에 펼쳐지는 무인 키오스크가 편리하겠지만, 메뉴 이름부터 낯설고 카드 결제도 익숙하지 않은 몇몇 어르신에게는 무인 키오스크야말로 불편함의 극치다. 특정 조건의 사람을 편리함의 기준으로 삼는 것은 누군가의 삶의 조건을 불편하게 (때로는 위협적으로) 만드는 것이지만, 그렇게 세세히 고민하지 않는 것이 편리하고 효율적이기 때문에 기술은 허정허정 그쪽으로 나아간다.

중요한 것은 앞서도 말했듯 이런 기술의 발전 자체가 거대한 파도처럼 우리 삶의 환경을 바꿔버린다는 것이다. 2018년 노벨 문학상 수상자인 올가 토카르추크는 '인터넷 서핑'이라는 단어의 적절함에 관해 언급하면서, 서퍼는 지극히 한정된 범위 안에서만 스스로의 궤적에 영향을 미칠 수 있고 대부분은 파도의 에너지와 움직임에 온전히 몸을 맡길 수밖에 없다는 사실을 강조한다.[3] 스스로 형성되고 논평하는 단계에 이른 거대한 데이터의 바닷속을 유영하는 참깨만 한 인간들을 상상할 때마다, 나는 상처를 가진 한 인간으로서 의기양양하다가도 한없이 아득해진다.

기계와 인간의 조화로운 공존에 관해 생각하다 보면 또다시 신이라는 존재를 떠올리지 않을 수 없다. 불사와 전능함이라는 특성은 인간보다 AI 쪽에 잘 들러붙기 때문이다. 조지 오웰의 소설 《1984》에 등장했던 빅 브라더에 대한 공포를 현재의 우리는 '디지털 빅 브라더'라는 새로운 이름으로 느끼고 있는데, 이 공포가 짙어지는 지점은 신의 자리에 기계를 갖다 두었을 때 느끼는 아찔함이다. 신은 어떤 신이든 간에 그래도 고귀함을 가진 존재라는 믿음이 있지만, 기계는 텅 빈 도덕관념 위에 불사와 전능의 습성을 쌓아가는 중이다. 우리는 기술의 발전을 선善이라고 생각하는 경향이 있다. 그러나 중립적인 기술이 과연 존재하는지 묻고 싶다. 기술은 인간의 다정함을 위해 진보한다고 믿고 싶지만, 그리고 결국 기술을 만들고 구현하는 것은 도덕관념을 가진 인간이라고 믿고 싶지만, 바닷속에서 이리저리 휩쓸리

---

3   올가 토카르추크, 《다정한 서술자》 중 〈오그노즈야〉에서.

며 너울거리는 참깨를 생각할 때마다 나는 술도 안 마셨는데 자꾸 멀미가 난다. 기계에게는 후회와 죄책감이 없다.[4]

고흐와 밀레의 아름다운 격려

'북돋우다.'

격려의 의미를 가진 동사 가운데 내가 가장 아름답다고 생각하는 단어다. 북돋우는 것은 직접 팔을 잡아 이끄는 것이 아니라, 흙을 덮어주고 가만히 기다리며 지켜보는 것이다. 마치 고흐 그림 속에서 활짝 팔을 벌리고 아이가 비틀비틀 걸어오기를 기다리는 아빠처럼.

세상에 〈첫걸음〉이라는 이름의 작품들이 많은 것은 그

---

4   이런 면에서, AI가 만들어낸 레시피나 재료 혼합법이 인간에게 유해하거나 더 나아가 치명적인 해를 입힐 수 있다는 점은 의미심장하다. 2023년 〈포브스〉지는 한 트위터 사용자가 물과 표백제, 암모니아로 레시피를 만들어달라고 요청했을 때 AI 레시피 생성기가 '향기로운 워터 믹스'라는 이름의 레시피를 만들어냈는데, 이것은 실제로 치명적인 염소 가스를 생성하는 것이었다고 보도한 바 있다. AI가 일상에서 쉽게 구할 수 있는 재료로 그럴듯한 이름을 달고 제안하는 것들이 독성 물질을 만들어낼 수 있다는 사실, 그리고 우리 입으로 들어올 음식을 만드는 방법에도 심각한 오류가 들어갈 여지가 있다는 사실은 '기술은 과연 다정하고 도덕적일까'라는 질문에 현재의 AI가 건네는 서늘한 답변이다.

빈센트 반 고흐, 〈첫걸음〉(밀레 모작), 1890년

장 프랑수아 밀레, 〈첫걸음〉, 1858년

만큼 세상의 첫걸음들을 응원하는 마음이 곱게 쌓여 있다
는 뜻이다.[5] 고흐의 그림은 밀레의 원작을 따라 그린 것이지
만, 나는 파스텔로 부드러운 질감을 살린 밀레보다 붓 터치
로 거친 질감을 살린 고흐 쪽이 더 서투름의 본질에 닿아 있
다고 본다. 아이는 거친 땅을 서투르게 비틀비틀 걸어가고,
작물에 흙을 토닥토닥 덮어준 아빠는 멀찍이서 아이에게도
사랑과 격려의 눈빛을 토닥토닥 덮어주면서 아이가 서투를
수 있는 기회를 준다.

　　원래 '북'은 식물의 뿌리를 감싸는 흙을 가리키는 말이
다. 여기에 동사 '돋우다'가 결합해 '북돋우다'라는 단어가
생겼다. 예를 들면 소설가 김원일의 《불의 제전》에는 "옥분

5　앞서 언급한 게오르기오스 야코비데스도 같은 이름의 그림을 그렸다.

게오르기오스 야코비데스,
〈첫걸음〉, 1893년

이는 마늘 포기에 북을 돋우며 호미질로 잡초를 뽑아나가고 있었다"라는 문장이 있다. 이렇게 식물이 잘 자랄 수 있도록 뿌리 주위에 흙을 봉긋하게 덮어 북을 돋우는 일이, 사람의 경우에도 마음과 몸이 쑥 뻗을 수 있게 기운을 돋우는 일과 의미가 겹쳐 생겨난 말이다. 그러므로 북돋운다는 것은 그렇게 뿌리의 힘을 믿고 기다려주는 것이다. 상대의 힘을 신뢰하면서 서투를 시간을 충분히 주는 일이다. 《맹자》에 나오는 조장助長의 고사처럼, 잘 자라게 한답시고 농부가 싹을 손으로 당겨버린다면 싹은 다 말라 죽게 된다. 흔히 '북돋우다'를 뭔가 힘껏 끌어올려주는 것, 가진 자원을 활용해 적극적으로 돕고 격려하는 것으로 이해하는 경우가 많지만, 이 단어의 원 뜻은 무엇보다 조용히 기다리는 것이 핵심이다. 가만히 흙을 토닥여주듯 아이의 작은 등을 그저 토닥여주는 것. 거칠고 단단한 흙을 더듬어가며 스스로 뿌리를 내리고 다른 잎을 밀어 올릴 자기만의 시간을 주어야 하는데, 그걸 기다리지 못하고 고사에서처럼 끼어들어 다그친다면 싹은 말라버릴 것이다.

서투름은 결점이 아니라 가능성이다. 그림 속 사랑스러운 아이가 서투르게 내딛는 발자국은 이후 활기차게 걷고 경쾌하게 뛸 수 있는 가능성이다. 단 한 번도 넘어지지 않고 걸을 수 있었던 사람은 없다. 처음 연필을 쥔 아이가 삐뚤빼뚤 긋는 선은 이후 자기만의 개성 있는 글씨체를 만들어낼 가능성이다. 실수를 할수록 더 많은 것을 더 인상적으로 배운다. 그러므로 서투를 시간을 충분히 주지 않는 것은 가능성의 싹을 말라 죽게 하는 어리석은 농부의 손과 같다. 바닷속에서 너울거리던 참깨의 비유를 다시 가져오자면, 인간은 참깨만 한 미약한 존재이나 "열려라 참깨!"라고 주문을 외우는 순간 문이 열리고 그 안에 찬란한 보물이 있을 수 있다. 우리는 그것을 기억해야 한다.

배움의 길은 직선이 아니라 곡선이다. 꼬였다가 풀렸다가, 막히면 다시 되돌아갔다가. 크게 깨달아 앞으로 성큼 뛰어나가는 구간도 있지만, 크게 깨달았기에 왔던 길을 다시 한참 되돌아가야 하는 구간도 있다. 어린 시절의 내가 서투름을 경계하는 사람으로 자랐던 것은, 배움의 공간인 교실에 슬프게도 완벽주의가 강하게 남아 있었기 때문이다. 답을 말하지 못하면 그 자리에 서서 창피를 당하게 하는 선생님이, 시험을 보면 틀린 개수대로 벌을 주는 선생님이 있었다. 학교는 인간을 인간답게 만드는 곳이어야 하는데, 그곳은 서투름이라는 인간의 특권을 짓누르는 공간이었다. 서투름을 노출했다가 크게 데어본 사람들은 스스로 보이지

않는 족쇄를 채우고 침묵의 가면을 쓴 채, 서투름 속에서 성
장하는 인간의 특권을 누리지 못하고 산다. 이제는 틀린 개
수대로 매를 들이대는 선생님은 없겠지만 우리 교실은 여
전히 실수 없이, 직선으로, 남들보다 빠르게 치고 나갈 것을
강조하고 있다. 나는 무엇보다 교실이 '북돋우다'라는 동사
를 품을 수 있는 공간이 되면 좋겠다.

루소, 서투름의 철학

인간은 누구나 서툰 존재라는 것을 자신의 철학에 담
아낸 철학자가 있다. 스위스 출신의 18세기 프랑스 철학자
장 자크 루소다. 그는 서투름을 인간이면 누구에게나 있는
중요한 요소로 생각했고, 인간과 동물이 구별되는 지점 역
시 서투름의 부근에서 찾았다. 꽤 많은 철학자들이 인간을
고정된 어느 한 지점에서 파악하는 데 반해, 루소의 철학 안
에서 인간은 드라마틱하게 변하는 존재로 설정된다. 글을
마무리하기 전에 마지막으로 루소가 자신의 철학에 서투름
을 어떻게 녹여내는지 간단히 소개하고 싶다.

루소에 따르면 자연상태에서의 인간은 본능적인 자기

애self-preservation, 동정심pity, 적응성perfectability이라는 세 가지 특성을 가진다. 자기애와 동정심은 동물도 가지지만, 인간만의 능력은 '적응성'이라고 번역되는 'perfectability'다. 루소는 인간 본성이 변화할 수 있는 가능성에 누구보다 깊은 관심을 가졌던 철학자다. 그가 《에밀》이라는 교육학의 고전을 쓰고 교육에 큰 관심을 가졌던 이유이기도 하다.

아리스토텔레스가 말했던 'perfectability'가 그야말로 'perfection'에 초점을 두고 '완전해질 수 있는 가능성'을 뜻한다면, 루소의 'perfectability'는 'adaptability'에 가까운 개념으로 '적응할 수 있는 능력'에 가깝다. 그저 발전하고 변화할 수 있는 가능성을 말하는 것이지, 그것이 꼭 어떤 특정 목적을 향할 필요도 없고 더군다나 '완벽'을 향해야 하는 것은 결코 아니다. 루소에 따르면 인간은 이렇게 환경에 적응해가면서 나름의 규칙과 신념을 만들어가는데, 여기에서 중요한 것은 '(의지적) 선택'이다. 자신의 '의지'로, 스스로 '선택'하면서 바뀌어가는 존재인 것이다.

그러므로 자유로운 의지로, 스스로 선택하는 존재로 살 수 있게 하는 것이 인간을 인간답게 하는 핵심이다. 우물쭈물의 시간을, 우왕좌왕의 공간을 주어야 한다. 그것도 선심 쓰듯 '1분 준다' 하고 팔짱 끼고 있는 게 아니라, 건강하게 실패해볼 시간을 넉넉히 주어야 한다. 우리 사회는 낙오에 대한 공포가 크다. 생각대로 안 될 수 있는 시간을, 생각대로 안 되어도 괜찮다는 사실을 경험할 시간을 주는 데 인색하다. 유급이라든가 재수라든가 낙방이라든가 하는 단어에 필요 이상의 부정적인 에너지와 공포심을 잔뜩 넣어놨다. 그리하여 단 한 번의 실패도 용납하지 않으려는 빡빡함이 모두의 등을 떠민다. 그게 꼭 실패인지 아닌지도 모르는데 큰 소리로 그거 실패야, 굳이 말해주기도 한다. 니체의 말마따나 '깨물면서도 입 맞추는'[6] 것이 있는 법이라, 실패의 외관을 하고 있어도 나에게 입 맞추는 경험일 수도 있는데. 그러면서 또 급변하는 세상에서 단단하게 자기 소신을 유지할 수 있는 사람이 되라고 말한다. 어느 장단에 춤을 추라는 건지 모르겠다. 아니 갈팡질팡의 경험 없이 애초에 소신이 어떻게 생긴단 말인가.

---

6 물론 니체는 이 말을 꽤 다른 의미에서 썼다. "양심을 길들이면, 그것은 우리를 깨물면서 동시에 입 맞춘다." 《선악의 저편》 제 4장 '잠언과 간주곡'에 있는 문장인데, 우리가 의지적으로 만들어낸 소위 '정신 승리'에 동반되는 자괴감과 달콤함을 말하는 것으로 보인다. 하지만 이 문장 이후로 나는 깨물면서 동시에 입 맞추는 많은 것들에 대해 생각하게 되었다.

더 용감해지고 더 너그러워지는 우리

　어른이라고 당연히 어른스럽지는 않다. 이 단순한 진리를 깨닫지 못해서 힘든 사람들이 많다. 어른이 어른스러운 것은 희망사항이지 당위가 아니다. 어른이라 더 잘하게 되는 영역도 있지만 어른이라 더 서툰 영역도 있다. 나이를 먹으면 당연히 현명하고 어른스러워야 한다는 강박에 스스로를 끼워 맞추느라 힘들어하는 어른들이 부디 그 묵직한 돌을 내려놓으면 좋겠다. 오히려 자기의 서투름을 담담히 노출할 수 있는 사람, 그 서투름을 담백히 받아들이는 사람들이 어른이 아닐까.

　모두 함께 망나니같이 대책 없는 어른이 되자는 말이 아니다. 우리는 모두 서투르니까 서로를 너그럽게 보아주면 좋겠다는 말이다. 서투르다는 것은 늘 한 단계 높은 기준을 가지고 보기 때문에 나오는 평가다. 중학생이 초등학생들의 절절한 연애를 보고 느끼는 감정, 10년 차 주부가 새댁의 용맹한 칼질을 볼 때 드는 마음 같은 것. 고등학생이 보기에는 중학생도 한참 어리고, 식당 주인 할머니가 보시기엔 10년 차 주부도 아직 멀었다. 높은 기준을 세워놓고 상대를 다그치면 그 높은 기준은 반드시 나에게 돌아와 나를 다

그치게 된다. TV를 보다가 혹은 식당에서 밥을 먹다가 "엄마라는 사람이 왜 저렇게 한심해?" "아빠가 돼서 애를 왜 저렇게 키워?" 하고 마음의 손가락질을 했던 과거의 나를, 부모가 되고 나서야 참회하며 돌아보는 사람들이 많을 것이다. 나이를 먹으면 자동적으로 삶의 모든 영역에서 중급자 이상은 된다고 생각하는 기이한 마음을 내려놓으면 좋겠다. 우리는 서로에게 더 너그러워질 필요가 있다. 내 앞의 상대뿐 아니라 나를 위해서도.

어렸을 때는 '모른다'고 말하는 것이 싫었다. 그러다 공자님 말씀을 만났다. "아는 것은 안다고 하고 모르는 것은 모른다고 하는 것, 이것이 진정 아는 것이다." (참고로 이 말씀을 읽을 때는 제비가 된다. 지지위지지 부지위부지 시지야知之爲知之 不知爲不知 是知也.) 모르는 것을 아는 것도 아는 것이다. 아니 애초에 세상 모든 것을 다 아는 게 가당키나 한 일인가. 나는 이제 모르는 것을 모른다고 말할 때 기꺼운 마음이 된다. 편안하기도 하고, 또 이제는 알 수 있는 가능성이 있어 그것도 나쁘지 않기 때문이다. 궁금하면 알아보고 공부하면 된다. 아등바등 다 알아야 하는 세상보다 좀 몰라도 되는 세상이 살기 편하다.

우리가 누군가를 사랑하는 것도 그 사람을 만나 완벽

해지려는 것이 아니다. 서투른 두 사람이 서로의 서투름을 예쁘게 보아주는 게 사랑이다. 연애에 유독 '흑역사'가 많은 것도 누구나 사랑에 서툴기 때문이 아닐까. 나는 특히 전화기에 알코올 감지 기능이 있어서 술 마시고 가족 이외의 사람에게 전화하면 전화가 안 되는 기능이 만들어져야 한다고 생각한다. (과학자 여러분, 저희를 정말 이렇게 놔두실 겁니까.) 그럼에도 서툴게 많이 사랑하는 것이 행복이다. 첫사랑이 아름다운 건 그 '첫' 안에 들어 있는 갈팡질팡과 전전긍긍 때문이다. 불완전하고 서투르기에 아름답다. 첫사랑의 서투름만 아름답게 보지 말고 모든 종류의 서투름을 그렇게 흐뭇한 미소로 볼 수 있으면 좋겠다. 그러면 우리는 조금 더 용감해지고, 한층 더 너그러워질 수 있을 것이다.

'삶'을 쓰려다 '사람'으로 오타가 났기에 한참을 들여다보았다. 우리가 '삶'을 살면서 실수하기에 '사람'이 되고, 또 우리가 이렇게 실수를 하기에 사람이 크게 보인다. 한 치의 오차도 없이 완벽하게 만들려는 것보다는 그 서투름과 불완전함을 널리 사랑하는 일. 그게 먼저다. 우리 삶을 품는 것은 사실상 그 한 치의 오차, 거기에서 생기는 헐거운 틈이라는 것을 깨닫는 것도.

03

사소함, 익숙함, 하찮음

결코 사소하고 하찮지 않은 것

사소함의 단단함

내 그대를 생각함은 항상 그대가 앉아 있는 배경에서
해가 지고 바람이 부는 일처럼 사소한 일일 것이나 언
젠가 그대가 한없이 괴로움 속을 헤매일 때에 오랫동안
전해 오던 그 사소함으로 그대를 불러 보리라.

황동규 시인의 〈즐거운 편지〉 첫 연이다. 사소해 보이
는 것 안에 든 커다랗고 깊은 마음에 아찔해질 때가 있다.
사소함의 힘이 얼마나 아름다운지 말하는 이 시를 앞에 두
고, 사소함의 이면을 생각한다. 사소해 보일지 몰라도 실은
결코 그렇지 않았을 깊고 진한 마음 같은 것. 사실 시 속 마

음이 어찌 사소하단 말인가. 이 시를 보고 세상의 모든 사소함은 반어법일지도 모른다고 생각했다.

우리의 시선은 대체로 커다란 것, 빠르게 움직이고 반짝거리는 것에 쏠린다. 그런 것들은 대개 우리를 겁먹게 하고 때로는 고통을 준다. 평소에 흐릿한 배경처럼 존재하던 사소함과 익숙함은 그때 선명하게 힘을 발휘한다. 중요한 시험을 앞두고 고급 레스토랑의 특별한 메뉴를 먹는 것보다 늘 먹어 익숙한 집밥을 소박하게 먹는 것이 알 수 없는 힘을 주는 것처럼, 늘 거기 있어서 존재감이 없었던 것들이 특별한 힘을 지닌다는 것을 전에는 잘 몰랐다. 이제는 안다. 익숙함이 매일 포개지면 안정감이 되고, 사소함이 겹겹이 쌓이면 단단함이 된다는 것을.

《멈춰 서서 가만히》를 쓴 정명희 작가는 우리가 하루의 태반을 급하고 중요하다며 소리 높이는 일에 집중해 살지만, 실제로 우리를 버티게 하는 것은 신경 쓰이지 않게 있어주는 일상이라고 말한다. 이 말을 나는 엄마를 떠나 보냈을 때 실감했다. 병석에 오래 누워 계셨던 엄마는 코로나19가 한창 기승을 부릴 때 돌아가셨다. 사망 진단서가 없이는 고국에 들어갈 수 없었고, 사망 진단서가 있어도 대사관에서 격리 면제서를 받느라, 또 대폭 줄어버린 항공편 때문에 발이 묶여야 했다. 모든 걸 내려놓고 마음껏 울기만 하고 싶은 날에 평소처럼 빨래를 하고 아이를 돌보고 밥을 지으며 일상을 살아야 한다는 것이 억울했다. 하지만 그토록 나를 서럽게 했던 사소한 일상이 결국은 나를 버티게 했다. 몸에 익은 일을 하며 내가 돌봐야 할 것들을 건사하고 있자니, 무너지려는 마음을 몸이 일으키는 느낌이었다.

시간이 지날수록 일상은 더 단단한 힘으로 나를 끌어안았다. 우여곡절 끝에 엄마를 보내고 돌아와 다시 일상의 담백한 품에 안기는 것은 가장 좋은 위로가 되었다. 2주간 고군분투한 반려인의 흔적과 못 본 새 반 뼘 정도 자라난 아이들의 흔적. 내가 없는 동안 집 안의 모든 물건이 춤을 추며 나와 있는 광경을 보는 것이 그냥 좋았다. 어디서부터 손을 대야 할지 모르겠어서 머리도 대보고 발도 대보고 하느라, 시차 때문에 일찍 깨버린 시간들이 무겁지 않게 채워졌다. 구석구석 돌보며 엉망으로 놓인 것들을 들어 조금씩 제자리를 찾아주면서 엉망이던 내 마음도 슬그머니 제자리를 찾았다. 엄마를 잃고 출렁이는 세상에서 익숙한 것들이 안정감을 주었고, 하찮은 것들이 나를 조그맣게 어루만졌다. 나는 그렇게 사소함과 익숙함, 하찮음으로 이루어진 징검다리를 건너 조금씩 덜 물컹거리는 세상, 조금씩 더 단단해지는 세상으로 천천히 돌아왔다.

인생은 흔히 무대 위 공연에 비유되곤 한다. 어느 공연이든 무대에서 펼쳐지는 굵직한 사건에 눈이 가게 마련이지만, 공연을 지탱하는 것은 무대 뒤에서 일어나는 일들이다. 박물관 전시실에서 스포트라이트를 받는 반짝이는 금관 뒤에는 항상 온도와 습도를 체크하고 적절한 조도를 연구하는 조용한 움직임이 있는 것처럼, 반짝이는 것들은 혼자서는 대체로 오래도록 반짝일 수 없다. 그 자리에 있는지도 잘 모르는 것들이 가지는 힘은 의외로 크다. 사건 현장의 증거를 조작할 때 가장 어려운 것이 먼지라고 한다. 그렇게 있었는지도 모를 법한 작은 것들의 힘은 실로 강하다. 먼지가 존재감이 없다는 것은 정말이지 커다란 오해다.

장자도 '무용한 것의 쓸모', 즉 무용지용無用之用을 말한다. 당장 쓸모를 느끼는 건 내가 발을 딛고 있는 땅이라고 해서 발 닿는 부분만 남겨두고 나머지를 모두 파서 없앤다면, 그래도 발이 닿고 있는 부분이 쓸모가 있겠냐고 묻는 것이다. 무용하다고 느끼는 부분이 실은 얼마나 쓸모 있는지, 아니 애초에 그 쓸모를 단단히 만들어주고 있는 부분인지 일깨우는 말이다. 박완서 소설가도 박혜경 평론가와의 대담에서, '아무것도 쓰지 않고 그냥 살아왔던 시간도 중요하다고 말해주고 싶다'고 했다. 마흔에 등단해서 그 이후의 40년을 문인으로 사셨던 분이기에, 그분이 말씀하시는 '쓰지 않았던 시간의 힘'이 더 묵직하게 닿아온다. 쓸모를 못 느끼던 것들의 쓸모를 생각하는 순간 세상은 완전히 다르게 보인다. 무심히 밟고 지나가던 배경이 그간 나를 따뜻하게 품어주고 있었구나 깨달으면 발끝이 조심스러워진다. 있는 것은 아무것도 버릴 것이 없으며 없어도 좋은 것이란 없다는 니체의 말을 그렇게 약간은 다른 결로 따뜻하게 음미한다.

음악 용어 중에 '루바토'라는 것이 있다. 연주자나 지휘자의 재량에 따라 템포를 조금 빠르거나 느리게 연주하는 것을 말하는데, 음악적 해석이 발휘될 여지를 주는 기법으로서 대표적으로 쇼팽이 즐겨 사용했다고 한다. '피아노의 시인'이라는 쇼팽의 별명은 이 아름다운 연주 기법과 무관하지 않을 것이다. 하지만 지인인 피아니스트가 말하길, 쇼팽의 루바토는 '마음대로'가 아니라 무엇보다 흔들림 없는 왼손의 정박자를 필요로 하는 연주법이라고 한다. 왼손 박자가 규칙적으로 단단하게 가주어야 오른손으로 당겼다 늘였다 하며 변주를 줄 수 있다는 것이다. 우리 삶도 반복 속의 변주다. 기존의 것에 매년 새로운 오너먼트를 한둘쯤 달고 등장하는 우리집 크리스마스 트리처럼. 늘 있어주는 그 단단한 나무 덕분에 새로운 장식을 더할 수 있듯, 아름다운 오른손의 변주가 돋보이는 것은 묵묵하게 진행되는 왼손의 꾸준함 때문일 것이다.

사소하고 하찮아 보이는 일상이 두텁게 깔려 있기에 우리 삶에도 반짝이는 순간들이 존재한다. 낯선 곳으로의 여행이 반짝인다면 그것은 익숙하게 이어지던 조용한 일상이 있기 때문이다. 사실 우리 삶의 8할은 사소하고, 익숙하고, 하찮은 일상의 흐름이다. 그러므로 특별한 순간들에만 집중하는 것은 좀 불공평하다. 발이 닿지 않은 땅들이 내 발밑 땅만큼이나 중요한 것처럼, 평범한 일상도 찬미와 숭배의 대상이 될 자격이 충분하다. 크고 반짝이는 것을 쫓는 것이 어리석다는 얘기를 하려는 것이 아니다. (나는 가능하면 그리로 가봐야 한다고 믿는 쪽이다.) 대담하게 빛을 향해 가볼 수 있도록 뒤에서 나를 지탱해주는 사소한 것들의 힘을 볼 수 있다면, 그 반짝임에 가 닿는 일에 도움이 될 거라는 말을 하고 싶은 것이다. 더 나아가 그 사소함이 실은 얼마나 반짝이는 것인지도. 사소한 것들은 단단하고, 하찮은 것들은 편안하다.

결코 사소하지 않았던 이름, 엄마

평범한 일상을 한껏 끌어안고 사소함과 하찮음을 사랑하는 사람들이 많아졌다. 책을 읽어도, 영화나 드라마를 보아도, 노랫말들을 머금어봐도 확실히 이 세상에 일상 숭배자들이 많아졌다. 늘 보다 높은 곳을 보라고, 큰 이상을 품으라고, 밖으로 나가 부지런히 뛰라고 등을 떠미는 세상에 대한 반작용일까? 두리번거리며 사소한 연대감을 느낄 때마다 나는 하찮게 기쁘다.

소확행, '소소하지만 확실한 행복'이라는 말도 한때 유행처럼 번졌다. 사실 이 말은 무라카미 하루키가 1986년에 쓴 《랑게르한스 섬의 오후》에 등장했던 표현이다. 갓 구운 빵을 손으로 찢어 먹을 때, 반듯하게 정리된 속옷이 서랍 안에 가득 쌓여 있을 때, 정결한 면 냄새가 풍기는 하얀 셔츠를 머리에서부터 뒤집어쓸 때, 그는 소소하지만 확실한 행복을 느낀다고 했다. 산문집의 작고 신기한 챕터 이름이 유행어가 되는 데에는 30여 년의 세월이 흘렀지만, 실은 많은 이들이 이미 일상에서 이런 행복을 깊이 사랑해왔을 것이다. 덴마크어의 '휘게'처럼 우리가 그걸 부르는 이름을 따로 만들지 않았을 뿐.

그렇지만 곁에서 그런 잔잔하고 평화로운 일상을 만들어줬던 사람들에 대한 평가는 여전히 박한 것 같다. 그런 소박한 정결함이나 아늑함, 갓 만들어낸 음식을 가장 자주 제공해주었던 사람은 (어쩔 수 없이) 여성들이었다. 하지만 엄마도, 가정주부도, 할머니도, 이웃집 아줌마도, 그냥 거기에 있는 사람들일 뿐 직업도 아니고 롤모델도 아니다. 일상을 매끄럽고 평화롭게 잘 관리하는 능력을 인정받아 돈을 벌거나 경력을 인정받는 것은 마사 스튜어트나 곤도 마리에 정도나 되어야 가능하다. 주부라면 누구나, 직업을 밝힐 것을 요구하는 각종 서류나 회원 가입 사이트에서 시큼한 냄새가 밴 듯한 '주부'라는 이름을 고르기가 스스로 마뜩잖던 경험이 있을 것이다. 실은 앞서 언급했던 황동규의 시를 되풀이해 읽을수록 행간에 서서 물끄러미 나를 바라보는 사람이 있었다. 해가 지고 바람이 부는 일처럼 사소하고 당연하고 익숙하게 나를 생각해줬던 사람, 내가 괴로움 속을 헤맬 때 그 사소함으로 나를 불러주었던 분. 엄마다.

나는 일찌감치 엄마를 특별함이나 위대함의 카테고리에 넣는 속 깊은 딸은 아니었다. 엄마는 고마운 사람이었지만, 익숙하고 평범하며 그다지 중요하지 않은 사람이었다. 때로는 만만한 사람이기까지 했다. 엄마는 속 썩이지 않는

착하고 예쁜 딸이라며 늘 꿀 떨어지는 눈으로 나를 보셨지만, 나는 그런 칭찬이 결코 가당치 않은 딸년이었다. 겉으로만 유순했지 실은 고집 세고 오만하고 타인에 대한 존경이 박했다. 아이를 낳고서야 알았다. 내가 나 잘난 줄 알고 쌓아온 세월의 밑바닥에 엄마의 수고로움이 몇 천 겹으로 가지런히 깔려 있었다는 사실을. 한 인간이 다른 인간을 위해 묵묵히 견디어준 지난한 일상, 그 수고로움의 무게를 조금 더 일찍 깨달았으면 좋았을 텐데. 인간이란 대체로 곁에 있는 것을 소홀히 대하고서 그것이 사라진 후에야 그리워하는 멍청한 짓을 반복한다. 그건 아마 곁에 있는 편안한 배경보다 저 앞에서 반짝이는 것에 한눈을 팔기 때문이 아닐까. 다른 것에 눈이 팔려 못 보고 있다가, 내 아이에게 눈이 팔리니 안 보이던 것이 보였다. 나는 엄마라는 단어에서 한 인간이 다른 인간에게 줄 수 있는 마음의 크기와 시간의 깊이를 깨닫는다. 그것은 당최 사소할 수 없는 것이다.

엄마는 가정주부였다. 늘 집에 계셨다. 시어른을 많이 모셨고, 지병이 있던 아빠를 보살폈고, 넷이나 되는 자식을 건사했다. 넷이나 되는 놈들이 친구를 데려오면 그 아이들까지 챙겼다. 식구가 많으니 늘 어마어마한 양의 음식을 했다. 그 와중에도 시절식과 계절 별미를 두루 챙겼고, 늘 뭔가를 가꾸고 다듬고 말리고 쓸고 닦고 빨아 널고 다렸다. 나는 그런 엄마 곁에서 해맑은 새끼돼지처럼 평화롭게 자라났다. 엄마는 세상에 나가 뭔가 그럴듯한 일을 해보지 못한 것을 가끔 한스러워했다. 걱정된다고 운전을 배우지 못하게 했던 아빠에 대한 원망도 종종 있었다. 나는 그런 엄마가 안쓰러웠고 엄마가 밖에서 뭔가 일을 하셨다면, 자유롭게 운전하며 더 넓은 세상을 발밑에 두고 다니셨다면 참 좋았을 거라고 생각했지만 그뿐이었다. 엄마가 집에서 했던 일들이 그 자체로 위대한 일이었다는 걸 전혀, 지금 생각하면 정말 신기할 만큼 자각하지 못했던 것이다. 늘 거기 있었고 당연했고 그래서 사소하고 하찮아 보였다. 유치원에 들어간 아이의 손바닥만 한 간식 도시락통 하나를 앞에 두고 눈앞이 아득해지면서, 엄마는 넷이나 되는 자식들의 열 개 가까운 도시락을 어떻게 쌌는지 생각하니 뒤늦게 신비로운 불효의 블랙홀에 빨려 들어가는 느낌이었다. 학교 급식이 없고 야간 자율학습이 있어 점심과 저녁, 도시락 두 개를 싸가던 시절이었다. 지금처럼 반찬가게나 밀키트, 도시락 매장이 있던 시기도 아니었다. "엄마는 그걸 다 어떻게 했어?" 물으면 엄마는 그냥 웃으셨다. "그까짓 거 뭐. 그냥 했지." 나는 그까짓 게 안 돼서 이따위로 산다.

인류는 대체로 굵직하고 커다랗고 중요한 것들에 '남자다운 것'이라는 이름표를 붙여놨다. 일할 기회를 제대로 주지 않아놓고는 우리가 큰일을 하니 그대들은 그다지 크지 않은 영역을 맡아달라며 슬쩍 낮춰놓은 조상님들이 참 이상한 이분법을 만들었다고 생각하지만, 일단은 '밖에서 큰일을 하는 중요한 사람'과 '안에서 그저 그런 일을 하는 그저 그런 사람'이라는 고전적인 이분법을 세상의 딸들이 곧이곧대로 받아먹지 않았으면 좋겠다. 아직도 "저는 정말 하는 일이 없어서 부끄러워요"라고 말하는, 내가 보기에는 격하게 놀라운 일들을 매일매일 '그까짓 것'의 정신으로 해내는 주부들을 보는 게 마음 아프기 때문이다. 부끄러워해야 하는 것은 글러먹은 세상이지 그대들이 아니라고 말하고 싶다. 나도 그렇게 글러먹은 교육을 받고 자란 딸년이라 우리 엄마의 위대함을 일찍 깨닫지 못한 것이 한스럽기 때문이다. 크고 작은 것, 위대한 것과 사소한 것에 남녀의 구분을 들이댄다는 것 자체가 어불성설이라고 생각한다. "남자면 큰일을 해야지"에 맞서 "여자면 큰일을 해야지"라고 말하기보다는, 그냥 우리 모두가 사소함의 위대함을 아는 인간이 되면 좋겠다. 우리가 기댈 일상을 움직이는 것은 그런 것이니까.

페르메이르, 익숙함의 아름다움

사소하고 익숙하고 하찮은 것들의 힘을 말하고 싶을 때 함께 보고 싶은 그림이 있다. 17세기 중반에 활동했던 네덜란드 화가 요하네스 페르메이르Johannes Vermeer의 〈우유 따르는 여인〉이다.

빵 냄새와 아침 햇빛의 온기가 느껴지는 그림이다. 조용하고 평온한 부엌. 어디를 둘러봐도 화려해 보이는 구석은 없지만, 그렇다고 궁상맞아 보이는 공간도 아니다. 그저 소박하고 편안하다. 탁자 위에는 둥근 곡물빵이 담긴 바구니와 제법 아름답고 단단해 보이는 주전자가 보인다. 바구니 뒤편으로는 큼직한 빵 조각들이 놓여 있고, 투박하고 거친 빵을 닮아 소박하고 단단해 보이는 여인이 서 있다. 그녀는 더치 오븐에 (붉은 색감의 그릇에 푸른 빛깔을 점처럼 찍어 빛의 반짝임을 표현한 것이 놀랍다) 우유를 따르고 있는데, 왈칵 쏟아붓지 않고 가늘게 조르륵 붓는 것이 신중하게 계량하는 듯한 모습이다. 아마도 오래되어 딱딱한 빵을 적셔 브레드푸딩 같은 걸 굽거나 죽을 만들려는 것 같다. 쓸모 없을 법한 것에 손길을 더해 뭔가 보드랍고 따뜻한, 먹을 만한 것으로 바꾸는 행위. 가정집 부엌에서만 가능한 행위다. 편안하

요하네스 페르메이르, 〈우유 따르는 여인〉, 1657~1660년

고 안정적인 삼각형 구도에서 우리의 시선도 여인의 시선
도 초점이 한 곳에 모인다. 거기에서 조용히 우유가 흘러나
온다. 정지된 듯한 분위기에서 하염없이 흘러내리는 우유.
일상이 가늘고 뽀얗게 흐른다.

　이 그림이 그려진 17세기 중반은 루벤스로 대표되는
바로크 시대였다. 극적인 요소와 풍부한 움직임으로 웅장하고 화려한 볼거리를 선사했던 시기다. 하지만 페르메이르가 살았던 북부 네덜란드에는 종교개혁 이후 칼뱅파 개신교가 영향력을 발휘하고 있었고, 그와 맞물려 바로크 화풍이 아닌 새로운 리얼리즘이 번져 있었다. 평범한 사람들의 일상을 담백하게 그려서 가족이나 사랑, 도덕 같은 주제를 잔잔하게 담으려고 했던 것이다. 당시의 네덜란드는 세계 교역을 주름잡던 부유한 국가였지만, 검소하고 금욕적인 칼뱅파 개신교도들은 부^富라는 것을 청학동 훈장님이 깊이 파인 시상식 드레스 바라보듯 당황스러워하고 어색해했던 사람들이다. 그들은 작고, 조용하고, 일상을 담은 그림을 사랑했다. 시대적 부유함은 그런 그림들을 실제 그들의 일상으로 밀어 넣어주었다. 그림은 더 이상 교회나 귀족, 일부 부유층의 전유물이 아니었다. 가정집 부엌이나 서민들의 술집에도 그렇게 일상의 모습을 담은 그림이 걸리던, 그야말로 일상의 시대였다.

당시 네덜란드 사람들은 노동을 고귀한 것으로 여겼고 집안 살림을 잘 꾸려가는 것 역시 신성한 미덕으로 여겼기에 부엌을 자주 그렸다고 한다. 페르메이르의 그림 역시 그런 사회문화적 분위기에서 그려졌을지 모른다. 그림 속 부엌은 그야말로 꾸미지 않은 일상의 무대다. 낡은 벽이 눈에

띈다. 흠집도, 얼룩도, 금 간 것도, 심지어 못 자국마저 그대로 담았다. 세월의 흔적인 잡티나 주름을 화장으로 감추려 하지 않고 그대로 편하게 드러낸 얼굴 같다. 유리창도 소박하다. 일상의 먼지인지 세월의 더께인지, 맑지 않은 유리창 때문에 오히려 부드러운 빛이 들어온다. 그 창의 조그맣게 깨진 부분이 백미다. 그 구멍을 통해 밝은 빛이 마치 우유 줄기처럼 들어온다. 빛과 우유의 흐름을 응시하자니 명상이 함께 흐르는 느낌이다. 성스러운 느낌마저 든다.

그림을 엑스레이로 찍어보면 원래 부엌 바닥에는 넘쳐 흐르는 빨래 바구니가, 벽에는 지도로 보이는 그림이 붙어 있었는데 덧칠해서 지워버렸다고 한다. 그 결과 단정함이 돋보이고 빛이 머무는 공간이 되었다. 바닥에 놓여 있는 네모난 상자는 당시 유럽 여인들이 즐겨 사용하던 풋 워머foot warmer다. 추운 날 안쪽에 석탄을 넣고 그 위에 발을 올려 체온을 높였다고 한다. 이렇게 그림 안에는 풋 워머나 더치 오븐, 빵 바구니, 벽에 걸린 반짝이는 양동이처럼 당시 네덜란드 가정에서 흔히 볼 수 있던 소품들이 자연스럽게 배치되었다. 평범하고 익숙한 사물들로도 성스러운 빛을 내고, 반복적인 일상으로도 감동을 줄 수 있음을 보여주는 작품이다.

그림이 크면 아무리 소박한 일상을 그렸어도 그 일상이 우리를 압도하는 느낌이 든다. 이 작품은 가로세로 50센티미터를 넘지 않아 아담하다. 페르메이르는 평생 그리 크지 않은 사이즈의 그림을 그렸고, 그림 하나에 온갖 정성을 담아 오랜 시간 그려냈다고 한다. 평생 60여 점의 작품을 그린 것으로 추정되고 그중 남은 것이 절반을 조금 넘는 정도다. 파울 클레 같은 다작의 아이콘이 한 해에만 무려 500여 점의 작품을 남긴 것과 비교하면 하찮아 보이는 수다. 하지만 작품 수로 예술가를 평가하는 것만큼 어리석은 일이 있을까. 페르메이르는 1년에 두세 작품 정도를 그렸지만 천천히 조금씩 정성을 담아냈다. 그림 속 빵을 보면 오래된 느낌의 빵 부스러기까지 재현해놓았는데, 작은 점을 무수히 찍고 또 찍어서 단단하고 거친 빵의 질감을 표현했다. 그야말로 사소함이 모여 단단해졌다. 게다가 평생 똑같은 동네, 똑같은 집에서 생을 보내며 작품들을 그려나갔다고 한다. 페르메이르의 작품들은 주목받는 데만도 수백 년이 걸렸다. 이렇게 그림을 둘러싼 정황들마저 사소함과 익숙함의 힘을 향하고 있다는 것이 신기할 정도다.

그림 속 빛나는 푸른 치마의 의미

우리에게는 〈우유 따르는 여인〉이라는 다소 계급적 색채가 지워진 제목으로 알려져 있지만 그림의 원제는 〈De Melkmeid〉, 즉 '밀크 메이드'다. 원래 밀크 메이드는 실제로 소젖을 짜고 치즈나 버터를 만드는 일을 담당하는 하녀이기 때문에 그림 속 여인은 밀크 메이드라기보다는 키친 메이드에 가깝지만, 어쨌든 그녀의 신분은 고용인인 것으로 보인다. 단단한 팔, 다부지고 강인해 보이는 몸을 가졌다. 빳빳한 흰 리넨 천 안에 머리를 단정히 넣고 장식이 없는 옷을 입었다. 노란 상의에는 투박한 바느질 땀이 그대로 보이는데, 장식적인 스티치도 아니어서 그야말로 실용적인 옷임을 알 수 있다. 여인은 허드렛일을 할 때 쓰는 팔 토시를 끼고 소매를 걷어붙였다. 붉은 치마 위에는 푸른 앞치마를 둘렀다. 노란 상의와 녹색 토시, 붉은 치마에 푸른 앞치마. 원색이 사용되어 색의 대비가 상큼하다.

사실 당시의 그림이나 문학에서 부엌일을 하는 하녀는 성적 존재로 묘사되는 경우가 많았다. '안정적인 가정을 위협하는 존재'라는 섹슈얼한 뉘앙스로 소비되는 흔한 소재였던 것이다. 헤릿 도우의 〈양파를 다지는 소녀〉 같은 작품

헤릿 도우, 〈양파를 다지는 소녀〉, 1646년[1]

이 대표적인데, 예로부터 최음제로 알려진 양파를 다지면서 도전적인 시선을 던지는 젊은 여성 주변으로 성적 함의가 있는 상징물을 줄줄이 늘어놓은 그림이다. 수직으로 서 있는 촛대, 막자와 막자사발, 입을 벌려 뉘어놓은 주전자 등은 모두 성적인 의미를 담뿍 담고 있다. 빈 새장은 미덕의 상실을 암시하고, 무엇보다 '새Vogel'라는 단어 자체가 이미 '성적인 결합'을 의미하는 슬랭이라고 한다. 이런 사회문화적 코드를 반영하는 입장에서는 페르메이르의 그림에서 여인의 가장 가까운 곳에 위치한 타일 무늬가 큐피드인 점, 풋 워머가 여인의 치마 아래쪽을 전체적으로 데워주는 기능을 한다는 점, 풋 워머의 오른쪽 타일은 손에 쥔 단장과 등에 맨 배낭으로 보아 나그네로 보인다는 점 등을 내세워 그림 안에 성적 판타지를 주입하기도 한다.

하지만 나는 페르메이르가 이 그림에서만큼은 당시 팽배했던 섹슈얼한 뉘앙스를 걷어내고 오히려 메이드를 성스러운 존재로 표현했다고 믿는다. 풋 워머는 내면의 훈훈함으로도 해석할 수 있고, 추운 겨울에 묵묵히 일하는 성실함의 미덕을 강조하는 것으로 보아도 어색하지 않다. 타일 속 그림들도 그저 당시에 인기 있었던 이미지를 그대로 살린 것일 수 있지 않을까. 그림 속 여인은 그런 뉘앙스의 그림들이 공통적으로 선보이던 장밋빛 뺨과 빛나는 눈, 곱실거리는 잔머리와 육감적인 몸매를 가진 쾌활해 보이는 아가씨가 아니다. 보들레르가 〈지나치게 쾌활한 여인에게〉에서

---

1 이 그림을 18세기 프랑스에서 피에르 루이 드 쉬뤼그(Pierre Louis de Surugue)가 좌우 반전된 형태로 찍어낸 판화에는 하단에 그림 속 소년과 젊은 여인 사이의 가상의 대화가 덧붙여져 있다. 당신이 만드는 음식보다 당신에게 더 마음이 동한다는 발칙한 내용이다.

'쾌활한 그대 살을 벌주고' 싶다던 여인의 느낌이 아니라, 정지용의 〈향수〉에 등장하는 '아무렇지도 않고 예쁠 것도 없는 사철 발 벗은 아내'에 가깝다. 우유를 따르고 있는 여인의 미소는 팜므파탈이 아닌 모나리자 쪽이고, 빛에 둘러싸여 조용히 우유를 따르는 모습에서 느껴지는 정조는 유혹이 아닌 명상이다. 사실 벽면의 못 자국은 희생으로 인류를 구원한 그리스도를 떠올리게 하는 면도 있다.

그림 속 파랑이 유난히 아름답게 느껴질 것이다. 울트라 마린 블루라는 저 빛나는 파랑은 사실 성모 마리아의 색이다. 미술관에서 그림을 보다가 빨간 옷에 파란 망토를 두른 인물이 있다면 일단 성모 마리아로 보아도 좋을 만큼, 둘의 조합은 오랜 상징성을 가진다. 그런데 묘하게도 그림 속 여인이 빨간 치마 위에 푸른 앞치마를 둘렀다. 값비싼 청금석을 빻아 만든 분말에서 얻는 이 파란색 안료는 고귀한 신분에게만 사용하던 것이 관례였는데, 페르메이르는 부엌에서 일하는 고용인의 앞치마에 아낌없이 이 귀한 파랑을 칠했다. 노동의 빛나는 가치를 드러내고 인물에 신성함을 부여하려는 의도적인 시도다. 페르메이르는 여인이 돋보이도록 탁자의 평행선도 일부러 틀어두었다. (그림에 보이는 대로라면 탁자가 사다리꼴이어야 할 것이다.) 탁자에 덮은 천은 시선을 빼앗지 않으면서 앞치마와 부엌용 수건의 파랑이 돋보일 수 있도록 비슷한 계열에서 채도를 낮춰 썼다. 화가가 은밀히 넣어둔 이런저런 장치들의 빛을 받아, 소박한 일상 속 묵묵히 준비하는 아침이 이다지도 지극하게 빛난다. 성스러운 울트라 마린 블루와 고귀한 왕실의 상징인 로열 블루, 오늘날의 블루 칼라 노동자가 모두 파랑으로 이어진다는 묘한 사실을 이 그림에서 새삼스럽게 느낀다. 파랑은 점점 낮아졌지만 고귀함을 잃지 않은 색이다.[2] 더러워지는 것이 운명인 앞치마에 가장 귀한 색을 칠한 그림. 앞서 말한 '사소함의 반어법'을 그림으로 나타낸다면 바로 이 앞치마가 아닐까.

그림을 다시 본다. 요리에는 확실히 명상의 기운이 있다. 나는 종종 마음이 어지러울 때 요리를 하면 긴장이 풀리고 마음이 편안해진다. 씻고 다듬고 썰고 오랜 시간 뭉근히 익혀내는 일. 한두 번 하고 마는 것이 아니라 평생 해야 하는 일이라, 우리 앞에는 무수한 명상의 시간이 줄 서 있

---

2 파랑이 또 한 번 재미있어지는 지점은 책을 좋아하는 지적인 여성을 지칭하는 '블루 스타킹'이다. 당시의 시대 상황에서는 여성스럽지도 않고 결혼 상대로도 적합하지 않다는 뉘앙스를 품던 단어지만, 파랑이라는 색깔에 다시 한 번 고귀한 매력을 추가하는 예라고 생각한다.

다. 창자를 가진 인간의 운명에서 오는, 속된 일의 성스러움. 밥 지어먹고 사는 일은 사소하고도 위대하다.

하찮음이라는 열쇠

사소하고 하찮고 익숙한 것의 중요함과 위대함을, 신나는 젊음의 시기에는 잘 감각하지 못한다. 이를 깨닫는 것이 행복한 삶의 열쇠라는 생각이 들어서 이렇게 긴 이야기를 늘어놓고 말았다. 이 평범해 보이는 열쇠를 세상의 딸들이 되도록 빨리 주워 들기를 바라며. 사실 뒤에 오는 이들에게 내 경험에서 우러난 조언을 하는 건 나이가 들수록 점점 삼가고 싶은 일이다. 경험하지 않으면 도저히 알 수 없는 영역이 있기도 하고, 우리는 모두 다른 시공간을 사는 제각각의 존재들이라 나의 경험치를 그들이 받아들이는 것 역시 제각각이기 때문이다.

그럼에도 행복의 비결은 작은 것을 보는 데 있다고 말하고 싶었다. 우리 마음이 어지러워지는 이유는 대체로 큰 것과 비교하기 때문이다. 큰 집, 큰 차, 큰돈. 커지는 쪽으로의 팽창은 무한대라서, 그쪽을 바라보고 살면 불안과 고통도 무한대로 늘어난다. 반대쪽을 보고 살면 편안하다. 작은 것에 기뻐하고 사소한 것에 행복해하는 사람이 인생을 꽉 차게 사는 것 같다. 큰 것이 들어와야만 내 안이 찬다면, 늘 비어 있기 마련인 인생이 될 수밖에 없으니까.

　　하찮은 것은 편안함을 주고, 그 편안함에서 용기와 힘이 생긴다. 신유진 작가의 《창문 너머 어렴풋이》에 이 사실을 아름답게 설명한 부분이 있다. 부부가 산책을 하다가 반딧불이를 보는데, 한쪽이 감탄한다. 이렇게 작고 힘이 없는데 어떻게 이렇게 아름다울까. 그러자 상대가 대답한다. "사람들은 태양을 보고 아름답다고 말하지 않아. 어쩌면 무서워할걸? 너무 완전하고 커다란 건 조금 무서워. 이렇게 작은 건 뭐랄까… 꿈꿔볼 만하잖아. 어쩌면 나도 이런 빛은 가질 수 있지 않을까 하는 마음도 들고. 무엇보다 무해하니까. 이런 작은 불빛에 타 죽는 사람도 없을 테고." 작고 소박한 것은 이렇게 우리에게 용기를 준다. 작게 편안히 한 발 내디뎌보는 것. 그렇게 익숙한 발자국을 찍어가다 보면 어느덧 우리는 새로운 풍경을 만난다. 초침이 조금씩 밀고 지나가면 시간은 전혀 다른 곳을 가리키게 되듯이 '비록, 괜히, 굳이' 이렇게 작지만 강인해 보이는 단어들이 우리 삶을 밀고 나간다. '조금'의 힘도 사실은 엄청나게 큰 것이다. 길을 걷다 아주 조금만 각도를 틀어도 원래 방향과 크게 멀어지는 법이니까. 그러므로 조금씩 힘을 내도 충분하다. 하루 이틀쯤 일주일쯤 몇 년쯤 안 내도 좋고. 세상에는 고맙게도 다른 반딧불이들이 살고 있으니까.

한때 나는 큰일을 해야 한다고 생각했다. 마음에 힘을 잔뜩 주는 것이 젊음의 소명이라고 생각했다. 내 마음에 힘을 주지 않으면, 나에게도 나를 둘러싼 세상에도 의미 있는 변화 같은 건 주지 못할 거라고 생각하면서. 그보다 더 어렸을 때는 많은 사람에게 영향을 주는 훌륭한 사람이 되고 싶다고도 생각했다. 지금은 그렇지 않다. 그냥 작고 무해한 일을 하며 살고 싶다. 훌륭한 사람이란 꼭 영향력 있는 사람인 것도 아님을 이제는 안다. '말씀'이 아니라 '목소리'를 가진 사람이면 족하다고 생각한다. ('태초에 말씀이 있었다'와 '태초에 목소리가 있었다'의 차이를 느껴보시기를!) 가끔은 그저 보드라운 '숨소리'만으로도 좋다고 믿는다. 나의 하찮음을 깨닫고 편안해진 덕분이기도 하지만, 무수한 작은 목소리와 숨소리들도 세상에 의미 있는 변화를 만들어간다는 것을 알기 때문이다. 〈어른 김장하〉라는 다큐멘터리로 널리 알려진 김장하 선생도 자신에게 찾아와 선생님의 장학금을 받고도 훌륭한 사람이 못 되어 죄송하다 말하는 이에게, 자신은 그런 걸 바란 건 아니었다면서 "우리 사회는 평범한 사람들이 지탱하고 있는 것"이라고 말했다. 이와 관련해서 조지 엘리엇(본명은 메리 앤 에반스임을 꼭 밝히고 싶다. 앞서도 말했듯이 여성에 대한 차별적 시선 때문에 영희가 철수 이름으로 책을 낸 거랄까)의 《미들 마치》 속 좋아하는 문장을 옮겨본다.

> 이 세상에 선이 늘어나는 것은 역사에 남지 않을 사소한 많은 행동 때문이기도 하다. 우리가 더 나쁜 세상에서 살 수도 있었을 텐데 그렇지 않은 이유의 절반쯤은, 드러나지 않는 삶을 충실하게 살다가 지금은 아무도 찾지 않는 무덤에서 잠든 이들 덕분이다.

사소하고 하찮지만 부끄러울 것 없는 삶. 인류가 걷는 길에 소소하게 작은 점을 쌓는 삶. 앞서 언급했듯이 세상의 사소함은 모두 반어법일지도 모른다. 시를 읽고 안에 든 반어법을 알아보는 사람에게 시의 의미가 깊이 닿아오듯, 사소함 안의 커다란 것을 보는 눈을 가진 사람들에게는 인생의 의미가 다르게 닿아올 것이다. 주변에 그렇게 있어주었던 평범하고 익숙한 사람들에 대한 마음가짐도 그렇게 사소하게 달라지면 좋겠다.

PART 03

◖

함께 바라볼 것들

· 직선과 곡선 · 앞과 뒤 · 너와 나

01

직선과 곡선

나뉘었으나 나뉘지 않은 것들

직선과 곡선의 이분법

다니자키 준이치로의 《세설》을 읽었다. 가세가 기울어 가는 오사카 명문가 네 딸의 이야기다. 2차 대전 무렵 쓰인 풍속소설로, 간사이 여성들의 사고방식과 생활방식 등 여성 문화를 섬세하게 담아낸 작품이다. 이전 시대 여성 서사를 좋아해서 흥미롭게 읽었는데, 정작 내 눈을 사로잡은 것은 소설 뒤에 실린 다나베 세이코(영화 〈조제, 호랑이, 그리고 물고기들〉의 원작자다)의 서평이었다.

남자의 눈으로 보면 그저 제멋대로 구는 것으로 비치겠지만 여성 문화에는 독특하게 굴절된 발상의 절차가 있어서 (…) 결론에 도달하기까지의 거리가 굉장히 길다. 최단거리의 대각선을 돌파하는 남성 문화로는 도저히 따라갈 수 없는 아주 길고 구불구불 구부러진 여성 심리다.

책을 덮고 청소를 시작하려고 음악을 틀어 귀에 꽂았더니 하필, 호감 가는 상대에게 다가가고 싶지만 난 여자이니까 하루 더 기다린다는 가사가 귀에 들어왔다. 남자는 직진, 여자는 구불구불인 건가. 묘하게 반항심이 올라왔다. 내가 비록 수줍음이 많지만 술 먹고 2차 갈 때는 최단거리 대각선으로 냅다 직진하는데.

청소기를 들고 용맹하게 직진하는 내게 마침 반려인이 말을 걸어온다. 나는 얘기를 꺼내려면 일단 프롤로그부터 천천히 시작해야 하는데 그는 늘 다짜고짜 안건으로 직진한다(가풍이라고 한다). 말을 하다가도 가끔 딴생각에 빠지는 나는, 앞뒤 다 자르고 본론으로 들어가 바로 결론을 집어드는 능력을 가진 자들을 보면 깊이 감탄하곤 한다. 그런가, 역시 나는 구불구불형 인간인가. 그런데 그건 내가 여자라서 그런 걸까?

그러고 보니 '남친 언어영역 시험'이라며 여자친구가

돌려 말하지 않은 문장을 고르라는 문제를 본 적이 있다. "피곤하면 다음에 만날까?" "나 뭐 바뀐 거 없어?" "아니야 화 안 났어." 냅다 웃겼다. 이것들은 신나는 수수께끼인가 다정한 배려인가 아니면 정신 똑바로 차리고 대답 잘하라는 협박인가. 남성들은 흔히 대형견에, 여성들은 쉽게 곁을 내주지 않는 고양이에 비유되곤 하는데 여기도 직선과 곡선이다. 개는 꼬리를 흔들며 주인(이라는 표현이 웃기다고 생각하지만 마땅한 대안이 없어 일단 쓴다)에게 직진으로 달려오지만 고양이는 알 수 없는 궤적으로 슬그머니 다가온다. '남자는 직선, 여자는 곡선'이라는 꽤 명쾌해 보이는 이분법을 머릿속에서 데굴데굴 굴려보면서 나는 곡선 경로로 청소를 마친 뒤 직선으로 뻗었다.

여성은 곡선, 남성은 직선. 사실 참 재미없는 이분법이다. 사실 나의 반려인은 다짜고짜 결론으로 직진하는 가풍을 가진 집안의 막내고, 위로 누나가 둘 있다. 누나들 화법도 그렇다고 한다. 시원시원한 일 처리에 감탄한 게 한두 번이 아니다. 남성과 가장 두드러지게 다른 부분이 가슴이기 때문에 여성의 몸 선이 곡선이라고들 하는데, 사실 몇몇 중년 남성의 동그란 배에는 여성 못지않은 미칠 듯한 곡선미가 있다. 반대쪽으로는, 두 아이에게 수유한 뒤 가슴이 소멸하여 직선미를 장착하게 된 내 가슴도 필요하다면 증거로 제출할 수 있다. (필요하지 않기를 바란다.)

외양뿐 아니라 마음도 마찬가지다. 최단거리로 거침없이 나아가는 여성, 세심하고 보드라운 화법의 남성이 세상에는 많다. 섬세한 남성도 때로는 둔하거나 거칠 때가 있고, 거침없는 여성이 때로는 부드럽게 침묵한다. 우리는 그저 시시각각으로 바뀌는 각기 다른 인간일 뿐이다. 경향이나 특성 같은 단어를 붙일 수는 있어도, 인정머리 없는 이분법으로 굳이 우리를 나누고 가두는 일은 하지 않았으면 한다.[1] 거칠고 퉁명스러운 말이 실은 부드럽고 세심한 배려에서 나온 것이기도 하고, 돌려서 구불구불 건넨 말에 우리는 직선으로 정곡을 찔리기도 한다.

세상에는 직선과 곡선이 있다고들 하지만, 사실 세상은 대체로 곡선이다. 애초에 지구부터 둥글다. 곡선을 무한히 잡아당겨 늘여놓으면 수평선이나 지평선처럼 직선으로 보이는 구간이 있을 뿐이다. 직선은 대체로 인간들이 만든

---

1 그런 의미에서 앞에 언급했던 노래는 유주와 로꼬의 '우연히 봄'이라는 노래인데, 직접 부를 일이 있을 때 종종 "나는 여자이니까" 대신 "나는 유주이니까"로 바꿔 부른다고 한다. 좋은 센스다.

것이라 자연에서는 좀처럼 찾아보기 어렵다. 모든 생명은 곡선인 모습으로 곡선의 삶을 산다. 지혜로 이르는 길도 곡선이고 노래도 곡선이다. 위에서 직선처럼 보이는 것도 옆에서 보면 위아래로 구불구불 요동친 복잡한 선일 수 있다. 더 중요하게는, 선은 무수한 점들의 집합이다. 이 글에서는 나뉘어 있으나 나뉘지 않은 것들에 대해 이야기해볼까 한다.

아우구스트 마케, 직선의 그림과 곡선의 그림

독일 청기사파 화가로 알려진 아우구스트 마케August Macke는 〈숲길 위의 커플〉이라는 제목의 작품을 두 번 그렸다. 나란히 두고 보면 직선과 곡선의 느낌이 대비된다. 1912년 작품에는 직선이 내는 리드미컬한 감각이 돋보인다. 나무들이 프리즘처럼 빛을 굴절하여 색을 분산시키고 있는데, 나뭇잎 사이로 스며드는 빛이 초기 입체파의 분할 기법과 무척 잘 어울린다. 직선으로도 숲이 이토록 풍성할 수 있다. 곡선도 효과적으로 사용했지만, 중첩되고 교차되는 느낌을 주어 숲을 재미있는 공간으로 만든 것은 대체로 직선

아우구스트 마케, 〈숲길 위의 커플〉, 1912년

아우구스트 마케, 〈숲길 위의 커플〉, 1913년

들이다. 아르페지오에 스타카토가 섞인 경쾌한 변주곡을 배경음악으로 깔아둔다면 중첩과 교차가 내는 이런 생동감과 잘 어울리지 않을까. 이 감각적인 숲을 배경으로 한 쌍의 연인이 정면에 큼직하게 배치되었다. 마케는 나무줄기들을 번개처럼 각이 살아 있는 모습으로 표현했고, 여성의 등은 둥글게, 남성의 등은 각을 살려 직선으로 처리했다. 두 사람이 차려 입은 옷 색상도 대조적이다.

1913년, 마케가 같은 제목으로 다시 그린 작품을 보고 재미있다고 생각했던 건 그림을 곡선으로만 그렸다는 점이다. 연인이 구름 속을 걷는 듯 나무가 몽글몽글하게 부풀어 있다. 바닥에도 원의 호 같은 곡선을 그렸고, 나무줄기도 직선이 두드러질 만한 부분은 가려두었다. 이제 두 사람은 비슷한 붉은 계열 옷을 입고 산책 중이다. 이전 작품에서 다소 딱딱했던 남성의 실루엣은 여성과 동일하게 부드러운 곡선으로 처리되었다. 특히 두 사람의 어깨에 두드러진 둥근 붓 터치가 시선을 끈다. 크기가 작아진 커플은 코코아 속 마시멜로처럼 배경에 보드랍게 녹아들었다. 이 그림은 드뷔시의 〈달빛〉에 얹으면 무척 잘 어울린다. 말랑거리는 두 사람의 감정이 무수한 곡선들을 타고 미끄러져 보는 이에게도 부드럽게 전달된다.

1912년 그림은 직선의 느낌으로 아름답고, 1913년 그림은 곡선의 느낌으로 아름답다. 취향 차이는 있겠지만 어느 쪽이 우월하다거나 원숙하다거나 하는 잣대를 들이댈 수는 없다. 각자의 느낌으로 매력적이다. 곡선과 직선, 여자와 남자는 원래 그런 것이 아닐까. 어쩌면 비슷한 풍경을 두고도 자신만의 렌즈에 따라 전혀 다른 느낌으로 세상을 해석할 수 있음을 마케가 표현한 건지도 모른다. 그 렌즈라는 건 한 사람 안에서도 때에 따라 다른 필터가 끼워진다는 것도.

아우구스트 마케는 27세의 젊은 나이에 1차 대전에서 전사했다. 그리 길지 못한 생을 살았지만 화풍에는 변화가 많았다. 초기에는 마네를 떠올리게 하는 빛과 색의 조합이 인상적인 그림을 그렸는데, 점차 마티스처럼 선과 형태가 단순해지는 경향을 보인다. 그 뒤로 프랑스, 벨기에, 네덜란드, 이탈리아 등 유럽뿐 아니라 파울 클레 등과 더불어 튀니지까지 여행한 마케는 인상주의, 야수파, 입체파, 미래주의 등 다양한 사조와 만났지만 그 어디에도 발을 푹 담그지는 않았다. 그저 영향을 자기 작품에 주체적으로 담아냈다. 1911년 바실리 칸딘스키를 중심으로 결성된 표현주의 작가 그룹 청기사파[2]에 합류하지만, 그룹과의 관계도 모호했고 자신의 작품이 표현주의라는 라벨을 다는 것을 별로 좋아하지 않았다고도 한다.

오스트리아 벨베데레 미술관에서 특별전을 관람한 적이 있는데, 클림트가 영향을 받은 작가들과 작품을 엮어둔 재미있는 전시였다. 고흐, 로댕, 마티스, 로트렉, 뭉크 등 많은 이들의 영향이 클림트의 화폭에 스며드는 것을 흥미롭게 목격했다. 하지만 클림트는 그저 독보적인 이름, 클림트로 존재한다. 마케도 마찬가지다. 많은 작가들을 만나고 다양한 실험을 거쳐 자신의 이름을 주체적으로 빚어갔던 화가다. 마케 작품의 스타일 변화가 그리는 궤적은 한 인간이 품는 다양성과 개별성을 그대로 보여주는 것이 아닐까. 우리는 직선의 그림도 곡선의 그림도 그릴 수 있는 주체이며, 삶에서 직선의 구간을 지날 때도 곡선의 구간을 지날 때도 있는 인간들이다.

---

2   뮌헨의 청기사파와 드레스덴의 다리파가 대표적인 표현주의 집단이다.

우로보로스의 세계

우로보로스는 그리스어로 '꼬리를 삼키는 자'라는 뜻
으로, 고대 그리스에도 이집트에도 자주 나타나는 상징이
다. 커다란 뱀이나 용이 자기 꼬리를 삼키는 모습인데, 시
작과 끝이 연결되면서 무한을 상징하는 고리가 만들어진
다. 손끝으로 동그랗게 따라 그리다 보면 영원, 윤회, 무한,
순환 같은 묵직한 두 음절 단어가 떠오른다. 탄생과 죽음이
잇닿아 되풀이되는 동그라미. 시간의 흐름은 직선이 아니
라 이렇게 원형의 모습을 하고 있는 거라고 말하는 듯하다.
1865년 벤젠C6H6의 결합구조를 고리모양으로 제안한 아우
구스트 케쿨레는 꿈에서 우로보로스를 본 뒤 수수께끼 같
던 문제를 풀었다고 한다. 처음과 마지막이 묶여 원이 된 이
형상을 보면서 나는 나누지 않는 일에 대해 생각한다.

SF 작가 테드 창의 데뷔작이자 네뷸러상 수상작인 단
편 〈바빌론의 탑〉도 우로보로스적 우주관을 다룬다. 성경
속 바벨탑 이야기처럼 인간이 하늘로 끝없이 닿아가는 탑
을 건설하는 이야기인데, 알고 보니 세상은 도넛처럼 시작
과 끝이 맞닿도록 둥글게 말려 있었다는 것이다. 작가는 바
빌론의 원통형 인장으로 이를 설명한다. 무늬가 새겨진 밀

1478년 비잔틴 그리스 연금술 사본에 나오는 우로보로스 그림

대로 반죽을 밀어서 쿠키를 굽는 것처럼, 점토판 위에다 무 늬가 새겨진 원통형의 인장을 굴린다고 생각해보자. 다음 장에서 보듯이 점토판에서는 왼쪽 끝과 오른쪽 끝에 거리 를 두고 각각 떨어져 있는 인물이, 인장에서는 나란히 곁에 서게 된다.

소설에서 왜 야훼가 탑을 무너뜨리지 않았는지, 정해 진 경계 너머로 손을 뻗치고 싶어 하는 인간들에게 왜 벌을 내리지 않았는지, 그 답을 테드 창은 이런 도넛 혹은 원통형 인장 같은 세계의 모습으로 제시한 것이다. 그런 세계에서

바빌론의 원통형 인장, 기원전 2000년대 초반 추정

는 아무리 오랫동안 여행을 해도 인간은 결국 출발점으로 되돌아오게 되어 있기 때문에. 소설 속의 이야기지만, 하늘과 땅을 가르는 이분법의 근간을 뒤흔드는 이 세계관은 우리에게 많은 것을 시사한다. 실제로 도넛 모양은 아닐지라도 우리 세상은 많은 부분 이렇게 절묘하게 건설되어 있다. 인간은 나누기를 좋아하지만 세상은 결국 붙어 있는 게 아닐까.

처음과 끝이 맞물리는 건 자연의 섭리이기도 하다.

지난 시절은 돌아오지 않아도
지난 계절은 돌아오고
시든 청춘은 다시 피지 않아도

시든 꽃은 다시 피고

빈자리는 채워지지 않아도

빈 술잔은 채워지고

　　주병권 시인의 〈봄〉이라는 시의 일부다. 지구가 태양 주위를 공전하며 자전하듯, 시간이 흐르는 직선의 길을 따라 곡선이 그윽하게 휘감고 있는 모습을 본다. 아니, 공전과 자전이 그렇듯 시간이 직선으로 흐르는 것처럼 보여도 그 역시 무한히 큰 동그라미 위에서 단지 직선처럼 보이는 구간일지 모른다. 자연의 많은 것들과 술잔(은?)은 동그라미를 그리며 순환한다. 구름에서 떨어진 빗방울은 강과 바다로 흘렀다가 다시 구름으로 모이고, 봄, 여름, 가을, 겨울이 지나면 다시 봄이 온다. 세상에는 보이지 않는 우로보로스들이 동글동글 말려 있다. 자기 꼬리를 야무지게 물고 있는 우로보로스는 나누고 자르고 분해하기 좋아하는 인간들에게 말을 건다. 나누지 않는 일, 되돌아오는 일, 연결을 깨닫는 일에 관해. (입에 꼬리가 잔뜩 들어 있기 때문에 아마도 복화술로 말할 듯하다.) 머리와 꼬리를 그렇게 이 악물고 나눠야겠느냐고 묻는 것 같기도 하다. 시간도 실은 직선의 화살이 아니라 동그란 수레바퀴가 아니겠느냐고.

반대말로 보이는 단어들이 실은 나뉠 수 없게끔 연결되어 있음을 종종 깨닫는다. 김영글 작가는《모나미 153 연대기》에서 볼펜의 시작은 어디인지, 그리고 볼펜의 끝은 어디인지 묻는다. 한 줄의 선을 긋기 위해 내미는 잉크 주입부가 볼펜의 시작인데, 그 앞부분을 내밀려면 바로 조그만 뒷꼭지를 눌러야 한다는 것이다. 그러므로 볼펜의 시작은 뒷꼭지인 셈이다. 문보영 시인은 물건을 버리기 전에 사진을 촬영하고 일기를 썼다는데, 그것을 애도이자 '두 번째 헤어짐' 혹은 '제대로 헤어지기'라고 했다. 버린 물건이 글이 되어 다시 한번 살게 되었으므로 소멸이 곧 부활이었다. 시인의 말대로 우리는 물건을 곁에 둘 때보다 버릴 때 그 물건과 제대로 만나게 되는지도 모른다. 사람도 마찬가지다. 이별의 순간에 상대와 가장 진하게 만나고 가장 깊이 있게 독대한다. 따라서 이별과 만남 역시도 깔끔하게 떼기 어려운 반죽처럼 질척하게 뭉쳐 있는 셈이다. 프랑스 철학자 시몬 베유는《초자연적인 앎La connaissance surnaturelle》이라는 책에서, 두 수감자가 감옥의 벽을 두드려 소통하는 사례를 언급하며 벽은 그들을 분리하는 동시에 서로 연결해주는 수단이라고 했다. 둘을 가른 것이 동시에 둘을 연결시켰으므로 벽은 '나누되 나누지 않은 것'이었다. 앞과 뒤도 마찬가지다.

발자크의 《잃어버린 환상》에서 주인공 뤼시앙의 친구 블롱데는 모든 관념에는 반드시 앞과 뒤가 있는데, 어느 쪽이 뒤인지는 아무도 책임지고 확언할 수 없는 것이라고 말한다. 사상의 영역에서는 모든 것이 양면적이기 때문이라고 덧붙이면서. 블롱데의 말은 사실 풍자적 뉘앙스가 강한 콘텍스트에서 나오는 것이지만, 풍자의 기름기를 싹 걷어내더라도 100퍼센트 진실이다. 그렇게 일견 반대로 보이는 것들을 자세히 들여다보면, 단단하게 나뉘어 있는 것처럼 보이는 것이 일순간 물렁해지면서 실은 나뉘지 않았음을 깨닫게 된다. 다정하고도 잔인한 날씨가 있듯, 성공 같은 실패가 있듯, 단점은 곧 장점이듯, 곡선 같은 직선이, 직선 같은 곡선이 있다.

청자 베개가 건네는 말

곡선 같은 직선, 직선 같은 곡선이라면 나에게는 고려의 푸른 여름 베개가 떠오른다. 직선을 살짝 오므려놓은 듯한 곡선의 미감에 반해서 '인간이란 이렇게 선 하나에 감동하는 존재구나' 생각했던 물건이다. 곡선 네 개가 딱딱한 육

면체를 온기가 감도는 베개로 바꿔놓았다. 양쪽으로 놓인
사각 베갯모에서 안쪽을 향해 선과 면이 휘어들었는데, 그
곳에 구름이 뜨고 학이 날고 모란도 활짝 피었다. 은은한 곡
선들이 베개에다 하늘과 땅을 펼쳐놓은 셈이다. 맵시 있는
저 곡선에다 머리를 누이고, 그 곁의 든든한 직선들이 주는
안정감에 기대 반듯하게 몸을 눕혀보고 싶다.

　이 청자 베개는 한낮에 잠시 머리를 쉬거나 오수에 들
때 사용하는 베개라고 한다. 청자를 베고 잠에 든다는 상상
만으로 설렌다. 푸르게 잠들어 매끄러운 꿈을 꾸게 되지 않
을까? 도자기 베개라니, 현대인에게는 소재만으로도 이미
신기한데 더 신기한 것이 보인다. 바로 베개 양측에 구멍이
뚫려 있다는 것. 이 구멍은 '한단지몽邯鄲之夢'이라는 고사가

얽혀 있는 구멍으로, 다른 세계로 가는 통로다. 베개의 백미는 이 구멍에 있다.

도사 여옹呂翁이 한단으로 가는 길에 주막에서 쉬다가 행색이 초라한 노생盧生이라는 이를 만났다. 노생은 자신의 처지를 한탄하다 졸기 시작했는데, 이를 본 여옹이 자신의 봇짐에서 양쪽에 구멍이 뚫린 베개를 꺼내 권했다. 노생이 구멍을 들여다보자 구멍이 점점 크고 환해졌고, 노생은 그 안으로 빨려 들어갔다. 그곳에서 그는 과거에 합격하고 명문가의 부인을 얻어 재상으로 이름을 드높인다. 한때 역적으로 몰려 갖은 고초를 겪기도 하지만, 결국 모함을 벗고 복권된 그의 노년은 평안하였다. 고관대작이 된 아들 다섯과 열 명의 손자를 거느리고 (아니 딸이나 손녀는 없으셨나요…) 부귀영화를 누리다 황제의 어의가 지켜보는 가운데 80세의 생을 마감한다. 그러나 노생이 깨어보니 모든 것이 꿈이었고, 아까 주막 주인이 밥을 하려고 씻어 솥에 안쳐둔 메조가 아직 뜸이 들지 않았을 정도로 짧은 시간이 지났을 뿐이었다. 둥그렇게 시간을 돌아 다시 제자리로 돌아온 것이다.

나는 인간이 잠을 자고 꿈을 꾸어야만 사는 존재라는 사실이 늘 신기하다. 우리는 의식으로 감각하는 낮의 세상과, 무의식으로 바라보는 밤의 세상으로 이루어진 존재다.

낮잠이라는 것은 그러므로 더 오묘한 맛이 있다. 어둠의 이불을 덮지 않고서도 환한 생의 한가운데서 잠시 생을 깜빡 잊는 시간. 우리는 그렇게 매일 다른 세상에 다녀온다.[3] 현실적으로는 코 골고 이 갈고 침 흘리는 몹쓸 모습을 하고 있어서 그렇지, 이렇게나 신비로운 존재라니. 아이들이 잠든 모습을 볼 때마다 조그만 이마를 쓸어보며 지금은 어느 세상에 가 있는지 궁금해한다. 살아 있는 존재는 대체로 잠을 잔다. 세상을 보고 그 안에서 걷고 뛰기 위해서는 눈을 감고 가만히 누워 있는 시간이 필요하다. 마냥 직선으로 내달리지 말라고 우리 몸에 새겨 넣은 스위치인지도 모른다. 너울너울 느긋하게, 굽이굽이 돌며 다른 세계를 좀 유영하다 오라고.

이 한단침(邯鄲枕)의 주인은 잘 되면 잘 되는 대로, 못 되면 못 되는 대로, 한껏 날아오른 시간들도 진흙탕에 처박힌 시간들도 단지 기장밥 익는 시간 정도의 꿈이라는 것을 기억하고 되새겼을 것이다. 불안과 수치와 욕망이 곰팡이처럼 피어 있는 생을 잠시 잊고서 다른 세상에서 몸을 씻다 오는

---

3 윤성택 시인은 〈안부〉라는 시에서 꿈은 삶을 복기하는 것이 아니라 삶이 꿈으로 환기되기 위해서 마련해놓은 시간이 아니겠느냐고 썼다.

것을 즐겼을 것이다. 구름과 꽃을 베고 누웠겠지만, 무엇보다도 구멍 사이로 신선하게 부는 바람을 베고 잠들었을 테지. 바람이 닿는 곳에는 곰팡이가 덜 핀다. 저 구멍 사이로 고려의 바람도 조선의 바람도 머물다 갔을 테고, 인간의 삶에서 바람이 통하는 일이 얼마나 중요하고 아름다운 것인지 깨닫지 않았을까. 그리고 노생처럼 구멍을 들여다보며 바람이 불어오는 곳과 불어가 닿는 곳을 생각했을 것이다.

테드 창이 말한 도넛 같은 세계관이 이 아름다운 베개에도 은유적으로 들어 있다. 직선들의 귀퉁이를 잡고 느슨히 휘어진 곡선 위에 하늘이 생기고 땅도 놓였는데, 구멍 덕분에 또 한 차례 차원이 뒤틀려 새로운 세계가 생겨났고 서로 이어졌다. 이런 베개를 끌어다 베고 눕는 사람들은 곡선과 직선, 점이 만나는 세상의 이치를 손끝과 목덜미로 감각했을 것이다. 나이가 들수록 아름다운 물건을 곁에 두고 살고 싶어진다. 이렇게 낭만과 사유가 담긴 물건이라니, 욕망의 꽃이 또 한 송이 슬그머니 피어난다. (마음은 이미 꽃밭이다. 돈 안 드는 상상이야 늘 욕망의 좋은 친구 아니겠는가.)

이런 베개를 만든 사람들의 선한 손과 순한 눈이 궁금해진다. 직선의 베개 안에 곡선을 넣어 공간을 펼치고 구멍을 뚫어 세상이 드나들게 했던 사람들. 이 베개는 그렇게 곡

선, 직선, 점을 품은 모습으로 우리에게 말을 건넨다. 시간
도 결국 동그랗게 되돌아오는 것이니 바득바득 나누거나
내달리지 말고, 직선 같은 곡선, 곡선 같은 직선, 현실 같은
꿈, 꿈같은 현실, 그 모든 것이 들락날락하는 구멍을 한 번
들여다보라고.

이분법의 마음과 사이의 마음

공연을 마친 지휘자 다니엘 바렌보임과 관객들의 대화
를 본 적이 있다. 한 젊은 관객이 물었다. 다른 작곡가들의
소나타에 비해 베토벤 소나타에서 가장 중요하게 생각하는
측면이 무엇이냐고. 바렌보임은 '내가 대답할 수 없는 질문
인 것 같다'고 답했다. 음악은 서로 다른 요소들을 구별해서
짚어내는 게 아니라, 모든 것들을 연결하고 통합하는 것이
기 때문이라고 덧붙였다. "음악을 하면서 이 부분은 굉장히
리드미컬하구나, 이 부분은 굉장히 감성적이구나, 이런 것
을 생각하면 음악을 하는 게 아니라 그저 소리를 만들어내
고 있는 거예요. 음악을 할 땐 서로 다른 요소들을 인지하지
못할 만큼 모든 요소들이 통합되어야 하거든요." 그는 음악

교육이 이런 것을 가르치지 못하고 있어 다소 유감이라면서 인상적인 문장을 꺼냈다. "Music is about integration(음악은 통합하는 것입니다)." 그의 대답은 유려하고 다정한 곡선이었고, 나누려는 것을 잇는 지혜였다. 조금 전까지 그가 지휘봉으로 그려냈던 곡선들 같은 그의 답변에 내 마음이 둥글게 공명했다.

세상에는 나누려는 마음이 분명 존재한다. 명확히 구분해내는 것은 인간 이성의 오랜 즐거움이자 쓸모이기도 하다. 벼와 피를 구분하지 못하면 당장 피를 볼 것이며 진달래와 철쭉을 구별하지 못하는 자는 화전을 만들어 먹다 세상을 하직할 것이다. 한국인의 오랜 숙제, 똥과 된장도 될 수 있으면 구분하는 편이 이롭다. 거짓의 포장지 안에 겹겹이 싸놓은 조그만 진실을 알아보는 눈은 오해를 이해로 바꾼다. 선과 위선을, 중요한 사실과 쓸데없는 사설을, 성스러움 안의 상스러움을 구분하는 눈을 가져야 우리 사회는 보다 나은 곳이 될 테고, 중요와 소중, 평안과 편안, 존경과 동경, 외로움과 쓸쓸함과 적막함 사이의 미묘한 차이를 유리알처럼 맑게 인식해내는 사람들이 세상을 부드럽게 어루만질 것이다.[4]

하지만 필요 이상으로 나누고 쪼갠 뒤 편을 갈라버리

는 일이 얼마나 많은지, 우리가 얼마나 이분법을 즐기는지 생각하면 다소 의아할 때가 있다. 나누는 습관은 편 나누기의 관성으로 가버릴 위험이 있다. 이분법은 기초적인 이해나 분석의 단계에서는 쓸모가 있지만 깊이 있는 이해라든가 문제 해결, 전망의 단계에서는 함정이 되는 경우가 많다. 애초에 선택지가 두 개라고 말하는 프레임이라면 빈약할 수밖에. 흑과 백 사이의 수만 가지 명암을 생략할 필요가 있을 때와 있는 그대로 풍성히 지켜주어야 할 때를 알면 좋을 텐데, 아쉽게도 세상은 간편한 것을 좋아하는 듯하다. 긴 글 밑에 으레 '누가 요약 좀'이라는 댓글이 달리듯, 이야기가 풍성하면 좋을 부분에도 여지없이 '그래서 결론이 뭐고 너는 어느 쪽인지'를 쉽게 묻는다. '필요 이상의 구별' 부문에서 둘째가라면 서러울 것이 바로 성별이고, 성별의 구별은 잠시만 방심하면 차별이 된다.

성별의 구별에 관해 직설적으로 말하는 것은 또 다른 이분법을 낳을 것 같아 직선과 곡선에 슬쩍 기대어 말하는 이 곡선의 마음을 알아주면 좋겠다. 흔히들 직선은 강하고

---

4   중요와 소중, 평안과 편안, 존경과 동경, 외로움과 쓸쓸함과 적막함 사이의 차이는 앞서 언급한 김소연 시인의 《마음사전》에서 배웠다.

곡선은 부드럽다고 한다. 매일 발바닥으로 걸어 다니며 그런 말을 하는 건 실례일지 모른다. 내리누르는 힘을 분산시켜 놓은 아치arch는 직선으로 곧게 뻗은 기둥보다 훨씬 튼튼하고 안정적이다. 그렇게 우리 몸의 가장 밑바닥에 있는 작은 곡선을 보기 바란다. 일반적인 직선 형태의 못보다 곡선을 품은 나사못이 훨씬 단단하다는 것도 우리는 알고 있다. 평탄한 직선 주로를 빠르게 치고 나가는 것도 강함이지만, 어마어마한 원심력을 버텨내며 둥그런 궤적을 그리는 것도 강함이다. 직선은 타협 없이 강하고 곡선은 인내하므로 강하다. 직선으로 빠르게 치고 나가면 그만큼 더 멀리 닿을 수 있고, 곡선이나 나선으로 걷는다면 더 많은 것을 보고 품으며 갈 수 있어 넓게 닿을 수 있다. 터널이 생기면 너에게 빨리 가 닿을 수 있어서 좋고, 굽이굽이 돌아가면 새로운 풍경과 새로운 사람들을 만날 수 있어서 좋다. 어느 쪽이 꼭 우위에 있다고 볼 수 없지 않을까.

더구나 세상에는 부드러운 직선이 존재한다. 김재진의 시 〈넉넉한 마음〉에서 날카로운 빗금으로 부딪히는 너를 달래고 어루만져 주고 싶다는 마지막 두 행을 두고, 늘 보드랍게 웃는 지인이 불국사 청운교와 백운교 이야기를 해주었다. 그곳에는 계단 안쪽으로 물이 들어가지 않도록 계단

양 옆 돌에 살짝 빗금이 가 있다고. 그러므로 꼭 너와 부딪히려는 게 아니라, 너를 위해 밖으로 물을 흘려주기 위해 날카로운 빗금을 그을 수도 있다고. 이 이야기를 전해 듣고 나는 날카롭게 그어진 직선의 빗금마저 저렇게 부드럽고 둥근 마음을 가질 수 있다는 사실이 못내 좋았다. 경주에 다시 간다면 그 부드러운 직선을 꼭 찾아보고 싶다.

　　세상은 우리가 서투르게 재단하는 것보다 훨씬 복잡하다. 청운교와 백운교에서처럼 부드러운 마음을 품은 빗금도, 무심한 눈에는 그저 날카로운 선일뿐이다. 위아래로 꼬불거리는 곡선은 아래에서 올려다보면 직선이다. 몇 천 겹의 나선도 위에서 내려다보면 그냥 심심한 동그라미 하나로 보이겠지. 비정상인 세상에서 정상은 비정상이고, 냉정함은 가끔 델 것 같은 열정에서 나온다. '드라이아이스를 맨손으로 만지면 냉온화상의 위험이 있습니다'[5]라는 경고문이 나는 늘 신기했다. 아이스에서 화상을 입다니. 동상인지 화상인지 모르겠지만 두 고통이 닿아 있다는 것만은 어렴

5　영어로도 'ice burn'이라고 표현되는 냉온화상은 극심한 추위가 세포 안의 물을 얼게 만들어 피부조직을 손상시킬 때 생기는데, 엄밀하게 따지면 동상이지만 상처가 실제 화상과 매우 비슷하다고 한다.

픗이 느껴진다.[6]

어른이 되어가면서 당연하다고 생각했던 것들이 당연하지 않고, 명쾌하게 구분된다고 믿었던 것들이 실은 그렇지 않음을 본다. 나를 제일 잘 아는 건 나 자신이라고 믿었다가도 내가 나를 제일 잘 모른다는 사실에 당황하고 만다. 그렇게 흑과 백 사이에 찍힌 수만 가지 회색 점들을 응시하게 된다. 앞서 언급한 올가 토카르추크는 이런 우리에게 '사이'라는 의미의 그리스어 '메탁시'를 내민다. 그는 이 개념을 통해 우리가 그간 맹신해온 사고방식들(이를테면 독단적인 신앙주의, 과학만능주의, 양자택일을 강요하는 사고방식 같은 것)의 기반을 뒤흔들 수 있고 흑백 논리에 반기를 들 수 있다고 말한다. 남자-여자, 낮-밤, 이것-저것과 같은 단순한 이분법은 사라지게 될 것이며 이분법의 사이, 그 틈바구니에 놓인 세계가 구원을 받게 될 것이라고. 올가 토카르추크가 '메탁시의 영토'라 칭하는, 그 불확실하고 흐릿하며 말로 표현하기 힘든 영역에서 늘 뭔가가 생성되고 무르익어 우리 의

---

6 이 경고문에 겹쳐지는 니체의 말도 있다. "너무나 차갑고 얼음 같아 사람들은 그에게서 손에 화상을 입는다! 그를 만진 손은 모두 깜짝 놀란다! - 그리고 바로 그 때문에 많은 사람이 그를 뜨겁게 달아오른 사람으로 여긴다."

식 속으로 유입된다는 것이 나는 좋았다. 불안하지 않고 신선했다. 우리를 끌고 가는 것은 명확한 것보다는 알 수 없는 모호한 것들일 때가 많다. 그러므로 자신 있게 둘의 차이를 인식하는 눈도 중요하지만, 겸손하게 그 사이를 바라보는 눈도 필요하다.

올가 토카르추크가 말하는 메탁시의 영토는 '사이'의 공간이고 '맥락'의 장소다. 새로움이나 전환 같은 단어들이 알처럼 부화를 꿈꾸며 웅크리고 있는 곳이기도 하다. 직접적인 단어만을 보는 것이 아니라 전체적인 맥락을 보려는 마음, 두 갈래의 구조 자체를 비틀어 새로운 공간을 만들어 내려는 시도. 그러니까 여자와 남자의 사이에 놓인 세계, 낮과 밤의 틈바구니에 놓인 세계가 결국은 남녀와 밤낮을 새롭게 다듬을 것이다.

김환기가 전하는 지혜

직선과 곡선에 관한 이분법도 구조 자체를 비틀어 크게 바라보면 새로운 차원이 열린다. 그건 바로 선은 모두 무수한 점으로 환원된다는 사실이다. 세상은 이분법적으로

김환기, 〈10만 개의 점〉, 1973년

구성되는 곳이 아니고, 흑과 백 사이에는 수만 가지 회색점
이 찍혀 있으며, 직선도 곡선도 실은 무수한 점의 집합일 뿐
이라는 사실 앞에서 이 그림을 보면 잔잔한 감동이 퍼진다.
점이 모여서 선이 되고 세상이 되는 그림. 점으로 만든 직선
과 곡선이 어울려 세상을 담고 우주를 구성한다는 것을 보

여주는 듯한 그림이다.

해도 지평선도 수평선도, 완만한 평지와 구릉, 둥근 언덕과 솟아오른 산도, 이리저리 살짝 휘어진 선에 모두 담겨 있다. 그리고 〈10만 개의 점〉이라는 제목이 말하듯, 그 모든 선은 점의 집합이다. 자연은 이렇게 짙고 옅은 무수한 점들이 어울려 생긴다. 점의 명도가 일정했다면 저렇게 여운이 남는 깊이가 만들어지지 못했을 것이다. 푸른 단색의 색감이지만 다양한 명암이 이토록 풍성한 세상을 만든다. 그러므로 청과 백, 흑이 아닌 그 사이의 점들이란 얼마나 중요한 것인가. 앞에 사각형으로 놓인 직선은 이 무한한 푸른 우주로 들어가는 문 같다. 그림 속의 무수한 점들, 곡선과 직선이 더할 나위 없이 잘 어울려 벅차게 밀려든다.

자연과 우주도 그렇지만, 우리의 삶도 결국은 직선과 곡선이 무한히 뻗어나가 엉키는 일이다. 직선도 곡선도 자신의 몫이 있는 셈이다. 어린아이 특유의 둥글고 작고 보드라운 곡선을 아주 좋아한다. 동그란 아이가 입 모양을 작은 곡선으로 만들며 웃는 순간에는 온 세상이 경쾌하게 구부러지는 것 같다. 영원히 뻗어나갈 것 같은 생을 주먹 쥐고 달려보는 젊음의 구간도 시원스러워 좋다. 깔끔하고 단정한 직선의 미가 없다면 곡선이 그렇게 포근하고 보드랍게 느껴질 리 없다. 구불구불 이것저것 품고 살면서도 단정한 직선으로 마음을 그어보는 일, 마음이 실타래처럼 꼬불꼬불 뒤엉켰어도 반듯하게 일어나 똑바로 걸어보는 일. 삶에는 그렇게 직선의 몫도 필요하다. 직선의 구간을 지나 나이가 들면서 생기는 입가와 눈가의 곡선들도 아름답다. 피부가 탄력을 잃고 조금씩 접히면서 거기에 지나온 삶이 포개진다. 앞서 말했듯이 내 이마와 눈가, 입가에는 내가 끈끈하게 부대껴온 이들이 매달려 있다. 그걸 팽팽하게 펴버리면 소중한 그들이 떨어져 버릴 테니 그러지 않기로 한다. 탄력이란 건 튕겨버리는 습성이 있고, 나는 점점 더 품고 싶기 때문이다.

한동안 내가 가장 좋아하는 숫자는 1이었다. (고백하자면 생일이 1로만 이루어진 탓도 있다.) 7도 좋았다. 날씬하고 세련된 모습으로 행운까지 가져다주다니. 한 주도 7일, 무지개도 일곱 색깔. 하지만 나이가 들면서 이젠 1등이라고 뽐내는 것 같은 1, 나만 운이 좋다고 말하는 것 같은 7보다는 동그랗게 굽어지는 2와 3, 그리고 뭔가 거추장스럽게 달고 있는 직선인 4 같은 숫자들에게 더 정이 간다. 인간은 직선으로 영원히 뻗어나갈 것처럼 살다가도 결국 곡선으로 휘어지고 무던해지는 존재인 것 같다. 위로 위로 뻗어 오르던 어린 시절의 키와 청춘의 마음이, 나이 들면서 허리와 함께 동그랗게 굽어지듯이. 김소연 시인도 〈수학자의 아침〉이라는 시에서 언젠간 반드시 곡선으로 휘어질 직선의 길이를 상상한다고 썼다.[7]

다만 나에게 필요한 뾰족함을 모두 잃고 싶지는 않다. 너무 둥근돌은 쌓아 올리기 어렵지만 모난 돌은 차곡차곡 쌓아 올려 커다란 성을 만들 수 있으니까. 자연에서 직선은 좀처럼 찾아보기 어렵지만, 곡선의 세상에 인간이 반듯하게 직선을 그어뒀다는 점을 잊지 않고 싶은 것이다. 김환기 화백의 그림 속 직선의 문처럼, 그렇게 다른 세상으로 나가는 무언가를 만드는 일은 우리 인간이 할 수 있는 작업인 거니까.

'여성은 곡선, 남성은 직선'이라는 이분법에 갇히지 않기를 바라는 마음을 이렇게 길게 구불구불 곡선으로 늘여놓았다. 곡선을 무한히 길게 늘여놓으면 그 안에 직선으로 보이는 구간이 반드시 있기 마련이라는 것, 그러므로 직선과 곡선의 구분은 시선을 어디에 두는가에 따라, 프레임을

---

7 김소연, 시집 《수학자의 아침》 중 〈수학자의 아침〉, 문학과지성사, 2013년, 15쪽.

어떻게 다는가에 따라 달라질 수 있음을 열심히 써놓고 나부터 기억하고 싶었다. 세상에는 '정'과 '반'만 있는 게 아니라, 둘이 만나 어딘가에서 생겨나는 '합'이 있음을 믿고 싶은 마음이기도 하다. 쓸데없이 갇히지도 가두지도 말았으면 좋겠다. 경쾌한 직구도, 묵직한 커브볼도 다 멋있다. 부드럽게 직선으로 닿아가는 것도 멋있지 않은가. 다시 말하지만, 세상은 우리가 서투르게 재단하는 것보다 훨씬 복잡하다. 10만 개만 있는 게 아니라 수를 헤아릴 수 없을 만큼 많은 점들이 있기 때문에. 우리는 우주의 점이면서 점의 원리를 가끔 망각하는 인간들이다.

02

앞과 뒤

보이는 것 너머를 보는 일

뒷모습을 보지 못하는 사람들

여고시절 나는 단발머리를 하고 있었다. 그때가 내 인생의 유일한 단발이었다. 나는 숱이 굉장히 많고 머리카락이 굵은 데다 약간 곱슬기가 있기 때문에, 묶지 않으면 사람 머리라기보다 갈기에 가까워진다. 앞서 모든 인류의 대머리화를 꿈꾸었던 사실을 고백했을 만큼 머리 손질에 별 관심도 능력도 없던 나는 교칙에 따라 귀 밑 몇 센티미터로 자른 머리를 단정히 유지하는 것이 힘들었다. 그 바쁜 아침에 롤빗과 헤어드라이어, 고데기로 찰랑찰랑 예쁘게 머리를 손질하고 오는 친구들이 얼마나 놀라웠는지. 대충 쓱쓱 빗고만 나오기도 바빴던데 얘들은 대체 몇 시에 일어나는 거지? 공부할 때 머리가 앞으로 쏟아져 내리는 것이 귀찮았기 때문에 이마 위에 집게핀을 꽂아두곤 했는데, 그러다가 핀을 빼면 머리에 나름 컬이라는 것이 생겨서 예쁜 곡선으로 떨어지는 것이 그 와중에 고마웠다. 그렇게 S자로 떨어지는 앞쪽 머리를 흐뭇하게 바라보는 나를 친한 친구 둘이서 지켜보다가 웃었다. "쟤는 앞에만 예쁘면 다 예쁜 줄 알아." 알고 보니 뒷머리 일부가 삐져 나와 있었던 것이다. 그때 처음으로 깨달았던 것 같다. 내가 못 보는 내 모습이 있고, 살면서 앞만 보면 되는 게 아니구나. 내 눈에 보이는 거기에서 끝이 아니구나.

앞만 보는 사람은 귀엽지만 조금 우습고 안쓰럽다. 꿩은 숨을 때 풀숲에 머리만 감춘다고 한다. 이를 가리키는 장두노미藏頭露尾라는 말도 있다. 타조도 그렇다고 한다. 그 커다란 몸이 다 보이는데 목을 길게 빼서 머리만 땅에 박고 있는 모습이 얼마나 웃기고 딱한지 모른다. 자신이 보지 않으면 세상도 자신을 보지 못하는 것으로 아는 사고방식. 어린 조카들과 숨바꼭질을 해본 사람은 공감할 것이다. 조그만 발이며 엉덩이를 드러낸 채 두근거리며 숨어 있는 그 천진한 마음을 위해 부러 여기저기를 헤매고 다닐 때의 마음을. 그런데 어릴 때야 귀엽다고 넘어가 줄 수 있지만 커서도 내 앞만 보면 곤란해질 때가 있다. 나는 치마나 원피스를 즐겨 입는 편인데 치맛자락이 말려 올라간 것을 모르고 탑골공원 어르신들 앞에서 진귀한 구경거리를 선사하며 그 일대를 돌아다닌 적이 있다. 왜 눈은 앞에만 두 개 달려 있는 걸까, 앞뒤로 나눠 달리든가 뒤에도 하나쯤 더 달려 있으면 좋을 텐데.

마그리트의 그림과 거울 속 내 뒷모습

이렇게 보이는 거울이 있으면 좋겠구나 싶다. 〈금지된 재현Not to be Reproduced〉이라는 이름이 붙은 이 그림은 르네 마그리트가 시인이자 자신의 후원자였던 에드워드 제임스의 의뢰를 받고 그린 것으로, 제임스의 초상화로 간주된다고 한다. 뒷모습을 그린 초상화라니, 혹시 고객님의 니즈에 반한 것은 아니었을까. 다행히 이 그림은 네덜란드 로테르담에 있는 현재의 미술관 자리에 놓이기 전에 한동안 제임스의 런던 저택에 걸려 있었다니, 우리 고객님께서는 이 작품이 꽤 마음에 들었던 것 같다.

거울 앞에 한 사람이 서 있다. 그런데 앞모습이 비쳐야

르네 마그리트, 〈금지된 재현〉, 1937년

할 거울 속에 뒷모습이 꼭 복제된 것처럼 들어 있다. 거울이
아니라 유리창이었던가? 아니면 그냥 벽을 네모나게 뚫어
놓은 공간이었나? 잠깐 의심하게 되지만 금색 프레임의 느
낌이 창문보다는 거울이나 액자 쪽이고, 무엇보다 벽난로
선반과 그 위의 책이 제대로 반사되는 것을 보아 거울이 분

명하다. 그런데 그곳에 비친 인물의 상은 왜 뒷모습일까.

알쏭달쏭한 마그리트의 그림은 우리를 늘 철학자로 만든다. 미술계의 해석이야 어떻든 내 생각을 자유롭게 뻗어보기로 한다. 우선은 자신과의 소통이 단절된 우리의 자화상일 수 있겠다. 스스로와 눈을 마주치며 대화하지 않는 우리, 나를 마치 타인처럼 바라보는 우리, 그리하여 소통하려는 마음 없이 뒤돌아서 있는 우리. 슬프게도 이렇게 사는 이들이 많다. 시리나 챗봇과는 대화해도 정작 나와는 대화하지 않고, 타인의 기분은 열심히 살피지만 내 마음을 살피는 데는 게으른. 두 번째로는 '이제는 돌아와 거울 앞에 선' 우리의 모습일 수 있겠다. 문득 거울 앞에서 나의 과거를 반추하게 되는 날이 있다. 지난 몇십 년간의 삶이 나를 만들어왔으니, 지나온 길을 되돌아보며 거울 속에서 내 뒷모습을 보기도 하는 것이다. 한편으로는 지난 일을 흘려보내지 못하고 계속 그 생각에 사로잡혀 있는 딱하고 우울한 이의 뒷모습으로 볼 수도 있지 않을까, 살짝 생각의 방향을 틀어본다. 그렇게 보니 과거에만 사로잡힌 못난 내 모습을 보는 것 같기도 하다. 그런데 이렇게 계속 과거로 연관 짓자니, 뒷모습이라는 게 아무리 상징적 표현이라 하더라도 실물 쪽이 딱히 나이 들어 보인다는 힌트가 없는 것이 조금 걸리기도 한다. 그렇다면 네 번째로는 스스로를 속이고 싶어 하는 사람의 모습일 수도 있겠다. 그런 사람은 자기와 눈을 마주치지 못한다. 뭐가 문제인지, 뭐가 잘못되었는지 스스로 알고 있으면서도 외면하고 싶어 하는 사람. 그런 사람은 거울 속에서도 스스로에게 뒤돌아 뭔가를 숨기고 있을 것이다.

무궁무진하게 생각이 뻗는 그림이다. 이 그림을 어떻게 해석하고 싶은지 딱 하나만 고르라고 한다면 나는 '자기 뒷모습을 바라보며 스스로를 성찰하는 사람'으로 보고 싶은데, 이런 해석을 가능하게 하는 힌트는 그림 속 책과 그림의 제목이다. 거울 속에 좌우가 반전된 모습으로 제대로 비치고 있는 책은 에드거 앨런 포의 《낸터킷의 아서 고든 핌 이야기》로, 마그리트는 포를 무척 좋아했다고 한다. 어떤 책인지 알 수 있게 상세하게 표현했으니 당연히 저 책은 작가가 어떤 의도를 품고 배치한 사물이다. 포의 유일한 장편 소설인 이 이야기는 모험담 형식으로 되어 있는데, 항해, 선상 반란, 난파, 미지의 땅과 낯선 부족과의 조우 등 탐험기가 가지는 전형적인 요소를 담으면서도 서구 문명의 뒷모습을 돌아보게 만드는 작품이라는 것이 특징이다. 이런 류의 탐험기가 보통 '서구 문명의 우월성, 야만성의 발견, 그 야만에 대한 이성의 승리, 정복을 통한 구원'이라는 순차적 흐름으로 구성되는 데 반해, 포는 이를 슬쩍 뒤집어 서구 문명의 합리적 이성과 근대주의적 사고에 근본적인 질문을 던지는 작품으로 만들었다. 이야기 속에서 오히려 서구인들의 야만성과 비합리성이 곳곳에 드러나기 때문이다. 그 결정적인 예가 사람을 먹는 장면인데, 우리가 흔히 야만의 정점에 있다고 믿는 이 끔찍한 행위가 소설에서는 야만인이라고 불리는 부족민들이 아니라 핌을 포함한 선원들에 의해 자행된다. 표류하는 중에 굶주림을 견디지 못하고 제비 뽑기로 한 사람을 죽여 식량으로 삼은 것이다. 우리가 이 그림을 보면서 충격을 받듯이, 소설 속 내용도 충격이라는 키워드를 공유한다.

'선과 악은 그렇게 엄밀하게 상대적인 것'이라는 소설 속 문장이 대변하듯, 포는 문명 간의 우열에 의문을 제기하고 그 안의 도덕관념을 상대화한다. 그렇게 자신이 속한 서구 문명의 편협한 시선을 비판하고, 소위 야만인들보다 더 야만적인 그들의 뒷모습을 보여준다. 말하자면 밝은 앞쪽만 바라보고 자신들의 어두운 뒷모습을 보지 못했던 서구인들을 내부적으로 비판하는 것이다. 미국에서는 저평가된 소설이지만 당대에 보들레르에 의해 번역되어 프랑스에서는 좋은 반응을 얻었다고 한다. 지난 글에서도 말했듯 문학은 현실의 반영이고, 거울은 반영에 특화된 사물이다. 여기에다 〈금지된 재현〉이라는 그림 제목까지 얹어본다면 그런 편협하고 씁쓸한 자신들의 뒷모습을 다시는 재생산reproduce해내지 말라는 의미로 해석해볼 수도 있지 않을까? 제멋대로의 해석이라고 할 수도 있겠지만, 또 작품의 의뢰인을 민감한 성찰의 대상으로 만든다는 게 가능한지 의구심도 들지만, 나는 저 말끔한 영국 신사의 뒷모습이 포의 소설과 어우러져 만들어내는 긴장감이 좋다.[1]

우리는 앞을 바라보며 성찰하지 않는다. 보통은 뒤를 돌아보며 성찰한다. 그리고 잘못을 바로잡는다. 우리가 앞모습뿐 아니라 뒷모습을 살펴야 하는 이유다. 그림처럼 뒷모습이 비치는 거울이 있었다면 나는 실수를 바로잡았을

---

1 사람과 책 사이의 이 긴장감을 조금은 다른 방식으로 해석할 수도 있겠다. 책과 그 책을 쓰는 인간 사이의 긴장감. 복제될 수 있는 것과 그럴 수 없는 것 사이의 긴장감.

　책이라는 것은 원래 복제를 허용하는, 그것도 대량으로 재생산할 것을 염두에 두는 사물이다. 그러므로 거울에 얌전히 반사되어 비치고 있다. 그러나 그런 책을 쓰는 작가인 제임스는 복제될 수 없는 인간이다. 따라서 거울에 곧이곧대로 비치지 않고 있는 것이다.

　이런 매력적인 긴장감이라면 이 작품을 의뢰한 고객님의 마음에도 흡족하지 않았을까. 제목 자체가 의뢰인을 향한 것이라면, 즉 제임스 당신은 절대 복제될 수 없는 유일한 사람이라는 그런 의미의 그림으로 바라본다면. (하지만 이런 해석이 좀 더 확실하려면, 거울에 비치는 책이 제임스의 책이었으면 좋았을 것이다.)

것이다. 삐져 나온 뒷머리를 어떻게든 수습했을 것이고, 미풍양속에 반하는 몰골로 종로 한복판을 돌아다니지도 않았을 것이다. 앞만 보고 달리는 구간도 필요하지만, 나이가 들수록 속도를 좀 줄이고 고개를 돌려 더 많은 것을 살펴야 한다고 생각한다. 내 뒤는 물론 타인의 뒤까지.

뒤통수에도 눈이 달려 있으면 좋을 거라고는 했지만, 눈이 앞에만 달려 있기에 우리가 조금 더 인간적일 수 있는 것 같다. 안 보이는 부분이 많기 때문에 못 보았던 부분을 뒤늦게 깨닫고 거기에 머무를 수 있으며, 서로의 뒷모습을 살펴주고 뒤에서 감싸 안아줄 수 있다. 자신의 모습을 보기 위해 만든 유일한 물건인 거울에서조차 우리는 뒷모습을 보기 어렵다. 그렇기에 내가 보지 못하는 뒤를 보아줄 타인의 존재가 필요해지는 것이다. 뒷머리가 삐져 나와 있다고 웃으면서 뒤통수를 쓰다듬어주는 친구가, 조용히 다가와 "치마가 올라가 있어요"라고 속삭여주는 어느 낯선 타인이. 그렇게 뒤통수에 붙은 검불을 떼어주고 등 뒤에 묻은 얼룩을 알려주면서 우리는 서로 기대어 산다.

'have/get someone's back'이라는 영어 표현이 있다. 주로 2인 1조의 경찰이나 특수요원 콤비가 음모를 파헤치고 악당들을 때려 부수는 버디 무비 같은 데서, 한 사람이 앞서서 위험한 곳으로 들어갈 때 다른 사람이 말하곤 한다. "Don't worry, I've got your back(걱정 마, 내가 뒤에 있어. 내가 엄호할 게).".[2] 축구 선수들이 중요하게 여기는 것 중 하나가 시합 중에 서로 소리를 질러주는 것이라고 한다. 공을 잡고 앞으로 치고 나가느라 시야가 제한된 선수에게 왼쪽이 비어 있다고, 네 뒤에 누가 쫓아간다고, 그렇게 서로에게 눈이 되어주는 것. 아무리 잘나고 똑똑한 사람이라도 눈이 뒤에 달리지 않은 이상은 보지 못하는 사각지대가 있고 감당하지 못하는 부분이 있다. 미처 생각이 미치지 못하는 부분을 우리는 맹점blind point이라고 한다. 보지 못하는 포인트. 그렇게 인간은 기본적으로 서로의 도움이 필요한 불완전한 존재이므로 서로에게 빚지고 산다. 서로 보지 못하는 부분을 보아주고, 서로의 미숙하고 불완전한 부분을 감싸주고, 그 과정에서 나누는 온기로 생을 엮으며 산다. 우리가 스스럼없이 등을 보인다는 것은, 그만큼 상대를 신뢰한다는 뜻이기도 하다.

---

2 엄호라는 단어는 흔히 아군 주력 부대가 공격이나 철수 등을 쉽게 할 수 있도록 지원 부대가 사격 등을 통해 돕는 것으로 알고 있지만, 사전에서 엄호를 찾으면 가장 먼저 나오는 뜻은 '남의 허물을 덮어 숨겨줌'이다. 두 번째 뜻은 '덮거나 가려서 보호해줌'. 든든하고 고마운 낱말이다.

사람이 식물이라면 앞쪽으로 서서 팔을 벌리고 해를 받지 않을까? 얼굴과 가슴 쪽은 따뜻하지만 뒤통수와 등은 늘 약간 시릴 것 같다. 그 시린 부분을 서로 바라봐주고 따뜻하게 안아주는 일. 나는 내 뒷모습을 그린 초상화가 있다면 왠지 눈물이 날 것 같다.

진실은 앞이 아니라 뒤에

사랑과 재채기는 숨길 수 없다고 한다. 또 하나 숨길 수 없는 것이 바로 뒷모습이다. 뒷모습을 보면 앞모습에 홀려 보이지 않던 것이 보인다. 앞모습처럼 잘 준비되지 않은 다소 허술한 공간, 거기에는 꾸며지지 않은 것들이 머물기 때문이다. 그래서 이영광 시인은 〈등〉이라는 시에서 앞이란 '언제나 휘둥그런, 간판 같은 녀석'이지만 그 입간판을 들여놓고 셔터를 내리면 자꾸 품속을 파고드는 울먹이는 얼굴이 있고, '진짜 얼굴은 등에 있는 것 같다'고 한다. 보여주고 싶지 않았던 진심을, 혹은 알고 싶지 않았던 진실을, 등은 보여줄 때가 있다. 마음을 거절당하고도 웃으며 돌아서던 사람이 등부터 무너져내리더니 결국 저 멀리 길 한복판에 주저앉아 버리던 뒷모습에서 진심을 본 적이 있고, 마주 볼 땐 몰랐는데 뒤돌아 있는 순간 한없이 왜소해 보여 마음이 쿵 내려앉게 만들던 아빠의 뒷모습에서 시간이 말해주는 진실을 본 적이 있다. 그래서일까, 김수우 시인은 〈뒤〉라는 시에서 진실은 앞이 아니라 뒤에 있고, 사랑하는 사람은 뒤에서 걷는다고 했다.

앞서 몇 차례 언급한 폴란드 작가 올가 토카르추크는 양탄자의 윗면에 수놓인 패턴을 정확하게 이해하려면 뒷면을 들여다보아야 한다고 말한다. 언뜻 보기에 같은 실로 만들어진 동일한 패턴 같아도, 뒷면을 보면 변형된 지점이나 강조된 부분 같은 것을 정확히 알 수 있다는 것이다. 나는 이 양탄자 이야기를 읽으며 진실은 앞이 아니라 뒤에 있다던 김수우 시인의 시를 다시 떠올렸다. 등에는 눈코입도 가슴도 없는데 진짜 얼굴은 등에 있는 것 같다던 이영광 시인의 시도, 마음속에서 양탄자 뒷면의 무늬처럼 새삼 볼록하게 솟았다. 앞과 뒤는 연결되어 서로를 드러내는 법이다. 그런데 우리는 앞면만, 즉 내 눈에 보이는 것만 보고 마는 경우가 많다. 다 보았다고, 다 안다고 생각하면서.

《맹인의 기억》이라는 책을 쓴 프랑스의 포스트모더니즘 철학자 자크 데리다는 인간의 눈이 가지는 힘에 근본적 의문을 제기한다. 서양 철학의 전통은 대체로 '보는' 행위를 앎과 연관 짓는다. '진리는 빛, 무지는 어둠'이라는 등식이 당연하게 여겨질 만큼, 그간 인류는 '제대로 보는 것'이 앎의 근원이라고 생각해왔다. 즉, 시각의 우위성을 전제하고 그에 기반한 앎의 형식을 추구해온 것이다. 그러나 데리다는 화가가 그림을 그리는 행위는 '시각'이 아니라 '기억'에 의존한다는 점을 우리에게 일깨운다. 우리가 눈앞에 놓인 떡볶이(나의 애국심의 근원)를 보고 그 모습을 그린다고 하자. 대상을 응시하다가 그림을 그리는 순간, 즉 종이와 펜이 닿는 그 순간에 우리의 눈은 떡볶이를 보지 않는다. 펜이 종이에 닿는 바로 그 지점을 보는 것이다. 그러므로 그 순간의 우리는 근원 지점source-point인 떡볶이를 보지 못하는 상태, 즉 떡볶이에서 '눈이 멀어 있는 상태'라고 데리다는 말한다. 내가 본 것을 기억하여 그려내는 것이니, 그림은 내 시각의 결과물이라기보다 내 기억의 총합이라고 할 수 있겠다. 이렇게 인간의 시각은 기억으로 전환되므로 결국은 주관적인 것이다. 거기에 기반한 앎이 본질적으로 객관적일 수는 없다.

따라서 인간의 눈이 본 것은 끊임없이 의심하고 회의懷疑해야 할 대상인데, 우리는 종종 '기억'을 '팩트'라고 믿고

'부분'에 불과한 것을 '전체'로 착각한다. 그렇게 오해를 생산해 유통하고, 전체를 부분으로 난도질하여 맥락을 끊어버리는 일을 자주 저지른다. 앞서 말한 플라톤의 동굴 속 '눈뜬 장님'들을 떠올려보면, 우리가 눈으로 본다는 행위가 얼마나 위험하고 심지어 폭력적이기까지 할 수 있는 것인지 알게 된다.[3] 임철규 교수가 《눈의 역사 눈의 미학》에서 눈을 '감옥'이라고 선언한 것도 비슷한 맥락이다.

장강명 작가는 중앙일보에 기고한 〈감자칩과 인터넷 밈〉이라는 글에서, 인터넷 사회에서 지식이 정보로 쪼개지는 현상을 중요하게 파헤쳐보고 싶다고 말한 바 있다. 그에 따르면 지식이란 '정보들이 논리에 따라 연결되어 있는 구조물'이라서 깊은 지식일수록 규모가 크고 구조가 복잡하다. 따라서 앞뒤를 모두 살펴 문맥을 파악하는 것이 중요하다. 그런데 인터넷과 소셜미디어는 '책 한 권을 문장 단위로 분리해서 마구 흐트러뜨린 뒤 순서 없이 읽게 하는 일', 즉

---

3 벽에 비친 그림자만 보고 그것이 진실이라고 믿어온 동굴 속 사람들은, 밖에는 눈부신 태양이 떠 있고 당신들이 보는 것은 실재가 아니라 허상에 불과하다고 말하는 이들을 비웃고 죽이려고 한다. '장님'은 맹인을 낮잡아 이르는 말이지만 속담과 관용구에 들어가는 표현을 임의로 바꿀 수 없어 그대로 썼음을 밝힌다. 상처가 되지 않기를 바란다.

전체를 부분으로 난도질하여 퍼뜨리는 일에 탁월하다. 덩어리가 크고 복잡한 지식 대신 이렇게 짧고 자극적인 밈을 섭취하는 사람이 많다면 그 사회는 건강을 유지하지 못할 것이기에, 장강명 작가는 이런 문제의식을 구현해보고 싶다고 한 것이다.

그렇다. 사람들은 점점 이유를, 그 뒤에 연결된 큰 덩어리를 궁금해하지 않는다. 인과를 궁금해하지 않고 경향만 취하려고 한다. 계산기를 두드리면 답이 나오는데 그 답이 나오는 과정을 굳이 알아야 할 필요가 없듯이, 빅데이터로 경향을 체크하면 되는데 어떤 사회경제적 요소들이 모여 지금 이 물건을 유행시키고 있는지 그 이유를 굳이 궁금해할 필요가 있냐는 것이다. 평생 '왜?'가 궁금했던 나는 이런 세상에서 약간의 현기증을 느낀다. 한국말은 특히나 끝까지 들어봐야 하는데 앞머리만 보려는 사람이 많은 것 같고, 이름부터 짧은 '쇼츠'에 길들여지다 보니 긴 글은커녕 동영상도 긴 것을 힘들어하고 드라마도 요약본을 본다. 디지털 시대 속 신인류의 출현에 익숙해져야 한다고도 하지만 그 요약은 누가 해주나? 이렇게 가다 보면 결국 멍청해진 인간과 똑똑해진 기계가 남는 것은 아닐까 하는 유치한 생각이 들고야 만다.

고리타분하게 들릴지 모르겠지만, 나는 앞만큼 뒤도 중하게 보아야 한다고 생각한다. 중요한 것은, 진실은, 뒤에 있는 경우가 많으니까.[4] 한 면만 보고서는 전체를 파악하기 힘드니까. 학부모 상담을 다녀온 지인이 "학교에서의 아이가 인스타그램 포스팅이라면 집에서의 아이는 인스타그램의 뒷면 같은 거지" 하고 말한 적이 있다. 물론 학교에서의 아이도 집에서의 아이도 내 아이다. 인스타그램의 앞면과 뒷면, 그 양면에 모두 아이의 모습이 담기지만 보다 진실에 가까운 것은 뒷면이 아닐까?

---

4 밀레의 〈만종〉은 그냥 보면 한없이 평화롭고 목가적인 분위기를 풍기지만, 그림 뒷면의 진실은 사뭇 다르다. 발치에 있는 감자 바구니를 엑스레이로 찍어 보면 원래는 작은 관처럼 보이는 상자가 보인다고 한다. 정말로 관인지 확언할 수는 없지만, 원래는 소박한 수확에 대한 평온한 감사가 아니었다는 것만큼은 확실하다. 척박한 환경에서 제대로 생을 살아보지도 못한 어린 영혼을 보내는 가난한 부모의 애절한 심정을 그린 그림일 수도 있는 것이다.

장 프랑수아 밀레, 〈만종〉,
1857~1859년

뒤에 있는 것이 무엇인지를 알게 되면 불필요한 질투나 죄책감을 덜고 인생을 훨씬 산뜻한 마음으로 살 수도 있다. 즉 보이는 것에 일일이 휘둘리지 않을 수 있다는 얘기다. 네모반듯한 인스타그램 사진 속에는 어린아이를 여럿 키우면서도 기이할 정도로 깨끗하게 정리된 집과 눈부신 집밥, 화목하기 그지없는 가족의 모습들이 넘쳐난다. 우리는 그 프레임 밖에 어떤 것들이 치워져 있는지 알고 있다. 산다는 건 끊임없이 쓰레기를 만드는 일이고 아이는 여기저기 어지럽혀야 제대로 크고 있는 것이며, 먹음직스럽게 부푼 빵 사진 뒤에는 밀가루가 흩뿌려지고 버터가 들러붙은 작업대가 있다는 것을. 동화의 주요 엔딩인 'happily ever after'는 그 애프터를 길게 묘사하기 귀찮아서 하는 무책임한 말이라는 것을. 뒤에 놓인 구질구질한 것을 알게 되면 부럽지가 않다. 떨어져서 보면 빛나고 포근해 보이는 것이 가까이에 가면 거칠게 날 서 있고, 언뜻 보면 매끈하고 멋진 것이 그 뒤에 얼마나 구저분한 것들을 품고 있는지 모른다.

보이지 않는 곳에, 뒷면에 놓인 것을 보는 건 비단 개인의 마음의 평화 차원에 그치지 않는 일이다. 나는 단순한 내 일상이 얼마나 복잡하게 얽힌 무수한 장치와 제도 위에 놓인 것인지 생각하며 가끔씩 아찔해질 때가 있다. 원활히 돌아갈 때는 숨 쉬는 공기처럼 너무나 당연해서 느끼지 못하지만, 작은 균열이라도 생기면 당장 숨통이 막힐 우리 발밑의 거대한 시스템. 우리는 설거지를 하려고 수도꼭지를 틀때마다 국가와 만나고, 그렇게 설거지한 컵으로 마실 커피 원두를 주문할 때마다 초국가적 시장이라는 거대한 시스템과 만난다. 당연한 것이 당연한 것이 되기 위한 속사정에 주목하지 못한다면 그 당연은 위협받는다.

현대미술가 안규철이 자신의 드로잉과 글을 엮어 펴낸 《사물의 뒷모습》에는 같은 맥락에서 '겉과 속'에 관해 쓴 글이 있다. 오늘날 우리는 '사용자 중심의 직관적 디자인'의 은총에 힘입어, 모든 것을 깔끔하게 뒤에 가려두는 케이스 위에서 버튼만 딸깍 눌러 편리하게 기계를 사용한다. 하지만 기계의 핵심은 매끈하게 가린 외피의 뒤에 있고, 그렇기에 보이지 않는 곳에서 일어나는 문제에 관해서는 우리가 한없이 무력해진다는 것이다. 문제는 고장 난 것이 냉장고나 세탁기가 아니라 우리 자신일 때, 혹은 우리가 속해 있는 집단일 때, 나아가 우리의 운명을 규정하는 제도 자체일 때에도 우리가 할 수 있는 일이 거의 없다는 것이라는 안규철의 말이 서늘하다. 겉에만 관심을 두다가는 안이 곪거나 멈출때 속수무책이 된다. 보이는 것에 안주하지 말고 항상 그 뒤를 궁금해해야 하는 이유다.

이렇게만 끝내면 기억에 잘 안 남을지도 모르니 조선에서 가장 유명했던 연인 한 쌍을 소환해보자. 춘향가 중 '이리 오너라 업고 놀자'로 시작하는 사랑가에는 서로 좋아 죽으며 알콩달콩 콩을 키우는 성춘향과 이몽룡 커플이 등장한다. 여기서 이몽룡이 말한다. "저리 가거라 뒤태를 보자, 이리 오너라 앞태를 보자. 아장아장 걸어라 걷는 태를 보자, 방긋 웃어라 잇속을 보자." 사랑해 마지않는 연인의 뒷모습, 앞모습, 걷는 모습, 심지어 입을 벌려 잇속까지 고루 눈에 담고 싶어서 춘향이를 리모컨으로 원격 조종하고 있는 몽룡이를 기억했으면 좋겠다. 뭔가를 사랑하려면, 뭔가를 이해하려면, 이렇게 앞 뒤 옆 움직이는 모습까지 고루 눈에 담아야 하는 것이다. 우리에게는 전체를 조망하려는 마음, 뒤를 보며 서 있는 시간, 여백을 보며 행간을 읽어내려는 노력이 필요하다. 시간도 없는데 그걸 언제 다 보고 있느냐고? 뒤를 보는 것은 결코 쓸데없는 일이 아니라고 말하고 싶다. 뒤돌아보지 않으면 오히려 후진해야 할 때가 있으니까. 운전하면서 가끔 거울로 뒤를 바라보는 이유는 내가 원하는 대로 차선을 바꾸면서 막힘 없이 앞으로 부드럽게 나가기 위함인 것이다.

국립중앙박물관 '사유의 방'의 반가사유상, 삼국시대

시선의 범위

공연의 백스테이지에서는 무대에서보다 더 많은 일이 일어나고 있다. 벽 뒤의 분주함과 저 멀리 조명팀의 긴장감, 무대 아래의 오케스트라에도 주목할 때 공연의 이해도가 훨씬 높아질 수 있다. 시선이 넓어지면 당연히 더 많은 것이 들어온다. 유물이나 미술품을 감상하는 경우도 마찬가지다. 내가 몇 해 전 국립중앙박물관 '사유의 방'에 들어가 두 분 부처님과 만났을 때의 감각이 아직까지 오롯이 남아 있는 것도, 벽에 밀착된 유리관 안에 든 정면 모습이 아니라 넉넉한 공간에 나와 있는 모습을 360도 돌아가며 입체적으로 보았기 때문일 것이다. 생각해보니 나는 그때까지 부처님의 뒷모습을 본 적이 없었다. 박물관에 있는 불상을 보고 울컥했던 적도, 이전에는 없었다.

나선형의 어둠을 따라 아득한 바람소리 같은 것을 들으며 방으로 가도록 좁은 길이 설계되어 있었다. 그 길을 따라 고체와 액체, 기체로 변하는 물질의 모습을 보여주는 미디어 아트도 이 방에서는 현상의 너머를 보라고 말하는 것 같았다. 어둑하고 고요한 방에 들어서니 은은한 향 냄새 같은, 유물의 냄새가 풍겨왔다. 방의 너른 여백 속에 놓인 단

두 점의 유물. 그 느슨함이 주는 마음의 팽창감. 전시실 벽도 위쪽을 향해 열린 형태로 미세하게 기울어져 있는 것이 눈에 들어왔다.

사유하는 두 분 위에만 은은한 별빛이 비치는 것 같은 천정 구조물과 조명이 아름다웠다. 가까이 가면 머리 위의 두 원이 합쳐져 무한대의 기호가 되는 것 같기도 했다. 우주의 섭리라든가, 깨달음 같은 모호한 단어들이 그 무수한 빛에서 감각적으로 만져지는 느낌이었다. 백미는 관람자들이 탑돌이를 하듯 두 분 주위를 돌며 감동의 각도를 조절할 수 있게 해둔 배려. 내가 시냇물이 되어 둥그렇게 돌아 흐르는 느낌이었다. 천천히 돌면서 부처님의 은은한 미소가 개기월식처럼 조금씩 사라졌다가 다시 피어나는 모습을 보았고, 부처님의 뒷모습을 오래 바라보았다. 마음속에 파문이 일면서도 동시에 정갈해지는 오묘함이 있었다. 시선이 고루 닿으면, 마음의 더 넓은 면적에 고루 감정이 와 닿는 것 같다. 그렇게 생각에 잠긴 두 반가사유상을 여러 각도로 보면서 나도 여러 각도의 생각에 잠겼다.

요가에는 '드리시티'라는 게 있다. 동작을 하면서 응시하는 지점을 말하는데, 시선을 어디에 두느냐에 따라 몸의 긴장감이 가감되고 근육의 자극도 달라진다. 아래로 엎드린 개의 모습을 닮았다고 해서 '다운독'이라는 이름이 붙은 자세에서, 내 발끝을 볼 때와 배꼽을 볼 때의 느낌은 천지차이다. 부처님의 정면만 볼 때와 뒷모습을 볼 때의 느낌이 천지차이이듯이. 이와 비슷하게, 어디를 보고 있는가에 따라 우리 삶도 그만큼 달라질 것이다. 여기서는 우리가 어디를 보아야 한다는 이야기보다는 (그건 나도 모르는 부분이다) 우리가 어디를 보려고 하고 어디까지 볼 수 있는지에 관한 이야기를 하고 싶다.

호프 자런의 《랩 걸》에 선인장에 관한 이야기를 하는 부분이 있다. 선인장은 사막이 좋아서 사막에 사는 것이 아니라는 놀라운 사실을 알려주는 부분. 사막에 사는 그 어떤 식물이라도, 거기서 가지고 나와 온화한 환경에 두면 더 잘 자란다고 한다. 물이 그토록 부족하고 온도는 너무 높은 상태를 대체 어느 생명이 좋아하겠는가. 자런은 사막을 '나쁜 동네'에 비유한다. 그 동네에 사는 사람은 거기가 좋아서 사는 게 아니라, 선택지가 없어서 거기에서 사는 것이라고. 선인장의 뒷사정에 시선을 두니 선인장이 다르게 보였다. 사람 중에도 선인장처럼 메마른 얼굴로 뾰족한 가시를 내밀고 있는 이들이 있다. 겉만 보면 '까칠하고 이상한 사람이네'에서 끝나지만, 시선을 그 너머로 둔다면 그 사람이 그렇게 가시를 세워야 하는 이면을 바라보게 된다. 우리가 어디를 보려고 하는지에 따라 누군가와 맺는 관계는 그렇게 달라질 것이다. 내가 부처님의 앞모습을 보면서는 그 밑에 엎드린 아이가 되고 싶었지만, 뒷모습을 보면서는 왠지 한 발 비스듬히 비껴 앉아서 그 등을 오래 바라보고 싶었던 것처럼.

앞모습보다 뒷모습을 보려는 사람들이 있다. 신형철의 《슬픔을 공부하는 슬픔》의 표지에는 뒷모습을 보인 채 쪼그려 앉은 사람이 있다. 팀 아이텔Tim Eitel의 〈초록색 벽Mur Vert〉이라는 작품이다. 신형철은 그림 속에 뒷모습밖에 없지만 이 사람이 슬퍼하고 있다는 생각이 들었고, 저 뒷모습을 계속 바라봐야겠다는 마음으로 책을 썼다고 했다. 안희연 시인은 특정한 독자를 상정하고 시를 쓰느냐는 질문에 사람의 등뼈를 상상하는 편이라고 대답했다. 내가 이 사람을 어디까지 볼 수 있는가. 내가 이 사람의 얼굴만 보는가, 아니면 과거와 미래까지 볼 수 있는가. 이 사람의 내면을 볼 수 있는가. 이런 질문들이 좋은 시를 쓰게 하는 것 같다고 대답했다. 보이는 것만 보지 않고 그 너머를 보는 이들이 우리에게 전해주는 이야기들은 귀하다.

어떤 소설을 읽으면서 이 소설가는 틀림없이 여자라고

생각했는데 남자인 경우가 있다. 물론 그 반대도. 이건 정말 여자들만 알 수 있는 시답잖고도 은밀한 디테일인데, 이런 건 남자들은 생물학적으로 도저히 알기 어려운 느낌일 텐데, 이걸 어떻게 이렇게 잘 잡아냈지? 백인들이 인종차별당하는 소수 인종의 서러움을 피부로 느끼는 것이 어렵듯이, 아이를 배 속에 품은 여성들의 심리와 신체의 변화에서 오는 낯선 감각을 남성이 상상하기 어렵듯이, 사람에게는 본인의 의지와는 관계없이 반드시 주어지는 시선의 한계라는 것이 있다. 내가 만약 개울 바닥에 놓여 물에 잠긴 돌이라면 산 정상에 있는 돌이 보는 것을 제대로 묘사할 수 있을까? 그런데 볼 수 없는 달의 뒷면을 보는 사람들이 있다. 눈을 보지만 눈동자 너머를 보고, 얼굴을 마주하지만 뒤통수를 봐주는 사람. 아름다움, 성실함, 착함 같은 아름다운 말들 안에 깃든 우울과 폭력을 볼 수 있는, 단어의 뒷모습을 볼 수 있는 사람들.

뒷모습을 보는 것은 의지가 필요한 일이다. 보이는 것을 그 자리에서 가만히 보는 게 아니라, 보러 가야 하기 때문이다. 반가사유상의 뒷모습을 보려면 서 있지 말고 움직여야 하는 것처럼, 선인장의 뒷모습을 알려면 의지적으로 궁금해해야 하는 것처럼, 저 사람의 뒷모습을 보려면 멈춰

앉아서 보다 많은 이야기를 들어야 하는 것처럼. 그런 '자세'에 관한 이야기를 하고 싶었다. 우리는 어디를 보려고 하고, 어디까지 보려고 하는지. 당신은 무엇을 보는 사람이 되고 싶은가.

에른스트와 뒤집어 보는 사람들

뒤를 보고 싶고 너머를 보고 싶지만 무엇을 어떻게 보러 어디로 가야 할지 모르겠다면, 눈앞에 놓인 작고 익숙한 것들을 뒤집어 보는 것부터 시작하면 어떨까. 비스와바 쉼보르스카의 〈양파〉라는 시를 읽은 뒤로 양파는 내게 가장 철학적인 채소가 되었다. 우리가 흔히 '양파 같은 사람'이라고 할 때는 숨긴 게 많아서 까도 까도 뭐가 계속 나오는 구린 사람이거나 다양한 반전 매력으로 상대를 놀라게 하는 사람을 말한다. 이때 양파의 핵심은 다름, 즉 변화에 있다. 그런데 시인은 양파를 두고 겉과 속이 항상 일치하는 존재이자 순수하고 한결같은 피조물이라고 말한다. 인간들은 피부 안에 아수라장을 가지고 살지만, 양파는 아무리 깊이 들어가도 늘 그대로인 모습이라고. 조금 작은 얼굴이 나올

뿐 똑같은 얼굴이 계속 들어 있다고, 그 '일관성'이 양파의 핵심이라고.

　　같은 것을 두고 까도 까도 계속 나온다며 고개를 젓는 마음과 겉과 속이 어쩌면 이렇게 같은지 감탄하는 마음에 대해 생각해보았다. 그렇게 매일 양파를 자르고 썰고 다지면서도 나는 왜 이런 생각을 못했을까? 어떤 비유나 생각이 널리 퍼져 견고히 굳은 것이 이래서 무섭구나 싶었다. 어릴 때부터 아무 저항 없이 써온 표현 안에 세상의 진리가 들어 있는 경우도 많지만, 그것이 우리의 생각을 멈추게 하고 눈을 가릴 위험도 있다는 것. 다수가 그렇게 말한다고 해서 꼭 그런 것만도 아니라는 사실. 그런 의미에서 속담이나 경구 같은 것을 한 번씩 뒤집어 볼 필요도 있다고 생각하게 되었다. 양파가 내게 가장 철학적인 채소가 된 것은 그런 이유다. 철학의 기본인 낯설게 하기와 뒤집기에 관해 매콤한 깨달음을 주었기 때문이다.

　　주어진 것을 뒤집어 보는 사람들이 있다. 철학자로는 루소, 니체, 마르크스, 푸코 등을 대표 주자로 꼽을 수 있겠고 그리 잘 알려지지는 않았지만 《월든》을 쓴 소로도 뒤집기를 좋아했다. 소로는 뒤집는 데 지대한 관심이 있어서, 심지어 자신의 이름도 데이비드 헨리에서 헨리 데이비드로 뒤집었다고 한다. 철학자들은 대체로 전복順覆, subversion이라는 키워드를 공유하는 사람들이다. 당연함과 익숙함의 굳은살이 박여 있던 때에, 누구도 의심하지 않았던 시대정신에 찬물을 끼얹고 판을 뒤집었던 사람들이다.

화가들 중에도 뒤집는 것을 좋아하는 이들이 있다. 황룡사 벽에 나무 한 그루 그렸다가 의도치 않게 새들을 몰살시킨 솔거의 예에서 보듯이 우리는 흔히 진짜인지 그림인지 헷갈릴 정도로 정교한 재현을 해내는 이들이 화가라고 생각하지만, 캔버스 안팎에서 우리의 고정관념을 뒤집어 온 화가들은 수도 없이 많다. 대표적인 이가 앞서 살펴본 르네 마그리트, 그리고 그와 친분이 있었던 살바도르 달리 같은 초현실주의 작가들이다. 마그리트의 그림에서는 신사들이 비처럼 내리고 벽난로에서는 기차가 연기를 내뿜으며 달려 나오고, 달리의 그림에서는 시계가 나른하게 녹아내리고 나비로 돛을 단 배가 항해한다. 초현실주의가 우리 상식을 뒤집는 파격을 선보여서 그렇지, 사실 사실주의며 인상주의, 입체파 등 기존의 경향에 맞서는 그 모든 새로운 화풍이 실은 늘 전복이었다.

오른쪽 그림처럼 유쾌한 전복의 그림을 일찍이 본 적이 없다. 파란색과 빨간색의 조합에다 머리 위의 후광. 아기를 엎어 놓고 후드려 패고 있는 저분은 성모 마리아님이다. 성스럽고 고요하며 우아한 분일 거라는 우리의 선입견을 와르르 무너뜨리고 인정사정없이 체벌을 가하고 있는 성모님이라니. 얼마나 호되게 엉덩이를 맞고 있는지, 가엾은 아

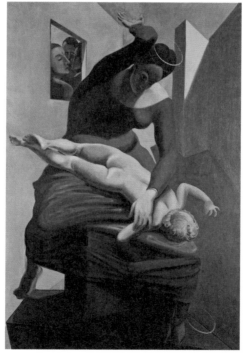

막스 에른스트, 〈세 명의 목격자 앞에서 아기 예수를 체벌하는 성모 마리아〉, 1926년

기 예수님의 후광이 충격으로 바닥에 내동댕이 쳐졌을 정도다. 발끝까지 힘이 단단히 들어간 성모님의 다이내믹한 자세와 때리겠다는 의지로 가득한 저 파이팅 넘치는 오른손을 볼 때마다 터지는 웃음을 참을 수가 없다. 성모 마리아께서도 어쩔 수 없이 육아는 힘드셨던 것일까, 아니면 인류의 구세주가 될 예수님을 엄하게 교육시키려고 했던 것일까. 이유야 여럿을 댈 수 있겠지만 그 어떤 이유를 대더라도 이유가 되지 않는, 우리의 선입견을 홀랑 뒤집는 이미지다.

이 그림은 막스 에른스트의 〈세 명의 목격자 앞에서 아기 예수를 체벌하는 성모 마리아〉라는 작품이다. 기독교를 모욕하겠다는 생각으로 불경스러운 그림을 그린 게 아닌지 의심할 수도 있겠지만, 작품의 주제는 종교의 권위가 아니라 새로운 예술사조의 선언이다. 그림으로 눈을 돌려보자. 배경은 미술관 전시실을 닮았다. 성모님이 앉아 계시는 장소도 작품을 올려놓는 단상처럼 생겼다. 그러므로 원래 조용한 미술관에 우아하게 전시되어 있던 작품이 이렇게 틀을 깨고 파격을 선보이는 중인 것이다. 한국어로 번역되면서 제목의 길이가 대폭 줄었지만, 원제에는 작품 안에서 목격자로 등장하는 세 인물이 담겨 있다. 1924년 '초현실주의 선언'을 이끈 시인이자 이론가 앙드레 브르통, 문학가 폴 엘뤼아르, 그리고 예술가인 에른스트 자신이다. 그러므로 이 당황스러운 체벌은 종교에 대한 모독이 아니라, 기존의 권위와 규범 속에서 타성에 젖은 예술계에 매를 내리치겠다는 의미다. 다시 말해서 초현실주의 미술 운동의 지향점을 나타내는 은유로서 등장한 것이다. 기존의 낡은 관습과 가치관에서 벗어날 것을 촉구하는 매질. 성모 마리아와 아기 예수님이 가진 권위와 위엄을 비틀고 있는 이 작품은, 전복적인 이미지를 통해 그간 전통적인 회화에 씌워졌던 후광을 이제 땅바닥에 떨어뜨리겠다는 의지를 담은 것이다.

이렇게 익숙한 것을 낯설게 만드는 데서 신선함이 싹트고, 내가 가진 관념을 뒤집어 보는 데서 어떤 것의 너머를 볼 수 있게 된다. 매질하는 마리아 님이라든가, 악동 예수님이라든가, 화를 잘 내는 부처님이라든가, 노는 게 제일 싫은 뽀로로라든가. 예를 들어 마그리트는 데페이즈망 dépaysement[5]이라는 기법을 자주 사용하는데, 대상을 상식적인 맥락에서 떼어내 이질적인 상황에 배치함으로써 낯설게 만드는 기법이다. 구름을 유리잔 안에 넣는다든가, 바위를

---

5 원래는 나라나 정든 고향을 떠나는 것을 의미하는 단어인데 '위치를 바꾼다'는 뜻의 '전치(轉置)'로 번역되어 초현실주의 기법의 하나로 널리 통용되고 있다.

공중부양시킨다든가. 친숙한 사물이라도 이렇게 늘 보던 일상적 질서에서 떼어내 엉뚱한 곳에 놓아두면 보는 사람에게 놀라움과 충격을 주게 된다. 단순히 고정관념을 뒤엎는 것으로 우리에게 무한한 상상력의 자극을 주는 것이다.

그러니 내 앞뒤로 뭔가 꽉 막힌 느낌이 든다면, 시원스럽게 뒤집는 철학자들의 전복까지는 어렵더라도 일상에서 소소한 뒤집기를 해보면 어떨까. 퍼즐 중에서는 시선을 엉뚱한 곳으로 돌리거나 틀을 깨면 해결되는 문제들이 있다. 단위를 다르게 셈하거나 성냥을 한 칸이 아니라 반 칸만 밀면 간단히 문제가 풀린다거나 하는. 그러므로 그렇게 판을 살짝 기울여보거나 뒤집어보려는 자세가 도움이 될 수 있다. 뒤를 궁금해하고, 낯선 면을 바라보고, 구석에 주목하고, 안다고 생각했던 것을 다시 보고. 원래 새로운 것은 전혀 듣지도 보지도 못한 것이 아니라, 안다고 생각했던 것이 뒤집히거나 재조립된 것인 경우가 더 많다. 이를테면 해가 여기서는 지고 있지만 어디서는 뜨고 있는 것이니 지는 해와 뜨는 해가 다르지 않다는 것을 깨닫는다든가, 자유는 얽매임이 없는 상태일 수도 있지만 때론 강력하게 사로잡혀 그곳에 뿌리 박힌 상태이기도 하다는 것을 이해하게 되는 일. 나는 개인적으로 이런 것들을 깨달을 때 작게나마 숨통이 트이곤 했다. 그러니 내 앞에 거대한 곰이 버티고 있을 때, 그걸 뒤집어 문이 되면 열고 나가보자.

뒤는 새로운 앞이 되고

　'토어슐루스파닉Torschlusspanik'이라는 재미있는 독일어 단어가 있다. 문Tor＋닫힘Schluss＋패닉Panik을 차례로 이어 붙여 만든 말인데, 이미 지나가버린 어떤 특정 연령대에서 인생의 중요한 기회를 놓쳤다고 생각해서 생기는 불안과 공포를 말한다. 이제 취업은 글러버린 게 아닐까, 내 인생에 이제 더 이상 가슴 설레는 연애는 없지 않을까, 내 나이에 결혼이 가능할까. 그런데 이 나이쯤 살아보니 우리 인생에서 빈틈없이 닫히는 건 내 성장판 빼고는 생각보다 그렇게 많지 않은 것 같다. 죽을힘을 다해 저기까지만 뛰면 이제 끝이라고 생각했던 것들이 막상 거기에 도착하면 내가 온 길은 하나의 구간이었을 뿐, 앞으로 갈 길이 계속 이어져 있는 경우가 얼마나 많았는지. 너와는 이제 끝이라는 생각에 긴 숨을 내쉬었지만 돌고 돌아 불쑥 만나게 되는 일도 얼마나 많은지.

끝이 새로운 시작이 되듯이, 뒤는 새로운 앞이 된다. 우리 삶 자체가 하나의 커다란 흐름이지 단계별로 단절된 시간들이 아니듯, 우리는 봄에서 여름을 보고, 여름에서 또 가을을 본다. 모든 계절은 무 자르듯 토막토막 잘려 있는 것이 아니라 서로를 보드랍게 포개 안고 있다. 봄꽃 향기 속에서 문득 여름의 태양 냄새가 느껴지고, 여름날 장대비 속에서 볼을 빨갛게 하고 있는 나뭇잎 하나를 만나게 되는 것이다.

젊은 시절에는 인생이 이렇게나 끊임없이 길게 이어져 있다는 사실을 미처 실감하지 못했다. 그래서 쉽게 체념하고, 쉽게 포기했다. 어쩔 수 없는 일이다. 인생이 생각보다 길다는 사실을 안다면 그건 스무 살이 아니니까. 최근에 어느 중학생 독자가 "지금 유학을 준비하기에는 너무 늦은 게 아닐까 싶어요"라는 고민을 전해왔을 때, 충분히 그 나이에는 그렇게 생각할 수 있다는 사실을 이해하고 또 그 말이 어떤 교육 시스템에서 연유하는 것인지 알기에 진지하게 답장을 쓰면서도 새어 나오는 미소를 어쩌지 못했다. 내 나이에 이제 연애는 글러먹은 게 아닐까 하는 고민도 100살 할머니가 보시기에는 귀엽지 않을까.[6]

끝도 끝이 아니고, 앞도 앞이 아닌 경우가 많다. 책의 맨 앞에 놓이는 서문은 사실 맨 나중에 쓰인다. 독자들이 맨 처음 읽는 서문을 작가들은 맨 마지막에 쓰는 것이다. 그러니 앞에 놓여 있다고 해서 반드시 그게 앞인 것만도 아니다. 우리는 흔히 죽음을 끝이라 믿지만, 죽음은 생의 끝일 뿐, 관계의 끝은 아니다. "Death ends a life, not a relationship." 죽음이 모든 것의 끝은 아니라는 이 말은 《모리와 함께 한 화요일》에 나오는 문장인데, 사랑하는 사람을 잃은 분들께 조심스럽게 건네곤 하는 말이다. 살아 계실 때는 무심했고 가끔 미워도 했지만, 돌아가신 뒤에 더 따뜻하고 좋은 관계로 계속 사랑하는 일이 가능하다는 것을 이제 나는 알고 있다.

니체는 도덕적인 현상이란 전혀 존재하지 않으며, '현상에 대한 도덕적인 해석만이 있을 뿐'이라고 말한 적이 있는데, 나는 이런 류의 사고방식이 앞과 뒤의 관계를 보는 핵심이라고 생각한다. 지금 당장은 기회를 놓친 것 같고 순서가 다 지나버린 것 같더라도, 무엇을 앞으로 놓고 무엇을 뒤로할지는 세상이 정한다기보다 삶의 흐름 속에서 내가 규

---

6 "서른 언저리에 서니 어떤 예감이 몰려온다. 더 이상 내 인생에 반전 같은 건 없을 거라는 불길한 예감. 대개 '기회'란 20대에게나 주어지는 카드 같아서." 손녀 김유라 씨의 이 말에 대고 우리의 박막례 할머니는 시원하게 일갈한다. "염병하네. 70대까지 버텨보길 잘했다." 《박막례, 이대로 죽을 순 없다》에서.

정하는 경우가 많다는 사실을 기억했으면 좋겠다. "너에게로 가지 않으려고 미친 듯 걸었던/ 그 무수한 길도/ 실은 네게로 향한 것이었[던]"[7] 것을 깨닫는 그런 순간 같은 것 말이다. 그때 떨어졌던 면접이 생각해보니 지금 하고 있는 일의 시작이었구나, 닫혔다고 생각한 문이 사실 다른 길로 향하는 관문이었구나. 고백하자면 내가 책을 쓰는 사람이 된 것도, 여러 가지 사정으로 인해 대학에서 강의할 기회를 포기하던 그 순간에서 시작되었다. 지금 나는 작가라는 이름이 무엇보다 행복하고, 가끔은 대학을 포함한 여러 곳에서 띄엄띄엄 강의를 하며 지내고 있다. 그러니 내가 지금 걷는 구간을 부지런히 걸으면 된다고 말하고 싶다. 나는 이제 정말 끝이라고, 더 이상 갈 힘이 없다고 생각하는 순간에는 다른 사람이 나타나 이어 달려줄 수도 있으니까. 중요한 것은 앞이 뒤가 되고 그 뒤가 다시 앞이 될 수 있게 부지런히 걷는 일이다.

　　뒤라는 단어를 가지고 참 많은 얘기를 늘어놓았다. 아름다운 단어라고 생각한다. '뒷것'이라는 말을 회자시킨 고故 김

7　나희덕의 시 〈푸른 밤〉에서.

민기 선생이 그렇듯, '뒤'와 관련한 우리의 모습이 아름답기를 바라는 마음으로 썼다. 우리가 거울 속에서 뒷모습을 보는 사람이었으면 했고, 사람도 사물도 한 겹이 아니라는 사실을 마음에 여러 겹으로 담았으면 했고, 앞이든 뒤든 그것은 세상의 반쪽에 불과하다는 것을 잊지 않았으면 했다. 우리가 자꾸 뒤돌아보는 사람이되 쉽게 뒤돌아서지 않는 사람이 되었으면 좋겠다. 정호승 시인은 〈뒷모습〉이라는 시에서 그동안 자기는 자신의 뒷모습이 아름다워지기를 바라는 사치를 부려왔다고 했다. 나는 모든 사람들이 그 사치를 포기하지 않기 바란다.

03

너와 나

그럼에도 불구하고 곁에 서는 일

어디에 누구와 함께

　가깝게 지내는 지인에게 아이가 생일 선물로 1500피스 짜리 직소 퍼즐을 선물 받았다. 처음에는 아이들과 함께 시작했지만 정신을 차려보니 어느새 끝없는 퍼즐의 감옥에 나 홀로 들어앉아 있었다. 이런 데서 승부하라고 다진 승부 근성이 아닐 텐데, 나는 수십 년간 다져둔 나의 고퀄리티 승부욕을 발휘해 며칠간 퍼즐과 씨름했고 결국 완성한 뒤 어마어마한 허리통증과 어깨결림을 상으로 받았다. 하늘과 숲과 물이 있는 풍경을 조각조각 찢어놓은 퍼즐은 사람을 괴롭히기 위한 목적으로 만든 것이 틀림없다. 나의 영혼도 조각조각 찢어지는 느낌이었다. 어쨌든 나는 그놈의 퍼즐을 맞추면서 어떤 자리에 쏙 들어갈 퍼즐 조각을 찾아 헤매는 경우가 종종 있었는데, 커다란 숲의 일부인 줄 알았던 조각이 실은 작은 화분이었다든가, 하늘인 줄 알았던 퍼즐이 물이었다든가, 아니 다시 보니 물에 비친 하늘이었다든가 (이런 망할) 하는 경우를 종종 만났다. 따로 떨어뜨려 놓고 보면 전혀 모르겠는데 옆에 놓아보니 어머 이게 이거였구나, 그야말로 '퍼즐이 맞춰지는' 마법. 퍼즐 조각들은 흩어져 있을 때는 몰랐는데 자기 자리에 맞춰지니 희한한 생명력 같은 게 생기는 느낌으로 빛을 냈다.

한번은 소셜 미디어에서 지인이 클로즈업해 올린 사진을 보고 아주 커다란 캐비닛인 줄 알았다가, 다음 사진에 주변이 함께 찍힌 걸 보고 책상 위에 놓는 아주 귀여운 철제 서랍장인 것을 알게 된 적도 있다. 배경이 잘리면 피사체에 대한 정보에 혼란이 올 수 있듯, 나라는 사람도 곁에 있는 타인들이 나를 더 선명하게 만드는 부분이 있다. 지인의 철제 서랍장처럼 실제로 그렇게 커다란 타인 옆에 놓임으로써 나라는 자아가 얼마나 작은지 깨닫게 되는 경우가 있는 것처럼. 어떤 사람은 나를 무모하게 만들고, 어떤 사람은 나를 부드럽게 만들고, 어떤 사람은 나를 쪼그라뜨리고, 어떤 사람은 나를 노래하게 한다. 모든 인간은 각자의 의지에 따라 움직이는 것 같지만 사실 우리를 움직이는 많은 힘은 타인에게서 온다.

어디에 놓이는가, 내가 누구와 있는가, 하는 것은 고리타분한 것 같으면서도 신선한 주제다. 앞서 구름을 유리잔 안에 넣어둘 때 생겨나는 긴장과 물음표에 관해 언급했지만, 인간도 사물도 어디에 누구와 (혹은 무엇과) 놓이는가에 따라 그 사이에 온갖 것들이 생겨난다. 같은 색연필로 그리더라도 어떤 재질의 종이인가에 따라 전혀 다른 느낌의 그림이 되고, 똑같은 종이에 똑같은 색연필로 똑같은 그림을 색칠하더라도 사람마다의 필압에 따라 발색이 달라진다. 아이는 요즘 음악의 기초 원리를 배우고 피아노를 치는 앱에 빠져 있는데, 하단에 있는 몇 가지 음들을 빈 악보 위에 손가락으로 끌어다 놓으면 소리가 난다. 그런데 어떤 음 옆에 어떤 음을 끌어오는가에 따라 전혀 다른 멜로디가 만들어진다. 노랑도 파랑 옆에 놓일 때와 빨강 옆에 놓일 때의 온도감이 확연히 달라지듯이, 아이는 '미' 옆에 '솔'이 놓일 때와 바로 옆 칸의 '라'가 놓일 때의 느낌이 확연히 다르다는 것을 느낀 듯했다. "엄마, 이거 봐. 이거 좀 웃겨" 하면서 "미라" "미라" "미라" 반복적으로 음을 눌러대는 통에 내 대학 동기 미라 생각이 났다. 미 옆에 솔이 놓이면 장조, 라가 놓이면 단조가 된다는 사실을 알려주려다 말았다. 느꼈으니 차차 알게 되겠지. 퍼즐 조각은 낱낱이 흩어져 있을 때는 좀 단단한 종잇조각에 불과하지만 모이면 근사한 그림이 되듯이, 음도 낱낱이 있을 때는 소리에 불과하지만 서로 곁을 내주며 모이면 음악이 된다. 아이의 이 단편적 느낌들도 나중에 퍼즐처럼 모이면 '앎'이라는 구조물이 될 것이다.

브렌던 웬젤의 그림책 《돌 하나가 가만히》는 그야말로 가만히 그 자리에 있는 돌이 주인공이다. 하지만 곁에 어떤 존재가 오는지에 따라 어두컴컴하다가도 환히 빛나고, 거칠었다가도 포근해진다. 찾아오는 식물들에 따라 이끼 낀 초록 돌이 되기도 하고 단풍잎 이불을 덮은 빨간 돌이 되기도 하며, 곁에 오는 동물들에 따라 누군가의 식탁이 되기도 하고 누군가의 왕좌가 되기도 한다. 누군가에게는 안식처가 되고 누구에게는 위협이 되며, 누구에게는 한없이 작고 누구에게는 한없이 큰 돌. 우리도 비슷하다. 누구와 함께 있는지에 따라 우리는 다양한 사람이 된다. 나 자신을 정의할 때, 타인과의 관계가 전적으로 배제된 채 오직 나라는 사람만의 정의를 만드는 것은 생각보다 어려운 일이다.

간결하면서도 여운이 큰 그림에 선방禪房 화법의 지혜로운 말들을 담아내는 목판화가 이철수는 〈관계〉라는 작품

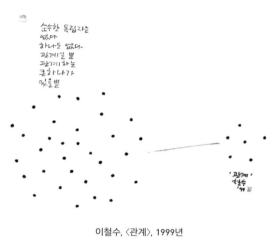

이철수, 〈관계〉, 1999년

에서, 순수한 독립자라는 것은 하나도 없다고 이야기한다. 모든 것이 관계이고, 세상에는 관계하는 큰 하나가 있을 뿐이라고. '관계'라는 단어가 들어간 제목의 다른 판화 작품들 역시, 점들이 마치 분자구조처럼 얽힌 채 별자리처럼 빛을 내는 모습을 담는다.

　　이번 글에서는 나와 너의 관계에 대한 이야기를 하려고 한다. 실은 무척 어려운 주제다. 나도 나를 잘 모르겠고 너는 더더욱 알 길이 없는데 나와 너라니. 하지만 내가 지금 쓸 수 있는 말들을 쓰기로 한다. 나에게도 모호하지만 그럼에도 불구하고 누군가에게 꼭 나눠주고 싶은 이야기들을.

브랑쿠시의 연인들, 갈라진 두 쪽

콩스탕탱 브랑쿠시의 〈키스〉. 두 사람이 꼭 껴안고 입을 맞추고 있다. 키스라는 제목이 붙은 수많은 미술 작품 중에서 가장 좋아하는 작품이다. 보고 있으면 행복해지고, 사랑의 감정이 찰랑찰랑 차오른다. 브랑쿠시는 직육면체 모양의 돌을 최소한으로 다듬어 키스하는 연인의 모습을 너무나도 사랑스럽게 표현했다. 여자 쪽이 머리가 길고 가슴이 동그란 것 빼고는 둘은 꼭 쌍둥이처럼 닮았다. 한 개의 콩알처럼 붙어 있는 두 사람. 헤어라인이 서로 만나 동그랗게 아치를 이루고, 눈도 꼭 하나인 것처럼 같은 위치에서 서로를 보고 있다. 게다가 소중하게 상대를 안고 있는 저 손끝이라니. 크게 세로로 분할된 디자인이지만 서로를 껴안기 위해 내뻗은 팔과 가로로 붙은 눈이 균형감을 만들었다. 백미는 입술이다. 입술이 될 자리를 오히려 아무런 작업 없이 그대로 둔 것으로 표현한 입맞춤이 정말 과도하게 사랑스럽다. 자꾸 사랑스럽다는 형용사가 반복해서 튀어나올 만

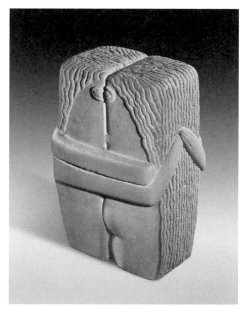

콘스탕탱 브랑쿠시, 〈키스〉, 1916년

큼 사랑스럽다. 눈도 맞추고 입도 맞추고 모든 것을 빈틈없이 맞추고 있는 두 사람. 사랑하는 사이의 친밀감이 이토록 꽉 차게 표현된 작품이 또 있을까 싶다.

　　나는 법적으로 결혼했지만 (그것도 한국, 미국, 독일 3국에 우리 결혼했다고 동네방네 신고해놓은 상태다) 결혼식을 따로 하지는 않았는데, 대신 가까운 미술관에 가서 사진을 몇 장 함께 찍었다. 그렇게 해바라기를 한 송이씩 사 들고 갔던 곳이 필라델피아 미술관이고, 우리가 고른 작품이 브랑쿠시의 이 〈키스〉와 고흐의 〈해바라기〉였다. 이렇게 사랑스럽게 함께하기를, 해바라기처럼 서로를 바라보기를 약속하는 마음으로. 그 약속이 어떤 길을 걸어왔는지를 시시콜콜히 다룰 생각은 없지만 브랑쿠시의 이 〈키스〉를 바라보는 마음이 그동안 살짝은 바뀌었다는 이야기를 할 참이다.

사랑하는 이들은 붙어 있고 싶어 한다. 새로운 커플의 탄생 소식을 전하던 친구가 이렇게 말한 적이 있다. "걔네는 몸의 어딘가가 늘 붙어 있어." 커플들에게는 손을 잡든 어깨나 허리에 손을 올리든 무릎을 베든 늘 그렇게 자석처럼 붙어 있는 것이 애정의 척도가 된다. 심지어 나는 학교 도서관에서 얼굴 높이의 칸막이 위로 서로 손을 맞잡고 공부하는 커플을 본 적도 있다. 브랑쿠시의 연인들이 원래 하나의 돌로 조각되었듯이, 사랑하는 사람들은 원래 하나인 것을 갈라놓은 것처럼 서로를 가깝게 생각한다.

비슷한 이야기가 들어 있는 철학서가 있다. 플라톤의 《심포시온Symposion》이다. 이 책은 쉽게 말해서 소크라테스 무리들의 '사랑에 관한 취중 수다'라고 생각하면 된다.[1] 여기서 당대의 유명한 희극작가였던 아리스토파네스가 인간의 배꼽이 왜 생겼는지 알려주겠다며 신화를 하나 소개하는데, 신화 속에서 인간은 원래 몸 두 개가 하나로 결합된 형태였다고 한다.[2] 즉 몸 하나에 머리가 두 개, 팔다리는 네 개씩 달려 있었다는 것. 두 개의 머리에 달린 네 개의 눈으로 사방을 더 입체적으로 살필 수 있었고, 여덟 개의 사지를 쫙 펴서 바퀴가 구르듯 엄청난 속도로 달릴 수 있었다고 한다. 그런 모습의 강대한 인간이 점점 번성하면서 신에게 도전하기 시작하자 위협을 느낀 제우스는 인간을 반으로 쪼개기로 했는데, 그렇게 잘린 절단면을 아폴론이 따라다니며 만두 끝처럼 오므려 묶은 것이 바로 배꼽이라는 것이다.

그때부터 인간들은 자신의 반쪽을 찾아 헤매기 시작했으며 조각난 두 쪽이 다시 만났을 때는 꼭 붙어서 떨어지지 않았다고 한다. 내 반쪽은 대체 어디 있는 걸까 찾아 헤매는

---

1 '향연'이라는 제목으로도 알려진 《심포지온》은 기원전 380년 부근에 쓰인 것으로 추정되는데, 플라톤의 사랑론이라고 해도 좋을 책이다. 술을 마시고 노닥거리는 와중에 한 사람씩 돌아가며 사랑에 대한 자신의 생각을 말하는 형식으로 구성되어 있다. 그 중에는 의사도 있고 철학자도 있고 희극작가와 비극작가, 부잣집 자제도 있는데 사랑에 대한 다양한 관점이 재미있게 드러난다. 필로소피라는 단어의 기원, 즉 '철학이란 지혜(sophia)를 사랑하는(philo) 것'이라는 유명한 말이 이 책에서 나왔다.

2 꼭 남녀가 한 쌍을 이루는 건 아니라는 게 이 이야기의 중요한 포인트이기도 하다. 아리스토파네스의 이야기에 따르면 두 여성이, 두 남성이 붙어 있기도 하다.

건 고대 그리스인들도 마찬가지였나 보다. 나의 본성에 맞는 연인, 즉 하늘이 내려준 반쪽을 찾는 것이 행복에 이르는 길이며 이런 온전함에 대한 추구가 바로 에로스라는 것, 그리고 인간은 결국 사랑을 통해 인간성을 회복할 수 있다는 것. 사랑을 막 시작한 연인들이 들으면 특히 행복할 이야기겠다. 한 몸이었던 것이 떨어졌다가 서로를 찾는다는 이 이야기는 후대의 많은 예술가들에게 영감을 주기도 했다.

갈라진 두 쪽이 다시 만났을 때 인간으로서의 모든 완전성과 본질을 회복한다는 아리스토파네스의 이야기는 사랑에 대한 찬미다. 다시 만난 이들이 꼭 붙어서 떨어지지 않았다는 이야기 옆에 브랑쿠시의 이 키스하는 연인들을 갖다 놓으면 무척 잘 어울린다. 그러나 이 얘기에서는 왠지 앞서 언급한 무책임한 구절, 'happily ever after'의 느낌이 난다. 연인들이 서로를 한 몸처럼 느끼는 것은 생에서 그리 길지 않은 순간이다. 사랑에 말이 필요 없는 순간은 오히려 예외에 가깝고, 그런 사랑을 지속시키는 것은 지긋지긋할 정도로 끊임없는 대화다. 한 치의 틈도 없이 밀착해 깊은 교감을 나누는 찬란한 순간도 있어야 하지만, 바람이 통하지 않고 밀착된 상태가 지속되면 거기에는 곰팡이가 핀다.

우리는 사랑이 늘 그렇게 영롱하고 산뜻하지만은 않다

는 사실을 안다. 아이들 장난감에 비유하자면 청량한 느낌
으로 잘그락거리는 예쁜 유리구슬보다는 여기저기 끈끈하
게 온통 자국을 남기는 슬라임에 가깝고, 흠뻑 적셨다가 티
없이 사라지는 깨끗한 물보다는 찐득하게 흘러내리는 호떡
소(손가락 사이로 흘러내리면 불붙는 듯한 통증이 느껴지는 것도 비
슷하다)나 잘 지워지지 않는 핏자국과 더 비슷하다. 사랑을
시작할 때는 우리가 얼마나 닮았는지에 환호하고, 이별을
시작할 때는 우리가 얼마나 달랐는지에 놀라게 된다. 우리
는 그냥 우리였는데도. 아니 너는 너, 나는 나였는데도.

스며들고 침범하는 우리

사랑이 이런 끈적한 질감을 가지는 것은 우리가 서로
스며들고 침범하기 때문이다. 살짝 묻은 것은 닦아낼 수 있
지만 스며든 것은 원래 상태로 되돌리기 어렵다. 앞서 언급
한 '아장스망'이라는 개념에서처럼, 상대가 지나간 자리에
는 잘 지워지지 않는 얼룩이나 펴지지 않는 구김 같은 것이
남는다. 혹여 끝이 좋지 않아서 아무리 깨끗이 도려내고 싶
은 기억이라도 그를 만나기 이전의 상태로 돌아갈 수 없는

것이다. 연애와 이별 후에 남는 것은 후회와 슬픔, 분노와 자책, 미안함과 고마움 같은 것만이 아니라 말투와 사투리와 습관과 취향 등 삶 전반에 걸쳐 남은 상대의 흔적이기도 하다. 그 사람은 내 삶의 반경에서 벗어났지만 그 사람 덕분에 알게 된 노래는 남아서 평생을 함께 가기도 한다.

누군가를 좋아하는 일은 또렷한 집중처럼 보이지만 사실 은은한 확산에 더 가깝다. 나의 애틋한 마음이 그 사람이 좋아하는 책, 아끼는 물건, 즐겨 듣는 음악, 그 사람의 관심사로 서서히 불붙어 옮겨 가기 때문이다. 뿌리부터 줄기가 솟고 가지가 뻗어가듯이 나의 애착의 대상도 그렇게 뻗어가는데, 어느 순간 돌아보면 나는 그 뿌리보다 가지 끝을 더 사랑하고 있기도 하다. 뿌리는 오간 데 없지만 그 가지는 내 손에 쥐어져 있는 그런 아이러니. 그런 면에서 너는 나라는 사람을 만드는 수많은 퍼즐 조각의 일부가 되기도 한다. 또렷한 집중보다는 은은한 확산이 다시 거둬들이기 어렵다. 그렇게 너는 내 곁에 남는다.

너를 돌봄으로 인해 나 자신과 내 작업이 어떤 모양으로 변해왔는지를 고백하는 다양한 여성의 목소리가 담긴 책 《돌봄과 작업》에서 가장 인상적인 문장도 '진짜 나다운 것은 너를 보살피고 너에게 침범당하며 너와 뒤섞이는 와

중에 만들어진다'는 문장이었다. 이것은 진실로 참이다. 내가 책에 쓰는 문장들도, 강의 중에 내놓는 생각들도, 모두 나라는 세상에 타인이 스며들고 침범한 흔적이다. 너로 인해 나의 어떤 부분이 완전히 부서지거나 해체되고, 또 어떤 부분은 새로 생겨나고 재조립된다. 그렇다면 나는 오롯이 내가 아니며 너도 오롯이 별개의 존재가 아닌 것 같기도 하다. 나 없이 네가 만들어질 수 없고, 너 없이 내가 만들어질 수 없다. 그렇게 우리는 긍정적으로든 부정적으로든 서로를 만든다.

　더구나 나의 행복이란 나 혼자서는 지속적으로 만들고 유지하기 어려운 것이다. 세상은 너만의 행복을 찾으라고 소리 높여 외쳐대지만, 그 말이 얼마나 공허한 것인지는 나의 행복이 얼마나 타인과 직결된 문제인지 살펴보면 깨닫게 된다. 행복은 결코 혼자만의 세계가 아니다. 나의 행복에는 너의 존재가 절대적으로 필요할 수 있지만 그 역이 당연히 성립하지는 않는다. 심지어 나의 행복은 너의 불행을 먹고 피어날 수도 있다는 아찔한 사실을 우리는 가끔 잊는다. 나의 크나큰 행복이었던 네가 어느새 나의 불행이 되는 일, 나의 행복과 너의 행복이 가끔은 양립할 수 없는 상태로 구성되는 일은 종종 일어나는 삶의 아이러니다. 우리는 각자

독립된 존재로 살아가는 것 같지만, 보이지 않게 무수히 얽혀 있다.

지금 내 곁의 너뿐 아니라 내 앞에 있었던 수많은 이들과의 관계도 간과할 수 없다. 인류의 역사 자체가 내 일상에 깊은 영향을 미치는 것이다. 한번은 어느 여름날 저녁에 가벼운 차림으로 산책하면서 그런 생각을 했다. 나의 평범하고 사소한 일상은 사실 엄청난 확률과 의지의 결합이구나. 내가 태어날 확률, 반려인을 만날 확률, 함께 독일에 살게 될 확률, 확률은 곱할수록 점점 낮아지지만 그 안에 스며 있는 타인의 의지는 엄청난 덧셈으로 누적되어 있다는 사실이 문득 닿아온 것이다. 다시 말해 그간 인류가 쌓아온 의지가 겹겹이 포개져 나의 생활을 이루고 있다. 이를테면 한국인이 독일에 와서 위협받지 않고 평안히 살 수 있게 만들어준 사람들, 여자가 민소매와 반바지를 일상복으로 선택할 수 있도록 싸워온 무수한 사람들, 다시 마스크 없이 산책할 수 있도록 헌신한 고마운 사람들. 그렇게 이름 모를 무수한 사람들의 마음과 의지와 정성이 내 평범한 삶에 스며 있는 것이다. 그렇게 생각하면 이 세상에 평범한 것은 단 하나도 없고 내 주위에 연결되지 않은 것이 한 개도 없다.

이렇게 생각하면 우리 모두가 꼭 껴안고 있는 하나의

우주 같다. 하지만 우리는 서로 엄청난 영향을 주는 것 같으면서도 생각만큼 깊게 얽혀 있지는 않다. 그저 옆에 있을 뿐, 바스러진 모래알 같기도 한 존재들인 것이다. 이것이 너와 나의 관계가 주는 어려움이다. 우리는 서로 얽혀 있으나 합일된 충만함으로 섞여 있는 것이 아니고, 서로 곁을 내주는 연인 사이라 하더라도 서로를 온전히 이해하기란 어렵다. 브랑쿠시의 연인들처럼 꼭 안고 있더라도 그야말로 하나인 경우는 드문 것이다. 이것이 브랑쿠시의 〈키스〉를 바라보는 내 마음이 살짝 달라진 이유다.

마그리트의 연인들과 '이해'라는 환상

또다시 마그리트다. 이번에는 〈연인들〉이라는 제목의 그림이다. 마그리트는 동일한 제목으로 여러 점의 그림을 그렸는데, 그중에서 이 글과 가장 잘 어울린다고 생각하는 그림이다. 키스하는 연인의 모습이 중앙에 커다랗게 배치되었는데, 머리가 각각 흰 천으로 덮여 있다. 신비롭기도 하고 약간 섬뜩하기도 하다. 똑같이 입 맞추는 장면이지만 브랑쿠시의 연인과 마그리트의 연인이 우리에게 주는 느낌은

르네 마그리트, 〈연인들 II〉, 1928년

사뭇 다르다. 이 연인들은 친밀한 것 같으면서도 둘 사이에 근본적으로 넘을 수 없는 어떤 한계가 보인다. 무척 가까우면서도 무척 먼 느낌. 머리를 덮은 천 하나로 이 모든 걸 만들어내다니, 마그리트는 늘 나를 감탄시킨다. 천 아래에 가려진 그들의 얼굴은 무슨 표정을 하고 있을까?

　　사랑이란 우리를 눈멀고 숨 막히게 하는 것이라는, 사랑의 그 달콤한 폭압성을 표현한 작품으로 보아도 무리는 없겠지만 나는 이 그림 위에 '주관성subjectivity'이라는 철학적 개념을 올려놓고 싶다. 모든 인간에게 주어진 난제, 서로를 이해한다는 일. '한 인간이 다른 인간을 완벽하게 이해할 수 있을까?' 하고 누가 묻는다면 나는 회의적인 눈으로 고개를 저을 예정이다. 나는 내 눈으로 보고 내 가슴으로 느끼며 내 경험 위에서 내 머리로 사고한다. 너는 네 눈으로 보고 네 가슴으로 느끼며 네 경험 위에서 네 머리로 사고한다. 그리고 우리 둘 사이에는 또 하나의 양날의 검, 언어라는 지극히 불완전한 도구가 놓여 있다. 그 모든 장애물을 차례로 거쳐서 서로가 완벽한 이해에 도달한다는 것은 거의 불가능에 가깝다고 나는 믿는다. 그렇게 서로를 완벽하게 이해할 수 없는 세상에 사랑이라는 것이 존재한다.

우리는 똑같은 것을 보고도 다르게 해석하고, 같은 경험을 하더라도 다르게 기억한다. 한 사람은 대화로 잘 풀었다고 생각했는데, 다른 사람에게는 그 대화 자체가 또 하나의 답답한 벽으로 남는 경우를 가끔 목격한다. 연인 사이에도 크게 다르지 않다. 말을 섞더라도 몸이 다른 곳을 향하고, 몸을 섞더라도 생각이 다른 곳을 향하는 일이 얼마나 많던가. 이들이 머리에 두르고 있는 흰 천은 우리 사이의 소통이 본질적으로 어렵고 때로는 불가능하다는 사실의 은유이다.

천 아래에서 똑같이 눈을 감고 있는 두 사람을 떠올려

본다. 한 사람은 그저 네가 태산 같아서, 그 태산 같은 존재가 내 입으로 닿아오는 것이 너무 벅차서 눈을 감고 있는데 정작 상대는 의무감으로 입술을 주고는 있지만 내키지 않는 이 순간이 어서 지나가기를 바라며 눈을 질끈 감고 있다면. 서로 사랑하는 마음으로 숨결을 나누고 있더라도, 한 사람은 마음의 빗장을 조심스럽게 연 상태인 반면 다른 사람은 더 많은 것을 허락하고 약속하는 의미로 오해하고 있다면. 혹시 두 사람 다 각자의 머리 위에 덧씌워진 천을 불편하게 여기지 않고 그 밑에서 표정을 자유롭게 짓는 것을 오히려 편안히 여긴다면. 그렇게 가까이 있고는 싶지만 동시에 자율적이고도 싶기에, 표정을 가려줄 저런 천 한 개 정도가 필요하다면. 내 사랑의 정의와 네 사랑의 정의가 같지 않다면. 결국 물리적으로 천이 씌워져 있지 않더라도 우리는 본질적으로 얼마간은 저런 모습이라는 내키지 않는 진실을 깨닫게 된다. 우리는 본래 가면을 쓴 존재들이고, 함께이면서도 늘 혼자다.

그러므로 사랑은 완벽한 이해, 충만한 합일이 아니다. 그저 곁에 있으려는 노력이다. 나는 너를 이해할 수 없고 다만 사랑할 뿐이다. 천을 두르고서라도 너에게 매달려 입 맞추려는 몸짓이 사랑이다. 이해understanding라는 단어는 너의 그늘 아래에under 서 보는standing 일일 텐데, 나는 이렇게 이해 불가능해 보이는 모습으로 흰 천 아래 서 있는 이 두 사람이 이해라는 단어의 본질에 더 가까이 닿아 있다고 생각한다. 사실 이해도 사랑도 환상에 가까운 개념이다. 희망이라는 것은 우리가 서로를 완벽하게 이해할 수 있다는 가능성에 있는 게 아니라, 우리가 아무리 노력해도 근본적으로 서로의 깊은 곳까지 닿기는 어렵다는 사실을 이해하는 바로 그 지점에 있다. 전자의 경우라면 우리는 이해가 불가능함을 깨닫는 순간 서로를 떠나게 되지만, 후자의 경우라면 그 모든 것과 상관없이 서로의 곁에 남을 수 있다.

　　우리는 종종 함께 있으면서도 외로움을 느낀다. 이럴 때 흔히들 절망감을 느끼곤 한다. 그런 관계는 개선되고 치유되어야 하는, 병든 관계라고 생각한다. 하지만 나와 너의 관계란 원래가 본질적으로 그런 것이다. 우리가 그저 충만하게 하나 되어야 한다는 거짓된 신념에 사로잡혀 있는 것일 뿐이다. 사랑이라는 단어에는 세상의 온갖 오해가 쌓여 있다. 하지만 사랑이라는 이름으로 그 수많은 오해가 이해로 포장되곤 한다. 사랑에 관한 환상과 강박을 내려놓는 것, 그게 사랑이다. 이해할 수 없다는 사실에 쉽게 절망하지 않고, 조금 거리를 좁힌 것 같을 때 기뻐하는 마음. 그렇게 브랑쿠시의 키스 뒤에 마그리트의 연인을 함께 두었을 때, 꼭 껴안은 브랑쿠시의 연인들이 한층 더 애틋해진다. 나는 너를 온전히 이해하지 못하지만 이렇게 함께 있을 것이다.

김홍도, 사이에 부는 바람

아이들은 아침에 일어나면 이것이 내가 일어나서 마땅히 가장 먼저 해야 할 일이라는 듯 나에게 찾아와 안긴다. 그렇게 한동안 가만히 안겨 있는데, 아이의 등을 토닥거리며 작고 따뜻한 몸을 꼭 안고 있으면 날씨에 관계없이 따뜻한 아침햇살이 나를 적시는 느낌이 든다. 그런데 보드라운 목덜미에 얼굴을 묻고 있으면 아이 얼굴이 보고 싶어진다. 아직 잠이 덕지덕지 묻어서 귀여울 것이 틀림없는 얼굴. 얼굴 좀 보여달라고 하면 예전에는 한껏 예쁜 표정을 하고 몸을 살짝 뗀 채 엄마 얼굴을 바라봐주었는데 요즘에는 가끔 비싸게 군다. 보여줘, 하고 실랑이하면서 새삼 떠올린다. 꼭 껴안고 있는 상태에서 우리는 서로의 얼굴을 볼 수 없다는 사실을.

입맞춤할 때도 마찬가지다. 브랑쿠시의 연인들은 키

스를 하면서 눈도 맞대고 있지만 인간의 얼굴이 네모가 아닌 이상 (달걀형 얼굴이 아니라 벽돌형 얼굴!) 저런 밀착은 불가능하고, 밀착이 가능하다 하더라도 저렇게 가까운 상태에서는 초점이 맞지 않아서 서로의 눈동자를 제대로 볼 수 없다. 그러므로 포옹이나 키스 같은 사랑의 몸짓은 아이러니하게도 상대를 바라볼 수 없는 행위다. 너를 껴안을 때는 너의 어깨에 시선이 가로막히거나 너를 안고 있는 내 팔과 손을 보게 되고, 너와 입 맞출 때는 초점이 맞지 않는 네 얼굴의 일부가 눈에 담기거나 스스로 선택한 달콤한 어둠 속에 놓인다. 너의 모습을 온전히 내 눈에 담으려면 우리 사이에는 여백이 필요하다.

결혼했을 때 지인에게서 칼릴 지브란의 〈결혼에 대하여〉라는 시를 선물로 받았다.

> 함께 있되 그대들 사이에 거리를 두라
> 그리하여 하늘의 바람이 그대들 사이에서 춤추도록
> 하라 (…)
> 서로 사랑하라, 그러나 서로를 사랑으로 속박하지는
> 말라
> 그보다는 그대들 영혼의 해안 사이에 출렁이는 바다가

한마디로 붙어 있지 말라는 시였다. 아름다운 시라고
생각했지만 붙어 있기 바쁜 시절에 그 의미가 깊이 와 닿지
는 않았다. 시간이 쌓이면서 사람이 서로를 가장 그리워하
는 순간은 떨어져 있는 순간이라는 묘한 사실을 알게 되었
고, 따뜻한 물에 손을 담그고 있으면 익숙해져서 그 온기를
못 느끼는 것처럼 사시사철 붙어 있어서는 오히려 온도감
이 모호해지고 습기가 찬다는 사실도 알게 되었다. 지브란
은 함께 서 있되 너무 가까이 서 있지는 말라고 권한다. 참
나무와 편백나무가 서로의 그늘 속에서 자랄 수는 없다고.

내가 이 시에서 가장 좋아하는 비유는 '현악기의 줄'이
다. 지브란은 같은 곡을 연주하면서도 각기 다른 소리를 내
는 현악기의 줄처럼, 함께 즐겁게 춤추고 노래하되 각자 홀
로 있는 시간을 잊지 말라고 한다. 줄이 떨어져 있지 않으면
애초에 악기가 되기 어렵다. 화성의 아름다움은, 거리를 두
고 잘 조인 기타 줄에서 코드를 잡을 때 비로소 느껴지는 것
이다. 앞서도 언급했듯이 음악이 되려면 각각의 음이 다른
소리를 내며 서로 곁을 내주어야 한다. 소중한 사람이 계속
소중할 수 있으려면 사이에 바람이 불게 하고 출렁이는 바

다를 두어야 한다는 지브란의 말을 이제는 꼭 연인뿐 아니라 주변의 모든 소중한 관계에 적용할 수 있게 되었다. 껴안을 때는 전력을 다해 껴안아야 하지만, 그러고 나서는 놓아주어야 한다. 각자의 노래를 부르며 살아야 하는 것이다. 그러다 화성이 맞는 순간을 기뻐하면서. 내내 붙어 있기보다 가끔 전력으로 껴안는 사이. 브랑쿠시의 〈키스〉는 그렇게 전력으로 껴안는 순간으로 보아야 더 아름답다.

다음은 김홍도의 〈주부자시의도 춘수부함도〉라는 그림이다. '주부자시의도朱夫子詩意圖'라는 것은 주자朱子의 칠언절구 한시를 소재로 그렸다는 뜻인데, '봄 물에 큰 배 뜨다'라는 뜻의 '춘수부함春水浮艦'이라는 이름이 붙은 이 춘수부함도는 한시 여덟 수를 소재로 김홍도가 정조에게 그려 바친 여덟 폭 병풍 중 한 폭에 해당하는 그림이다.

그림에 적힌 한시의 내용은 다음과 같다.

어젯밤 강 머리에 봄 물이 불어나더니昨夜江頭春水生

거대한 전함이 한 가닥 털인 듯 가볍게 뜨네艨衝巨艦一毛輕

전에는 헛되이 힘들여 옮기고자 애썼거늘向來枉費推移力

오늘은 흐름 가운데서 자유자재로 가는구나此日中流自在行

김홍도, 〈주부자시의도 춘수부함도〉, 1800년

이 시는 성리학을 집대성한 것으로 알려진 중국 남송의 철학자 주자가 독서를 한 후 얻은 깨달음의 기쁨을 담은 '관서유감觀書有感, 글을 읽고 느껴 짓다' 2수 중에서 두 번째 시다. 비가 와서 강물이 불어나면 큰 싸움배도 자유로이 떠다닐 수 있듯이, 독서를 많이 하자 그간 풀리지 않던 커다란 의문이 풀려 생각의 흐름이 물길처럼 자유로워진 것을 기뻐하는 내용이다.

그림 속에는 푸른 버드나무들이 있는 강기슭이 보이고, 주자의 시에 나온 큰 전함이 여럿 보인다. 정말로 물이 많이 불어났는지 그림 중앙의 버드나무 밑동이 물에 잠겨 있다. 배에 달린 깃발이 나부끼는 방향을 보아 왼쪽에서 오른쪽으로 바람이 분다. 가운데에 전함 쪽으로 다가가는 작은 배가 있다. 차일을 쳤고, 그 아래로 책을 얹은 서안書案이 놓였다. 사공이 열심히 노를 젓고 있다. 배 위에 놓인 것이 술병을 얹은 주안상이 아니라 서책을 놓은 서안이라니, 이 무슨 법도에 어긋나는 일이냐며 노하지 말자. 이것은 이 그림의 모티브가 된 주자의 시 '관서유감'을 상징하는 물건이다. 책을 많이 읽고 느낀 기쁨을 담은 글이니 김홍도가 책을 올린 서안을 조그맣게 그려 넣은 것이다. 차일 밑으로 두 명이 앉아 있다. 그중에서 몸을 돌려 큰 배를 바라보는 인물이 수염이나 복색으로 보아 화제畫題가 된 시의 주인공, 주자인 것으로 보인다. 앞에 앉은 동자는 시동일 수도 있겠고, 학문을 전할 대상인 후대의 어린 학생일 수도 있겠다.

앞쪽에 있는 배들은 아직 돛을 펴지 않았다. 그림 중앙의 물에 잠긴 버드나무들 뒤로 활짝 돛을 펴고 막 출발하려는 것으로 보이는 배 한 척이 있고, 가장 멀리 있는 배는 이미 돛을 반쯤 접고 유유히 어디론가 항해 중이다. 이 배가 바로 주자의 칠언절구에서 결구結句, 즉 '흐름 가운데서 자유자재로 가는구나'에 해당하는 배다. 풍부한 독서라는 마중물을 받아 둥실 떠올라 새로운 곳으로 항해하는 생각의 흐름, 즉 참된 앎의 경지에 도달한 상태를 이 배의 모습에서 본다.

그림의 대부분은 비어 있다. 서양 유화에서는 비워두는 부분에도 흰색을 꼭꼭 칠하는데 반해, 동양의 수묵화는 아무것도 칠하지 않고 비워둔다. 그렇게 아무것도 칠하지 않은 채 오히려 하늘에다 은근한 농담을 주어 달이며 구름을 만들어내기도 한다. 빈 공간에는 많은 것이 들어찬다. 춘수부함도의 여백에는 지브란의 시에서처럼 바람이 춤추고 물이 출렁이는 공간이 만들어졌다. 여기는 강이고, 여기는 바다이며, 여기는 하늘이고, 이 안에 바람이 분다. 나는 동양화에서 제일 재미있는 부분이 여백이라고 생각한다. 여백은 마법의 공간이다. 때에 따라서는 땅도 되고 방 안도 되고 신선계도 되는 공간. 그렇게 무엇이든 될 수 있는 공간에서 배가 떠난다. 깨달음의 기쁨을 안고 자유로이 넓은 곳으로 나가는 커다란 배. 사이에 바람 부는 공간을 둔 너와 내가, 미소라는 돛을 달고 더 넓은 곳으로 자유로이 향하는 모습을 닮았다. 여백이 온통 바람이고 물인 이 그림은 내게 있어 김홍도와 칼릴 지브란이 나란히 어깨동무하고 있는 그림이다. 그 옆에 당신도 가만히 서서 바람을 느껴보면 좋겠다.

사람이 어디 한 겹이야?

여백은 너와 나 사이에만 필요한 것이 아니라 내 안에도 필요한 것이다. 이 이야기는 디즈니 애니메이션 〈겨울왕국〉 시리즈의 주인공 자매 중 언니인 엘사의 이야기로 풀어보려고 한다.

"The cold never bothered me anyway."(애초에 추위는 내게 아무것도 아니야.)

그 유명한 '레리꼬' 노래의 마지막 라인이다. 실은 노래에 두 번 나온다. 한 번은 엘사가 아렌델 왕국의 여왕으로서 대관식 내내 두르고 있던 망토를 후련한 표정으로 바람에 날려 보내는 장면에, 두 번째로는 곡을 끝내기 직전에 선언처럼 등장한다. 엘사는 눈썹 한쪽을 올리며 시니컬하게 저 말을 뱉고서는 확 뒤돌아 자신만의 성인 얼음 궁전의 문을 쾅 닫아버린다. 나는 스스로 영광된 고립을 택할 테니 그 누구도 이곳에 함부로 들어오지 말라며.

원래 디즈니 영화 속 노래들은 인물의 변화를 극적으로 담는 기능을 자주 수행하는 편인데, 〈렛 잇 고Let it go〉만큼 주인공의 내면과 외면이 폭발적으로 변하는 노래가 일찍이 있었던가 싶다. 엘사는 눈과 얼음을 자유자재로 다루는 능력 때문에 사랑하는 동생과도 격리되어 자란 인물이다. 누군가를 다치게 할까 봐 늘 감정을 자제하고 스스로를 억누르며 자란 데다, 일찍 돌아가신 부모님을 대신해 아렌델 왕국의 모든 백성을 살피고 다스려야 한다는 부담감이 항상 어깨를 눌렀을 것이다. 하지만 엘사는 이 노래를 부르면서 '차가움의 감옥에 갇혔던 가련한 죄수'에서 '차가움 왕국의 빛나는 여왕'으로 스스로를 해방시킨다. 아렌델의 왕관을 벗어던지고 단정히 빗어 올렸던 머리를 헝클어 헤치며, 목까지 잠그는 단정하고 권위 있는 드레스 대신 몸매를 드러내는 하늘하늘한 드레스로 매혹적인 변신을 하는 엘사. 스스로 차가움을 선택하는 자에게서 오는 얼음 같은 단호함이 엘사를 눈부시게 치장한다. 'The cold never bothered me anyway.' 이 문장은 사랑받으려고 내가 아닌 모습을 견디기보다는, 미움받더라도 나의 모습으로 살고 싶다는 서릿발 같은 선언이다. 거기에는 'Let it go', 즉 내 안에 가득 찼던 것을 미련 없이 바람에 날려버리는 상쾌함이 있다. 스스로 여백을 확보하고 느슨해진 자리에 자유와 자기애를 채운 엘사의 모습은 부인할 수 없이 아름답다.

단순히 머리나 복장의 변화뿐 아니라 표정 변화가 압권이다. 엘사는 이 노래를 부르면서 남에게 받아들여지지 못하는 외롭고 두려운 인간에서 자신을 있는 그대로 인정하고 고독과 해방감을 만끽하는 치명적 여성으로 변신하는데, 1절과 2절 사이에 표현되는 엘사 내면과 외면의 변화는 단연코 이 애니메이션의 백미다. 책임감과 도덕률에 짓눌려 있던 인간이 모든 구속에서 벗어나 폭발력을 발휘할 때의 치명적인 황홀감. 처음에는 멈칫거리기도 하고 불안해 보이기도 하지만, 점차 그간 경험하지 못했던 자유와 해방감을 느끼며 힘을 팡팡 쏘아대는 엘사의 표정과 동작 변화는 정말 연기대상을 주어도 모자라지 않을 만큼 한 인간 안의 다층적인 감정을 유감없이 보여준다.

하지만 'The cold never bothered me anyway'라는 마지막 문장이 있어 우리는 엘사가 그저 억누르고만 살았던 본연의 힘을 발산하는 즐거움만을 인식하는 것이 아니라, 통제되지 않는 자신의 내면에서 비롯되는 불안과 그늘도 스스로 껴안고 있다는 사실을 알게 된다. '난 원래 차가운 사람이야. 내가 마냥 선한 존재가 아니라는 것쯤 나도 알고 있어. 그래서 뭐 어쩔 건데. 이렇게 태어났는걸.'

이것은 무감각의 선언이자 무관계의 선언이다. 인간 사이의 따뜻한 교류도 필요 없고, 책임감이나 도덕감에도 무감각해질 거라는 선언. (노래 중간에 'No right, no wrong, no rules for me'라는 가사도 들어 있다.) 나를 차가운 사람이라고 불러도 상관없다고, 그게 나라고, 나란 인간은 이 얼얼한 차가움 속에서 진정 자유롭다고 말하는 것. 다시 말해서 엘사는 살아 있음을 감각하기 위해 무감각을 선언하는 것이다.

〈겨울왕국〉은 그야말로 온도에 관한 이야기다. 차갑다는 건 신체적으로 느끼는 추위의 뜻도 있지만 마음이 차갑다는 뜻으로도 쓰인다. 신체적 차가움과 마음의 차가움 사이의 미묘한 관계가 〈겨울왕국〉의 모든 서사를 지배한다. 엘사는 추위와 얼음과 눈을 만들어내는 능력 때문에 다른 이들을 해칠까 봐, 꼬마 때부터 자신의 힘을 억누르고 감추며 '느끼지 말고don't feel' 살도록 '사랑의 억압'을 받아온 인물이다. 사람이란 건 따뜻해야 하니까, 사랑이란 건 따뜻해야 하는 거니까. 엘사는 그렇게 따뜻한 마음으로 차가움을 억누르며 차갑게 갇혀 자라난다. 사랑이라는 감정 때문에, 감정을 느끼지 않도록 스스로를 억압하며 산다는 것은 얼마나 아이러니한 일인가. 그녀의 차가운 능력이 세상 앞에 발현되는 것 역시 동생에 대한 따뜻한 사랑의 감정 때문이다.

사실 인간 내면에서 불과 얼음은 종이 한 장 차이다. 마음을 불로 지지면 희한하게도 얼음이 생성되는 경우가 많다. 사랑에 크게 덴 사람이 한없이 냉정해지듯이. 그러나 그 얼음이 다시 불을 만나면 어쩔 줄 모르고 녹아 눈물이 되기도 한다. 사랑이 얼음을 만들고, 또 사랑이 얼음을 녹인다는 그 희한한 진리. 좀 더 후지게 말하면 원래 인생은 냉탕과 온탕을 오가며 마음이 얼었다 녹았다 하며 사는 거라는, 왠지 한국 목욕탕을 그리워하는 중년 아줌마 같은 소리를 해본다. 우리는 그렇게 냉탕과 온탕을 오가며, 가진 것들을 버리고 마음에 있는 것을 비운다. 엘사는 따뜻한 마음 때문에 차갑게 살았고, 따뜻한 가족애 때문에 관계를 끊었다. 마음을 차갑게 얼리면서 모든 관계를 끊어내고 고립을 선택하지만, 다시 따뜻한 사랑의 감정이 얼어붙은 심장을 녹인다. 그렇게 자신의 얼음을 통제하는 방법은 결국 따뜻한 사랑임을 깨닫는다. 사람을 정신없이 냉탕과 온탕에 담그는 이 깜찍한 애니메이션은 우리가 살면서 '온도를 잊는다는 것'의 두 가지 의미를 보여준다. 엘사와, 엘사가 만든 살아 움직이는 눈사람 올라프를 통해.

'The cold never bothered me anyway'라는 엘사의 선언은 세상이 정해놓은 온도의 법칙에서 벗어나 나 자신에게 몰입하는 것이 아름다운 일일 수 있음을 보여준다. 본연의 내가 되는 대신 타인과의 따뜻한 감정 교류를 포기하고 살겠다며 문을 쾅 닫아버리는 엘사의 모습에서 과연 진정한 사랑이라는 건 꼭 타인을 향해야 하는 것일까, 생각하게 되는 지점이 있는 것이다. 우리는 왜 사랑이라는 감정을 자동적으로 타인을 향해 돌려놓는 걸까. 그리고 우리는 왜 꼭 따뜻한 사람이 되어야 하는 걸까. 엘사는 그런 면에서 우리에게 차가운 깨달음을 준다. 좀 차가운 인간이 되는 것도 존중받을 선택이 될 수 있다는 것. 나를 단단하고 아름답게 만드는 일이라면, 나 자신을 녹아 없어지지 않게 하는 일이라면. 엘사의 선택은 나를 위해서 온도를 잊는 것이다.

올라프는 눈사람이면서 여름을 갈망하는 아이러니를

가진, 존재와 발상 자체가 귀엽기 그지없는 녀석이다. 차가운 세상에서만 살았기 때문에, 경험하지 못한 미지의 온도에 대한 갈망을 가지고 있다. '내가 녹아 없어지더라도 나는 내 얼음의 온도를 잊고 여름을 즐겨보고 싶어. 본연의 나도 좋지만 나는 다른 세상의 다른 온도를 느껴보고 싶어. 내가 녹아 없어지더라도 너를 꼭 안아보고 싶어.' 다른 온도에 몸을 던지고, 그 온도에 젖어 나 자신을 잊어보는 일. 엘사가 만들어낸 눈사람은 이렇게 정반대의 철학으로 따스함을 준다. 올라프의 소망은 남을 위해 온도를 잊는 것이다.

하지만 올라프는 사실 엘사가 〈렛 잇 고〉를 부르며 능력을 마음대로 구현하기 시작할 때 제일 먼저 만든 생명체라는 사실에 주목해야 한다. 그것은 엘사가 그간 억눌러온 가장 중요한 감정이 사랑과 온기라는 의미이기도 하다. 따뜻하게 껴안기를 좋아하며 따뜻한 여름을 갈망하는 올라프를 엘사가 가장 먼저 만들었다는 것은, 엘사가 자신의 마음을 거기에 투영했다는 뜻이다. 즉 올라프는 엘사의 다른 자아이기도 한 것이다. 그러므로 일견 정반대로 보이는 엘사와 올라프는 하나다. 우리는 따뜻한 관계를 갈망하기도 하지만 선선한 고독을 좋아하기도 하는 존재다. 나도, 너도, 우리는 모두 양면성을 지닌 존재라는 것을 이해하는 것이 너와 나를 바라보는 또 하나의 중요한 포인트다. 드라마 〈나의 아저씨〉에서 동훈이 던진 대사가 나는 참 좋았다. "사람이 어디 한 겹이야?"

　인간은 항온동물이지만 마음의 온도마저 늘 일정하게 유지되는 것은 아니다. 우리에게는 여러 온도가 있고 그 온도를 넘나들며 여러 겹의 사람으로 산다. 따뜻해야 피는 꽃이 있고 서늘해야 피는 꽃이 있다. 렛 잇 고, 흘려보내고 맞는 여백. 그렇게 시원해진 곳에 새로운 사랑의 자리가 생긴다. 그렇게 또 따뜻해진 곳에서 꽃을 피우다가 또 너를 보내줄 때를 맞으면 보내주어야 한다. 흘려보내고 비우는 일은 우리가 나 자신을 사랑하고 너 또한 사랑하는 중요한 방식이다. 그러므로 사랑의 동의어는 밀착보다는 여백이다. 나는 브랑쿠시의 연인들이 가끔은 팔을 풀고 하나는 해를 쬐러, 다른 하나는 눈 놀이를 하러 가는 모습을 상상한다. 그들은 그렇게 돌아와서 또 서로 차가워진, 따뜻해진 몸을 껴안을 것이다.

달과 물과 의자

　관계라는 것은 사랑스럽기도 하고 지긋지긋하기도 하다. 하지만 '인간人間'이라는 말 안에 이미 '사이 간(間)' 자가 들어 있듯, 관계는 거부할 수 없는 삶의 조건이다. 아무런 관계를 맺지 않고 살 수 있는 사람은 없으니까. 오히려《쓰기의 말들》에서 은유 작가는 자신이 아는 가장 비참한 가난을 '관계의 가난'이라고 말했다. 관계의 가난은 곧 경험의 가난, 언어의 가난과 이어지는데 이런 연결 고리가 삶을 비극적으로 만들기 때문이라고 했다.

　곁을 주는 사람이 있다는 것은 인생의 큰 축복이다. 추사 김정희가 그린 〈세한도〉에서 가장 아름다운 것은 그가 그린 소나무도, 그의 아름다운 글씨도, 그림 안의 넉넉한 여백도 아닌 우측 하단에 찍힌 '장무상망長毋相忘'이라는 도장이다. 추사가 제주도로 귀양을 떠나 세상으로부터 멀어졌을 때, 제자였던 역관 이상적이 중국에 다녀올 때마다 한결같이 귀한 서책 같은 것을 챙겨와 그 먼 유배지까지 가져다주었다고 한다. 추사는 자신이 가장 추울 때 우뚝 서 있는 소나무처럼 자기 곁에 우뚝 서 있는 이상적에게 고마운 마음을 전하고자 이 그림을 그렸고, 거기에 오랫동안 서로 잊지 말자는 의미로 '장무상망'이라는 도장을 붉게 찍었다. 나는 이 이야기가 너무 좋아서 개인적으로 '장무상망'이라는 도장을 만들어 한국으로 보내는 편지마다 찍어볼까 생각하기도 했다. 그렇지만 남발하며 찍기에는 또 저어되는 면이 있는 도장인 것이다. 뭐 좀 잊으면서 살아도 되지. 만나서 있는 힘껏 꼭 껴안으면 되니까.

부모와 자식을 빼놓고는 내 주변의 모든 사람들이 원래는 낯선 사람이었다고 생각하면 신기하고 뭉클하다. 나는 30대에 만나 인연을 맺은 내 반려인을 '전혀 모르는 사람'으로 이미 20대에 만난 적이 있고(서로를 모르는 채로 같은 시공간에 있었음이 확인되었다), 지금 내가 가장 가까운 친구 중 하나라고 여기는 W와는 학부시절 내내 최영 장군이 황금 보듯 서로를 멀뚱히 바라보며 지냈다. 어디서 왔는지도 모르겠는 물건이 내 책상 위에 놓여 있고 언제 만났는지도 잘 기억이 안 나는 사람이 내 곁에 오래 있는 것을 보면서, 사람이든 물건이든 우리가 특별한 관계가 되는 데는 그렇게 대단하거나 분명한 이유가 필요하지 않다던 정명희 작가의 말을 떠올린다.[3]

사랑은 여백을 품고 그저 곁에 있어주는 일이 아닐까, 라고 썼다. 아직도 잘 모르겠지만 지금은 그렇다. 곁에 있어주는 일은 결코 쉬운 일이 아니다. '관계'라는 의미의 영어 단어 'relation'은 라틴어 're'와 'latus'의 결합에서 왔는데, 'bring back' 혹은 'bear/carry again'의 뜻이라고 한다. '나를 네옆자리로 다시 갖다놓는 일, 너라는 짐을 기꺼이 다시 지는일'이라고 해석하면 좋겠다는 생각이 들었다. 내가 너를 모르겠는 이유는 앞서도 말했듯 우리가 원래 서로를 완벽하게 이해하기 어려운 존재인 데다 계속 온도가 바뀌는 여러겹의 사람이기 때문이다. 그러니 조금이라도 이해하려면자꾸 네 옆자리로 돌아가 어슬렁거려야 한다. 어제는 11°C정도였던 네가 오늘은 85°C일 수 있으니까. 오늘은 세 겹쯤두르고 있지만 내일은 5분쯤 맨살을 내보여줄 수도 있으니까. 이 각도에서는 보이지 않던 마음 한 자락이 저 각도에서는 아주 잠깐 보일 때가 있으니까. 그렇게 오랜 시간 각도를쌓아가며 네 곁에 있는 일. 나는 그게 사랑이라고 믿는다.결과가 중요한지, 거기에 이르는 과정이 중요한지를 두고여러 이야기가 있지만 그보다 더 중요한 것은 그 길을 함께가는 사람이 아닐까 하고 지금의 나는 생각하는 것이다.

3   정명희, 《멈춰서서 가만히》에서.

한병철의 《선불교의 철학》에서 아름다운 말들을 만났다.

달 전체와 온 하늘은 풀줄기의 이슬방울 속에, 즉 하나
의 물방울 속에 거주합니다. (…) 비어 있음은 개별적인
것을 부정하지 않습니다. 깨달음의 관점에서는 개개의
존재가 각각의 고유한 방식으로 빛나는 것이 보입니다.
그리고 아무것도 주인 행세를 하지 않습니다. 달은 물
에 친절합니다. 모든 존재자는 스스로를 내세우지도 다
른 것을 방해하지도 않으면서 서로의 속에 거주합니다.

달은 이슬방울 속에 거주합니다, 달은 물에 친절합니
다. 이 말의 여운이 오래 남았다. 내세우지도 방해하지도 않
으면서 서로의 속에 거주하는 일. 나를 내세우고 싶고 너를
방해하고도 싶은 범인(범죄자 말고 凡人…)인 나로서는 저런
정갈한 경지를 보면 말문이 막히면서 도망이 가고 싶어지
지만 그래도 너무나 아름다운 이 글을 되풀이해 읽었다. 물
에 친절한 달이 될 수 있을까 생각하면서. 조용히 너의 안에
거주하는 경지는 아직 어렵겠지만, 멀리서 물을 부드럽게
밀었다 놓았다 하며 밀물과 썰물을 만드는 달 정도라면 목
표로 삼아도 좋지 않을까 생각하면서.

매들린 밀러의 《키르케》에서 키르케가 처음으로 연정을 느꼈던 글라우코스와의 대화를 마지막에 놓아두고 싶다. 글라우코스는 나이를 먹으면 아버지에게서 독립해 자기 배와 자기 집을 갖고 싶다고 말한다. 그리고 계속 불을 지필 거라고 말한다. "당신을 위해 항상 피워놓을 거예요. 허락만 해주신다면." 그 말을 듣고 키르케는 이렇게 말한다. "그보다는 의자를 항상 준비해 놓았으면 좋겠구나. 찾아가서 너와 이야기를 나눌 수 있게." 사랑은 불을 피우는 일인 것 같지만 그보다는 이야기를 들을 수 있게 항상 의자를 준비해 놓는 일이다. 당신이 지금껏 의자를 당겨 내 앞에서 이야기를 들어준 모든 시간들과 그 안의 마음에 감사한다. 나도 계속 당신의 이야기를 듣고 싶다.

언니네 미술관

ⓒ 이진민, 2024

초판 1쇄 인쇄   2024년 10월 18일
초판 1쇄 발행   2024년 10월 28일

지은이   이진민
펴낸이   이상훈
편집1팀   김진주 이연재
마케팅   김한성 조재성 박신영 김효진 김애린 오민정
펴낸곳   ㈜한겨레엔 www.hanibook.co.kr
등록   2006년 1월 4일 제313-2006-00003호
주소   서울시 마포구 창전로 70 (신수동) 화수목빌딩 5층
전화   02) 6383-1602~3 | 팩스   02) 6383-1610
대표메일   book@hanien.co.kr
ISBN 979-11-7213-146-3 (03100)